정치생태학과 녹색국가

정치생태학과 녹색국가

문순홍 지음

이 책은 국내에 생태·환경 논의를 촉발시키고
다양한 실천 활동에 이론적 원천을 제공한
고 문순홍 선생님을 추모하며, 동료 연구자들이
선생님의 글을 모아 출간한 것입니다.

책을 펴내며

　문순홍 선생이 생태 패러다임의 한국적 적용을 위해 사회활동을 본격적으로 시작하면서부터 세상을 떠날 때까지 함께했던 생태사회연구소, 불교환경교육원, 생명민회, 여성환경연대, 바람과물연구소 등에서 호흡을 같이 하며 그에게 많은 영향을 받은 동료와 선후배들이 문순홍 유고선집 출판 기획위원회를 구성하고 책을 펴냅니다.

　문순홍 선생과 함께 지내던 사람들은 그를 맑고 순수했던 영혼으로 기억합니다. 그것은 그가 나이에 걸맞지 않은 순수함을 간직하고 있었고, 또 학문에 대한 엄청난 열정을 지니고 있었기 때문만은 아닐 것입니다. 그는 근대 세계에서, 또한 주류 사회에서 배제된 약자들이 자기 목소리를 내고 건강하게 살아 숨쉬는 세상의 실현을 위해 몸을 아끼지 않았습니다. 그렇기에 그의 연구는 아카데미의 굴레를 넘어 늘 현장과 함께했고, 여성과 자연을 통괄하는 생태 여성론(eco-feminology)의 기반을 놓았으며, 정치 생태학을 통해 녹색 정치의 길을 제시할 수 있었던 것입니다.

　출판 기획위원회 이름으로 모인 우리들은 문순홍 선생이 실현하고자 했던 세상과 그것을 향해 가는 길을 다시 한번 확인하고 싶었고, 또 세상에도 두루 알려야 한다고 의견을 모았습니다. 그리하여 그가 세상을 떠나기 전에 원고를 다듬고 출간을 원했던 『생태학의 담론』, 『정치생태학과 녹색국가』 두 권을 정리하여 1주기를 맞아 먼저 묶게 되었습니다.

문순홍 선생이 꿈꾸었던 세상을 되새기며 그것을 위한 의지를 모으는 일이야말로 그를 '지금, 여기' 부활시키는 일이라 믿으며, 우리는 앞으로도 그가 남긴 많은 완성, 미완성의 원고를 정리하여 출간해 나갈 것입니다. 문순홍 선생을 사랑하는 많은 사람들을 대신하여 어려운 사정에도 흔쾌히 출판을 수락해 주신 도서출판 아르케에 머리 숙여 감사의 말씀을 올립니다.

2006년 1월
문순홍 유고선집 출판 기획위원 일동

서문

1. 열정적인 연구와 삶

문순홍은 참으로 공부를 열심히 했다. 공부뿐만 아니라 여성환경연대, 생명민회 등 사회운동도 열심히 했다. 나는 그가 떠난 후, 그의 글들을 보면서 그 깊은 독서와 치열한 연구열정에 다시 한번 놀랐다. 남들이 마르크스주의와 사회주의에 빠져 있을 때 그는 그 넘어 생태주의와 아나키즘과 생태민주주의를 이야기하고 있었다. 남들이 성평등의 정치를 이야기하고 있을 때 생태여성론과 그 넘어 생명정치를 고민하고 있었다. 언제나 그는 남보다 더 많이 읽고 더 열심히 공부했다. 그가 없는 이 곳에서 누가 그 빈자리를 메울 수 있을지 모르겠다.

문순홍은 1957년 3월 19일에 문태성과 이정옥의 둘째 딸로 태어났다. 1980년 성균관대학교 정치외교학과를 졸업하고 1983년에 같은 학교에서 정치학 석사학위를 받았다. 1983년에서 85년 사이에 독일 루드비히-막시밀리안 대학 정치학과에 교환 장학생으로 가서 공부하고 돌아와 1992년에 성균관대학교에서 박사학위를 받았다. 그 이후 이득연, 정규호, 김훈기, 오수길, 구도완 등과 함께 생태사회연구소를 만들어 소장으로 활동하기도 했다.

1996년에서 1998년 사이에는 호주 멜번대에서 박사후 과정을 밟으면서 존 드라이젝(John Dryzek) 등 호주의 생태 사회과학자들과 함께 연구하고 토론했다. 이러한 열정적인 연구 덕분에 문순홍은 1999년 제2회 교보환경문화상 연구부문 수상을 하기도 했다. 2000년에서 2002년까지는 환경사회학회 부회장을 맡기도 하였다. 그녀는 2001년 이후 2005년 1월 28일, 작고할 때까지 대화문화아카데미 바람과물연구소의 소장으로 있으면서 녹색국가와 녹색정치에 대한 연구를 이끌었다.

그녀가 한 일에서 볼 수 있듯이 문순홍은 놀라운 열정으로 정치생태학을 발전시키고 좀더 아름다운 사회를 만들기 위해 노력했다. 그의 노력 덕분에 후학들은 어렵고 힘든 이론들을 더 쉽게 접근할 수 있었고 미래 사회에 대한 새로운 비전을 볼 수 있었다. 그 뜨거운 열정이 그의 삶을 너무도 빨리 다 소진시켜 버렸을지도 모를 일이다.

2. 주요 저술

문순홍의 방대한 연구를 다시 보는 일은 도서관을 정리하는 일과 같다. 도서관 정리와 새로운 미래를 여는 일은 우리 모두가 그의 학문과 실천을 더 사랑하고 더 이해하게 될 때 가능할 것이다. 문순홍은 생태사상, 정치생태학, 생태여성론 등 여러 부분에 논문, 저서, 역서를 남겼다.

문순홍은 척박한 땅에서 산비탈을 개간하듯이 읽고, 쓰고, 번역하는 데 힘을 기울였다. 그가 처음 세상에 내놓은 책은 『생태위기와 녹색의 대안』(1992, 나라사랑)이다. 이 책은 심층생태론, 생태사회주의, 생태마르크스주의, 사회생태론 등 새로운 대안적 생태학과 정치사상을 우리에게 소개해 준 중요한 책이다. 생태학과 환경에 대한 사회과학적 인식이 낮았던 1990년대 초에 이 책은 우리에게 다른 세계관과 사회과학이 있음을 보여주었다.

1994년에는 생태사회연구소 동료들과 함께 『환경논의의 쟁점들』(나라사랑)을 펴냈다. 1995년에는 『지속가능한 사회를 향한 생태전략』(나라사랑)을 편역

해서 출판했다.

"1993년 12월 몇 사람의 공동작업으로 기획된 이 편역은 1년 반이 흐르는 과정에서 결국은 편역자인 나 혼자만의 작업이 되고 말았습니다. (중략) 이 책에 묶인 글들의 영역은 편역자인 나에게 주저앉을 지점이었다기보다는 가고자 하는 지향점(생태사회)에서 부딪친 협곡들을 건너도록 도와준 다리와도 같았습니다. 만일 같은 곳을 가고자 하는 동료 또는 후학들이 있다면, 이 책이 이들에게 도움이 되었으면 합니다."

이 책에서 문순홍은 생태적 근(현)대화론, 민주주의, 지속가능발전 등 실천적인 문제들을 해결하기 위한 서구학자들의 논구를 되돌아봄으로써 우리나라의 미래를 기획하는 노력을 기울였다. 문순홍은 다른 책에서 이 책을 언급하면서 생태근대화에 대한 책을 출간했는데도 이러한 개념적 논의를 한국의 "정부, 기업, 시민단체 어디에서도 사용하거나나 논의하지 않고 있다"고 말하였다(문순홍, 1998: 348). 앞서 나간 학자의 외로움이 느껴진다.

1997년에는 머레이 북친(Murray Bookchin)의 『사회생태론의 철학』(*The Philosophy of Social Ecology*)을 번역 출간했다. 이 책의 번역과 해제에서 문순홍이 그리는 생태사회를 추론할 수 있다. 근본생태론의 반합리성을 비판하면서 합리성에 바탕을 둔 자유의 경제, 도덕의 사회, 자율적 공동체를 지향한 북친의 사상은 문순홍에게 큰 영향을 준 것으로 보인다.

1998년에는 울리히 벡(Ulrich Beck)의 『정치의 재발견: 위험사회 그 이후—재귀적 현대사회』(거름)를 번역했다. 위험사회론과 재귀적 근대화 개념으로 근대 기획에 대한 성찰과 반성의 이론을 제창한 울리히 벡으로부터 문순홍은 많은 이론적 영감을 얻은 것으로 보인다. 이 책에 실린 세 번에 걸친 울리히 벡과의 대담을 읽어보면 문순홍이 근대와 생태학에 대해 얼마나 깊은 고민을 했는지 잘 알 수 있다.

1999년에 문순홍은 자신의 글과 생태학의 주요 텍스트를 모아서 『생태학의 담론』(솔)을 출간했다. 이 책에서 문순홍은 근본생태론, 사회생태론, 생태마르크스주의 등 핵심적인 논문들을 소개하고, 김지하의 생명론, 지속가능발전론, 생태여성론에 대한 자신의 담론을 풀어놓았다. 2001년에는 『한국의 여성환경운동—그 역사, 주체, 그리고 운동유형들』(아르케)을 펴냈다. 이 책에서 그는 생태여성주의(ecofeminism)를 넘어서 생태여성론(ecofeminology)을 제안했다.

2002년에는 바람과물연구소 소장으로서 『한국에서의 녹색정치, 녹색국가』(당대)를 기획하여 펴냈다. 이 책은 우리나라에서 '녹색국가'에 대한 논의와 토론을 촉발시킨 최초의 작업이다. 이 책에서 문순홍은 "녹색국가논의의 구조와 과정"이라는 논문을 통해 녹색국가의 개념을 토론하고, 한국 국가의 녹색화 정도를 평가했다.

문순홍은 2002년부터 2005년 1월 세상을 떠날 때까지 바람과물연구소의 '녹색국가' 연구프로젝트의 책임을 맡으면서 '국가와 경제 그리고 시민사회를 어떻게 녹색으로 바꿀 것인가'하는 문제를 가지고 씨름했다. 그 연구 성과는 2005년 1월, 연구보고서로 완성되었다.

10여 년이라는 길지 않은 기간 동안 문순홍이 이루어낸 성과들을 보면 그녀가 생명과 생태학을 바탕에 두고 정치학, 사회학, 철학을 융합하여 우리 현실에 맞는 독창적인 이론체계를 만들기 위해 부단히 노력했다는 사실을 알 수 있다. 서구의 이론들을 쉼 없이 연구하면서도 제1세계가 아니라 우리 사회, 혹은 제3세계에 맞는 대안적인 발전전략과 이론을 찾기 위해 노력했다. 다른 한편으로 그녀는 여성성이 억압받는 시대를 뛰어 넘어 새로운 정치를 위해 노력했다. 한마디로 말한다면, 그녀는 서구, 이성, 남성, 근대성이 주류를 이루는 시대에 비서구, 감성, 여성, 탈근대성이 제 자리를 찾을 수 있는 사상과 이론을 탐구하는 데 힘을 기울였다.

그녀는 1990년대 초 『생태위기와 녹색의 대안』을 출판할 무렵에 자신의 이론적 입장에 대해 "근본생태론과는 거리를 두면서 북친의 사회생태론과 생태사회주의 사이 혹은 그들을 결합한 무언가를 추구"한다고 말했다.

이러한 그의 이론적 관심은 그가 최근까지 생태주의와 민주주의의 결합의 형태로서 '생태민주주의'를 탐구하고 그 과정으로서 '생태민주화'를 위한 이론에 몰두하는 방향으로 발전했다. 그녀의 사상과 이론을 엄밀히 검토하고 더 발전시키기기 위해서는 후학들이 더 많은 연구를 해야 할 것이다.

3. 정치생태학이란 무엇인가?

문순홍은 정치생태학을 여러 측면에서 정의하고 소개한다. 먼저 그녀는 정치생태학을 인간사회와 환경 사이의 상호작용에 관한 학문으로 정의한다. "정치생태학은 특수한 종인 인간, 이들의 조직, 조직화된 활동들 그리고 환경(국가, 경제체제 그리고 생태체제)간 상호작용(관계)을 다루는 학문이다."

이러한 형식적인 정의 이외에 그녀는 규범적인 정의도 덧붙인다. "정치생태학을 다시 정의하면 기존 경제성장 중심의 발전(근대화) 패러다임에서 국가와 사회를 해방하고 이 국가와 사회에 생태친화적인 대안발전(근대화) 패러다임을 제공하는 학문이다." 문순홍에 의하면 정치생태학은 가치중립적인 학문이 아니라 '녹색화'를 지향하는 실천적인 학문이다.

문순홍의 정치생태학은 국가, 시장, 시민사회와 같은 거시구조적인 분석단위에 머무는 것이 아니라 인간 자아의 변화와 같은 미시적인 부분에까지 확산된다. "정치생태학이란 국가적 관계, 시장관계 그리고 지배적인 문화관계가 어떻게 개인의 의식과 행동(behavior)에 침투하여 어떻게 일상생활로 자연화되는가, 일상적 관계를 구성하는 제반 생태관계들(자연관계, 성관계 등)을 파괴하는 국가의 정책·계획, 기업의 활동을 왜 개인들은 '옳은 것'으로 '정당한 것'으로 받아들이는가, 이런 개인적 지각들을 어떻게 바꿀 것인가의 물음을 다루는 학문영역이다." 생태파괴적인 산업근대의 구조가 개인을 지배한다 하더라도 그 구조의 문제를 인식하고 변형할 수 있는 개인의 힘을 문순홍은 놓지 않았다.

4. 이 책의 의미

문순홍의 1주기에 맞추어 출간하는 이 책은 이론적으로 중요할 뿐만 아니라 그녀의 인생을 정리한다는 생애사적 의미에서도 중요한 의미를 갖는다. 왜냐하면 이 책은 그녀가 투병 중에 책으로 출간하려고 기획한 논문들을 바탕으로 만들어졌기 때문이다. 문순홍은 책으로 출간되지 않은 논문들을 모아 이 책을 출판할 계획이었다. 그러나 이 일을 마무리하지 못하고 우리 곁을 떠났다. 우리는 저자의 기획 의도를 살리면서 독자들의 이해를 높이기 위해 글의 순서를 약간 조정하고 몇 편은 다른 책으로 묶기로 하고 여덟 편의 논문을 모아 이 책을 출간하기로 했다.

이 책은 우리나라에서 아직 그 학문적 정의와 토론이 부족한 '정치생태학'을 이론적으로 탐구하고 이를 바탕으로 우리의 국가와 시민사회, 경제를 녹색으로 바꾸는 데 기여할 수 있을 것으로 기대한다. 그러나 안타깝게도 문순홍의 글은 그녀의 방대한 이론적 자원이 축약적으로 담기다보니 '어려운 글'의 전형처럼 느껴지기도 한다. 사실 환경사회학을 공부한 나에게도 문순홍의 글은 어렵다. 그러나 외국의 고전들은 어려워도 불평하지 않으면서 우리나라 사람들의 글은 조금만 어려우면 어렵다고 고개를 흔드는 우리의 모습이 과연 올바른지 반성해볼 필요가 있다. 문순홍의 글은 어렵지만 읽으면 읽을수록 그녀가 얼마나 깊은 통찰 속에서 개념들을 사용하고 또 이를 바탕으로 우리나라에 맞는 정치생태학의 집을 지으려고 했는지 느끼게 된다. 이 책을 읽으면서 독자들은 정치학자로서 문순홍이 생태학, 철학, 사회학을 넘나들며 보다 멋진 사회, 산업근대를 넘어선 미래를 얼마나 희구했는지 느낄 수 있을 것이다.

그녀가 기획한 이 책의 목차는 다음과 같았다.
1. 민주주의와 환경 결합 논의들의 재구성: 생태민주화의 설계도 그리기
2. 민주주의와 환경: 녹색민주주의

3. 녹색국가논의의 재구성
4. 생태정치의 역학: 동강영월댐 전국이슈화 과정 분석
5. 생태근대화론의 관점에서 본 우리나라 일회용품 관리정책의 지탱가능성 평가
6. 세계환경회의사로 본 생태정치: 개도국·선진국의 역학관계를 중심으로
7. 대만 핵폐기물의 북한 반출 사례 분석: 초국가 시민사회(Transnatioanl Civil Sciety)의 정치와 규범체제(Regime)의 변화
8. 생태민주주의 담론 내 생태여성적 정치논의의 지형 그리기
9. 생태여성론(Eco-feminology)으로 분석한 한국 여성환경운동: 주체, 동기, 그리고 유형
10. 90년대 한국 폐기물관리 정책의 성평등성 분석: 분석틀로서의 페미니스트 정치생태학 시론
11. 거버넌스와 젠더: 젠더친화적 거버넌스의 조건에 대한 탐구
12. 김지하와 생명
13. 온생명과 정치체제

이 가목차에서 그녀의 정치생태학에 대한 이론적 관심이 생태민주주의와 생태 근대화를 통해 국가와 경제, 시민사회를 좀더 아름답고 살만한 세상으로 바꾸어 나가려는 열망에 바탕을 두고 있음을 확인할 수 있다. 물론 여기에서 생태여성론은 남성 중심주의, 이성 중심주의를 넘어서는 중요 자원이자 주체로 중요한 의미를 갖는다. 결론 부분에 해당하는 끝 부분에 가서 거버넌스와 젠더, 김지하와 생명, 온생명과 정치체제를 놓은 것을 보면 그녀의 이론적 기획이 (온)생명을 이해하는 감성적 이성에 바탕을 둔 생명정치임을 추론할 수 있다.

5. 이 책의 구성

먼저 1부에서는 생태민주주의론과 녹색국가론 그리고 생태근대화론을 검토함으로써 정치생태학의 기본 개념과 이론을 살펴본다. 제1장은 '민주주의와 환경이 함께 갈 수 있는가' 하는 중요한 이론적 질문에 대한 탐구이다. 문순홍은 먼저 민주주의와 환경이 함께 갈 수 없다는 주장들, 즉 생태권위주의 이론들을 비판적으로 검토한다. 그러면 자유민주주의는 어떠한가? 그녀는 생태학 없는 자유민주주의는 불충분하다고 본다. 그는 드라이젝(John Dryzek), 에커슬리(Robyn Eckersly) 등의 논의를 바탕으로 자유민주주의의 유용성과 한계를 검토한다. 그러면 자유민주주의의 한계를 극복하기 위해서는 무엇을 해야 하는가? 자유민주주의의 한계를 극복하기 위한 전략들이 실현되기 위해서는 녹색 공영역이 전제되어야 한다고 문순홍은 지적한다. 다시 말해서 "서로의 이해관계를 내재화하는 과정"이나, "문화정치로서의 생태근대화 논의"가 필요하다는 것이다. 다시 말하면 협의(deliberative)민주주의적 토론 및 포럼이 필요하다.

무조건 생태계를 보전하는 것이 중요하다고 권위주의적으로 명령하고 지시하는 것도 잘못된 것이지만 국회의원들이 주어진 법 테두리 안에서 다수결로 결정하는 것도 맞지 않다는 것이다. 새만금사업을 어떻게 하는 것이 좋은지 관계되는 모든 사람들이 한 자리에 모여 권력과 이해관계를 떠나 토론하고 '시민'들이 결정하도록 하는 것도 이런 모델의 한 예가 될 것이다. 2004년 겨울에 참여연대 시민과학센터에서 '원자력정책에 대한 시민합의회의'를 한 것은 이러한 녹색 공영역의 좋은 사례가 된다. 이러한 사례가 문순홍의 글에서는 '녹색 공영역'이라는 개념으로 나타난다. 문순홍은 하버마스의 부르주아 민주주의 공론장(공영역)을 녹색으로 확장할 것을 제안한다.

녹색 공영역에 대한 최소 정의는 "특정의 정치 단위에서 공통의 관심사항들 중 하나인 환경이슈를 중심으로, 자율적인 시민들이 자신의 의견을 표출하고 비판하고 교환하며 합의를 도출해내는 정치적인 공론의 장"이라 할 수 있을 것이다. 반면 녹색 공영역의 최대 정의는 '환경이슈를 포함한 사회이슈의 원인 · 분석 · 해결방안 도출에 이르는 과정이 어떻게 생태적 원칙에 입각할 수 있을 것인가', 즉 '공영역을 어떻게 녹색화할 것인가'란 물음을 통해 도달되어야 한다.

문순홍은 녹색 공영역을 발전시키는 민주주의의 형태로 결사체민주주의와 협의민주주의를 검토한 후 공역역의 급진화를 통한 생태민주주의로 나갈 것을 주장한다. 여기에서 울리히 벡(Ulrich Beck)의 아정치(sub politics)와 재귀적 성찰성이 중요한 의미를 갖는다.

요약하면 문순홍은 권위주의를 극복하면서 생태주의를 토론을 통해 발전시켜 나가는 급진적인 생태민주주의의 기획을 제안한다. 우리나라에서는 민주화가 이루어졌지만, 대의민주주의는 물론 참여민주주의가 뼈대만 남아 민주주의의 심각한 후퇴가 우려되고 있다. 이 시점에 문순홍의 생태민주주의 기획은 그 실천적 · 이론적 의미가 크다. 그녀의 기획은 민주주의의 가치를 살리면서 생태적 합리성을 높여 나갈 수 있는 근본적인 기획이라 할 수 있다.

제2장 '녹색국가와 국가의 녹색화'는 현대사회에 가장 중요한 거시적 행위자로서 영향을 끼치는 국가를 생태적으로 변형하기 위한 이론적 탐구를 담고 있다. 앞에서 보았듯이 문순홍은 기존의 자유민주주의를 비롯한 민주주의의 한계를 생태민주주의를 통해 극복하고자 했다. 이를 위해 로빈 에커슬리, 존 드라이젝, 하버마스(Habermas) 등의 담론민주주의, 토론민주주의, 심의민주주의를 검토하고 이를 넘어선 생태민주주의와 생태민주화 기획을 탐구했다. 이러한 탐구는 녹색국가에 대한 연구로 확대된다.

녹색국가는 '시민사회의 녹색화'의 다른 이름이라고 할 수 있다. 국가가 녹색으로 바뀐다는 것은 국가의 억압성이 사라지고 가난하고 약한 사람들 그리고 생물종들이 자연스럽게 살아가는 세상으로 바뀐다는 것을 의미하기 때문이다. 개인, 가족, 시민사회가 모두 생태적으로 생각하고 살아가며 스스로 참여하고 토론하여 결정하는 과정이 녹색의 이념형이다.

문순홍에게 있어서 녹색은 세 가지 의미를 갖는다. 첫째로, 녹색적 사유는 "인간중심성, 서구중심성, 남성중심성의 비판에 그 논의를 집중"한다. 둘째, "녹색은 권력(힘)의 소재지를 체제(system)에서 '나'로 돌리고, 무수히 많은 '나'를 힘(권력)을 소지한 정치적 주체로 회복한다. (중략) 그래서 녹색은 비정치화된 것을 정치화하고 이를 통해 민주화를 심화하는 것이다." 셋째로 녹색은 "정치의 내재적 물음을 다루는 것이므로, 정치의 영역을 국가로부터 시민사회로 이탈시키고 시민사회의 정치를 공동체와 가족의 영역으로 심화시킨다. 그래서 녹색정치에서 생활정치는 주요한 의미를 갖고 국가와 기존 경제영역의 과제를 떠맡으면서 국가의 녹색화를 심화시킨다. 이렇게 될 때 국가과제는 자신을 해체하거나 살해하는 것이 되고 궁극적으로 생태자치연방의 구현을 지향하게 된다."

문순홍은 녹색의 급진성을 국가로 확대한다. 보편의지의 담지자로서의 국가가 그 본래적 의미를 회복하는 과정은 녹색국가의 실현으로 나타난다. 이러한 그녀의 사상은 그녀가 녹색국가의 유형을 분류한 데에서도 나타난다. 녹색국가는 생태권위주의 국가, 생태절대주의 국가로부터, 녹색거버넌스 국가, 녹색정당 국가, 녹색복지사회 국가, 그리고 마지막으로 '생태가치와 급진민주주의가 결합된' 생태자치연방까지 다양한 형태로 나타난다. 여기에서 문순홍이 이론적 유토피아로 설정하는 이념형이 생태자치연방이라는 사실을 알 수 있다.

제3장은 성찰적 재귀성과 생태근·현대화론에 대한 글이다. 문순홍은 근대의 기획에 대해 어떤 입장을 취했을까? 그가 관심을 기울인 생태여성론 가운데에는 합리성과 이성의 기획에 대해 비판적인 이론들이 많이 있다. 그러나 문순홍은 도구적 합리성을 비판하되 합리성 자체를 버리지는 않았다. 그는 근대의 기획이 도구적 합리성에 머물러 있는 것을 비판하고 새로운 합리성, 생태적 합리성을 추구하였다. 이러한 그의 관심은 울리히 벡의 재귀적

근대화 기획과 생태적 현대화론으로 확장되었다.

"근대화 기획, 특히 기술진보, 경제성장, 도시화로 해석된 근대화는 한계를 드러내기 시작하였다." 이 근대화 기획에 대한 비판은 두 가지 경향으로 나타났다. "하나는 탈근·현대 기획이고 다른 하나는 위험사회와 새로운 근대화 모델 계열이다."

첫째, 탈근대 기획으로서, 문순홍은 루돌프 바로(Rudolf Bahro), 머레이 북친 같은 이들이 포스트 산업사회를 지향하는 이상주의자들이라고 분류한다. "이들에게 생태위기를 극복하는 것은, 곧 산업사회를 넘어가는 것이고, 자율노동의 회복이며, 경제합리성에서의 해방이며, 생태합리성의 구현이다."

둘째, 새로운 근대화의 기획은 "성찰적 재귀성에 기반한 근대화" 기획이다. "벡의 위험사회론은 근대성의 관점에서 근대성을 내재적으로 비판하고 재구성한다. 그가 견지하는 근대성은 '새로운 근대성'이다." "울리히 벡에 의하면 '산업사회의 과정 내 근대화가 산업사회의 원칙들의 근대화로 대체된다는 것'을 의미한다. 벡에게 근대성의 핵심은 자기-회의이다. (중략) 새로운 근대화 모델은 다름 아닌 이 자기회의의 제도화를 의미한다."

그녀는 머레이 북친(Murray Bookchin)의 근본생태론 비판, 허버마스(Habermas), 기든스(Giddens), 벡(Beck) 등의 논의를 바탕으로 "근대화 기획의 부정적 측면에 대한 비판이 근대성 그 자체의 포기로 연결될 필요는 없다"는 주장을 지지하는 듯하다. 문순홍은 성찰적 재귀성 개념을 바탕으로 생태적 근·현대화론을 검토한다.[1] 마지막으로 그녀는 우리나라에서 생태 근·현대화론을 도입해야 할 필요성을 역설했다. 이 글을 통해 우리는 문순홍이 반근대, 탈근대 담론을 존중하면서도 근대가 이룬 성과를 급진화하고자 하는 이론적·실천적 기획에 관심을 집중했다는 사실을 알 수 있다. 그녀는 울리히 벡을 번역했을 뿐만 아니라 그와의 대담을 통해 심오한 이론적 토론을 남겼다.

---

1) ecological modernization을 문순홍은 근대적 속성과 현대적 속성이 모두 있는 것으로 보고 생태 근·현대화론이라고 번역했다.

제2부는 생태정치가 실제 현실에서 어떻게 실현되는지를 경험적으로 연구한 논문들로 구성되어 있다. 제4장은 일회용품 관리정책이 생태 근·현대화론의 관점에서 보았을 때 지탱가능성이 있는지를 분석한 글이다. 이 글은 정부의 정책을 정책 목표, 내용, 과정 세 측면에서 미래성, 형평성, 생태성의 기준으로 종합적으로 평가하고 있다.

제5장은 세계환경회의사를 통해 선진국과 개발도상국 사이의 국제 생태정치가 어떻게 이루어져 왔는지를 분석한 글이다. 이 글에서 문순홍은 1970년대부터 1990년대까지 국제정치에서 환경이 논의되어 왔지만 자유무역의 확대로 경제적 세계화와 환경파괴는 지속적으로 이루어져 왔다고 말한다. "투자의 자유화는 북에 기반한 기업들이 '생태적으로 해로운 활동'에 참여하도록 허용한다." 마지막으로 그녀는 지구환경 위기를 위한 협력의 중요성을 강조한다. "국가 간 화합, 협력 그리고 이의 제도화는 21세기에 인류가 도전해야 할 지상명제이다."

제6장은 1997년에 일어난 대만 핵폐기물의 북한 수출과 관련하여 대만과 한국의 연대활동을 분석한 글이다. 문순홍은 이 사례에서 '초국가 시민사회의 정치'를 개념화하였다. 대만이 핵폐기물을 북한으로 수출하려고 시도한 데 대해 우리나라 환경단체는 물론 일본, 대만, 네덜란드 등 아홉 개 나라에서 반대 성명서 발표와 국제연대시위가 이루어졌다. 이러한 상황을 문순홍은 '초국가 시민사회망(網)'이 가동되었다고 평가한다. 이러한 초국가 시민사회의 정치와 이에 바탕을 둔 한국정부의 전통적인 국제정치는 결과적으로 핵폐기물 관리에 관한 환경협력 체계에 변화를 가져왔다는 것이 이 글의 결론이다.

마지막으로 제3부에서는 문순홍의 주된 이론적 관심이었던 여성론과 생명정치에 대한 글들로 이루어져 있다. 제7장 거버넌스(governance)와 젠더(gender)는 원래 '젠더친화적 거버넌스의 조건에 대한 탐구'라는 부제가 달려 있었다. 이 글에서 그녀는 먼저 거버넌스 개념의 역사를 검토한다. 문순홍에 의하면, 거버넌스 개념은 1970년대에는 정부와 같은 의미로 이해되면서 국가적 수준에서의 관리능력에 관심이 집중되었다. 그러다가 1980년대 들어서면서 국가 차원의 사회통합과 발전을 관리하는 능력으로 관심이 옮겨갔다. 1990년대에 와서 비로소 시민사회를 포함한 참여, 합의형성 등 거버넌스의 민주주의적 특성이 강조되기 시작했다. 시민사회단체의 중요성이 이 시기에 전세계적으로 중요하게 인식되기 시작했다. 다시 말하면 "거버넌스에 대한 관심과 논의는 (중략) 통치요구(governing needs)는 점점 높아지고 있는 반면, 기존 국가 중심의 통치능력(governing capacity)은 약화되고 있는 상황에서 이 둘 간의 긴장을 해소하기 위한 현실적 필요에 의해 등장했다."

문순홍은 거버넌스의 문제를 두 가지 측면에서 검토한다. 하나는 국가와 시장, 시민사회 사이의 관계 문제이고 다른 하나는 젠더와의 관련성이다. 첫 번째 측면에 대해서는 시장 주도 거버넌스, 국가 주도 거버넌스, 시민사회 주도 거버넌스를 비판적으로 검토하면서 나름대로 한계를 갖고 있다고 지적한다. 시장 주도형 거버넌스는 비민주적이고 무책임한 주체들에 의해 공공역역이 축소되거나 쇠퇴할 가능성이 있다.

국가 주도 거버넌스는 '새로운 형태로 변모한 정부가 문제해결의 중심역할을 해야 한다'는 이념에 바탕을 두고 있다. 이는 "기업을 중심으로 개발된 관리기법들을 공공부문에 도입·적용해 조직의 유연화를 도모하면서 동시에 정부가 담당해오던 공적 역할과 권한 중 부담스러운 영역들을 시민사회로 이전시키려는 특성을 가지고 있다." 문순홍은 이런 형태의 국가 주도 거버넌스가 "정치 없는 기술관료적 거버넌스로 변화될 가능성이 높다"고 진단한다.

문순홍은 시민사회 주도적인 거버넌스에 대해서도 가능성과 한계를 함께 분석한다. "거버넌스는 (중략) 시민의 권한을 강화(empower)할 수 있다는 점에서 분명 새로운 기회다." 그러나 "시민사회를 활성화하기 위해 강력한 반국가주의 담론을 차용하는 것은 공영역, 공익과 같은 개념에 기반한 시민적 책임성의 핵심영역들을 손상시킬 가능성이 크다." 이러한 문제, 즉 시민사회가 사적 이익의 각축장이 되는 것을 막기 위해서는 "시민사회 내에 소통적 거버넌스 체계를 구축하는 노력이 필요하다." 문순홍은 '시민의 재창조를 통한 정부의 재창조'가 자신이 지향하는 '강한 거버넌스의 핵심'이고 이는 시민사회의 몫이 되어야 한다고 말한다.

오늘날, 민주화가 이루어졌으나 다양한 시민사회 내의 이익집단과 사회단체들의 목소리는 보편의지와의 연결고리가 약해지면서 '만인의 만인에 대한 투쟁'과 같은 모습으로 나타나고 있다. 이러한 현상 때문에 보수주의자들은 권위주의에 대한 향수를 불러일으킨다. 이러한 시민사회의 딜레마를 넘어서기 위해 문순홍은 시민사회의 강화가 공적 의지의 담지자로서 국가를 약화시키는 것을 우려한다. 강한 시민사회가 국가의 공공성을 함께 강화하는 거버넌스의 형태를 그녀는 '강한 거버넌스'라고 말한다. 다시 말하면 시민이 자기이익만을 위해서가 아니라 함께 더불어 사는 미래를 위해 국가의 공공성을 강화하는 새로운 시민으로 거듭나야 함을 말하고 있다.

문순홍은 강한 거버넌스에 대한 문제의식을 바탕으로 젠더친화적인 거버넌스를 이루기 위한 이론적 탐구를 진행한다. 시장 주도형 거버넌스, 시민 주도형 거버넌스, 그리고 성주류화 담론을 젠더의 관점에서 비판적으로 검토한다. 이를 바탕으로 문순홍은 남성과 여성이 서로 소통하면서 잘 사는 사회를 만들기 위한 이론적 기획을 발전시킨다. 첫째는 자유민주주의의 틀 내에서 해결 가능한 여성 공통의 일상문제와 성불평등문제를 정책의제화하는 활동을 발전시킬 필요가 있다. 둘째로 문순홍은 자유민주주의의 틀을 넘어서 젠더 관점에서 경제와 사회적 제도들을 변형시키는 기획을 제안한다. 마지막으로 여성적 가치에 근거한 대안민주주의와 이를 가능하게 만드는 체제에 대해 이야기한다.

마지막 제8장은 장회익의 온생명론을 바탕으로 생활정치와 생명정치의 이론을 토론하는 글이다. 문순홍이 그가 마지막으로 기획한 저서의 마지막 논문을 '온생명과 정치사회 체제'로 잡은 것을 볼 때 그의 이론의 핵심은 생명과 생활을 정치의 중심으로 회복하고자 한 것이라고 볼 수 있다.

장회익의 온생명론은 그리 쉽지 않은 이론이다. 장회익에 의하면 "온생명이란 우주 내에 형성되는 지속적 자유에너지의 흐름을 바탕으로, 기존 질서가 새로운 질서의 모태가 되어, 지속적인 성장을 가능케 해나가는 그 어떤 '정보적 질서'의 총체"이다(8장 각주 8). 생명체와 그 환경의 관계에 집중하는 서구의 생태학과 달리 장회익의 온생명론은 인간과 자연의 이분법을 넘어서서 생태계의 한 구성요소이면서 생태계를 인식대상으로 삼는 인간의 복합적인 특성에 주목한다. 그의 온생명론은 생태계 전체가 하나의 생명으로서 지속적으로 성장하는 현상에 관심을 기울인다. 문순홍이 온생명론을 그의 정치이론에 접목하고자 한 것은 인간 중심주의적인 정치학, 이성 중심적인 서구 생태학을 넘어서서 인간과 자연이 서로 교통하면서 생명을 살리는 정치체제를 지향하는 이론을 만들려고 했기 때문인 것 같다.

이 글에서 문순홍은 생명정치가 무엇이라고 한마디로 정의하지는 않는다. 다만 다양한 분석 단위들을 가로지르면서 그녀의 정치이론을 설명한다. 온생명 정치의 단위는 첫째로 생물·생태지역이다. 이것은 국가 중심의 정치 체계를 비판함으로써 생명과 생태학의 중요성을 강조하는 전략의 표현이다. 다음 단위는 '공론의 장'이다. "이 공영역은 생명지역과 마찬가지로 새로운 정치를 실험해내는 변이전략의 산실이 되고 있다."

그러면 생명정치의 특성은 무엇인가? 그녀는 이것을 살림의 정치와 생활의 정치로 구분한다. "살림의 정치는 배제된 자, 타자화된 자, 주변화된 자의 목소리를 공론의 장에 살려내고, 여러 순환적 흐름들을 살려내는 것을 의미한다." 이와 달리 생활의 정치는 "정치의 기본 단위인 지역을 중심으로 삶의 터전을 재건하고자 한다." 살림의 정치가 공론장의 생명정치라면, 생활의 정치는 지역의 생명정치이다.

그러면 생명정치는 기존의 정치체제를 어떤 방법으로 '변이'시킬 수 있는가? 이러한 질문에 대해 문순홍은 대안민주주의론 가운데 결사체민주주의와 협의민주주의 이론을 제시한다. 첫째 결사체민주주의 전략의 예로서 재순환/재사용 운동, 지역화폐, 신용조합, 주택협동조합, 의료생협, 공동육아 모임 등의 활동이 있다. 다음으로 "협의민주주의란 자율을 이념으로 하고 설득을 권력의 주요 유형으로 파악하는 시민이 지배하는 정치체제이다." 이 협의민주주의의 한국적인 유형으로 교육민회, 생명민회, 지역민회 등을 제안한다.

그러면 생명정치는 누가 어떻게 시작하는가? 문순홍은 "감수성과 감성적 이성에 터한 세계이해"를 답으로 내놓는다. "이렇게 감성과 감성적 이성을 인식의 또 다른 근거로 활용하고 생명의 감수성을 갖게 되면 인간의 자기이해는 달라질 수 있다." 이 '재발견된 인간'은 소유집착적인 개인이 아니고 "세계 구성원들이 서로 연결되어 있음을 인식하고 동시에 자기 내면의 개성을 나름으로 표현하고자 하는 관계망-내-자기표출형 개인이다. 이러한 개인들이 바로 온생명의 정치를 만들어가는 주인이다." 이러한 새로운 개인의 발견은 새로운 문화 그리고 타문화에 대한 이해와 관용을 전제로 한다고 문순홍은 말한다.

제8장을 읽으면 문순홍이 생각하는 대안적인 생명정치의 이론과 그 실천의 미래상을 어렴풋이 그려볼 수 있다. 구조의 억압으로부터 자유로우면서 스스로를 자연 속에서 성찰하는 성숙한 인간을 그녀는 그리고 있다. 거대한 생명정치의 변이전략도 겨자씨와 같이 인간의 자기성찰에서 시작된다는 사실을 말하고 있다. 이러한 대안정치의 이념형을 현실주의자들은 '하나의 유토피아'라고 비판할지도 모른다. 그러나 유토피아 없이는 현실을 비판할 수 있는 잣대를 찾을 수 없다. 유토피아를 그림으로써 우리는 오늘 한 걸음이라도 앞으로 나아갈 수 있다.

6. 문순홍 읽기와 다시 살리기

문순홍은 이 땅에서 '생태학'이라는 말을 사회과학과 접합시킨 최초의 인물이다. 그는 한국의 정치생태학의 기초를 닦았고 생태여성론의 틀을 세웠다. 그러나 안타깝게도 그가 우리의 문제를 더 깊이 연구하려던 때에 연구는 중단되고 말았다.

문순홍의 글은 이해하기 어렵다. 좀더 한발 더 땅에, 현실에 가까이 내려와 이야기 했더라면 더욱 많은 사람들이 그녀를 읽고 이해하고 소통할 수 있었을 것이다. 그러나 그 무엇보다도 중요한 것은 그녀가 맑은 영혼으로 우리에게 밝은 희망과 깊은 가르침을 주었다는 사실이다. 이 땅에서 우리가 좀더 아름다운 미래를 위해 작은 힘이라도 보태는 것이 문순홍을 다시 살리는 길일 것이다.

이 책이 나오기까지 문순홍을 사랑하고 존경하는 많은 사람들이 애를 썼다. 모심과살림연구소 윤형근 선생, 대화문화아카데미 윤박경 선생, 여성환경연대 이미영 사무국장, 한국디지털대학교 오수길 교수, 한양대 정규호 박사, 또 하나의 문화 최이윤정 사무국장, 사단법인 에코붓다의 유정길 대표 그리고 성수경 씨 등 많은 사람들이 이 책을 만드는 데 힘을 모았다. 특히 지속가능발전위원회 이상헌 박사는 바쁜 가운데에서도 이 책의 원고를 읽고 교정하는 데 참여해 주었다. 그리고 어려운 조건 속에서 이 책의 출간을 흔쾌히 수락해주신 아르케 최창신 실장께 깊이 감사드린다. 아무쪼록 이 책이 문순홍을 사랑하는 사람들만의 책이 아니라 이 땅의 사람과 생명을 사랑하는 모든 사람들의 작은 빛이 되기를 바란다.

2006년 1월
문순홍 유고선집 출판기획위원들을
대신하여 구도완이 씀

차례

정치생태학과 녹색국가

책을 펴내며   ...7
서문   ...9

제I부 녹색국가와 민주주의

제1장 민주주의와 환경   ...33
   1. 생태정치론 내 민주주의 논의의 단계들   34
   2. 민주주의와 환경 결합의 유형들   37
   3. 생태민주주의를 향하여 1: 자유민주주의의 활용 및 보완   43
   4. 생태민주주의를 향하여 2:
      녹색 공영역의 구성 및 공영역의 녹색화   49
   5. 생태민주주의를 향하여 3: 공영역의 급진화   55
   6. 결어: 생태민주화 설계도 밑그림   57

제2장 녹색국가와 국가의 녹색화   ...65
   1. 기본개념들   67
   2. 녹색적 사유에서의 국가논의   73
   3. 구조로서의 녹색국가 논의   82
   4. 과정으로서의 녹색국가 논의: 국가의 녹색화 단계 87
   5. 한국국가의 녹색화를 측정하기 위한 분석변수들   93

제3장 성찰적 재귀성과 생태근·현대화론　　　　　　　　...99
　　1. (탈)근·현대 논쟁과 생태학　　　　　　　　　　100
　　2. 근대의 그늘에서 벗어나는 방식 1: 탈근·현대 기획　102
　　3. 근대의 그늘에서 벗어나는 방식 2:
　　　　성찰적 재귀성에 기반한 근대화　　　　　　　　106
　　4. 성찰적 재귀성과 생태근·현대화론　　　　　　　109
　　5. 한국에서 생태근·현대화론 도입의 상황 및 필요성　117

제Ⅱ부 생태정치의 실제

제4장 정부 정책의 지탱가능성 평가: 일회용품 관리정책 사례　...123
　　1. 지탱가능성 개념에 대한 검토와 평가기준　　　　124
　　2. 생태근대화론의 관점에서 본 정책단계화 및 평가영역들　127
　　3. 우리나라 일회용품 관리정책에 대한 분석·평가　128
　　4. 맺는말　　　　　　　　　　　　　　　　　　140

제5장 세계 환경회의사로 본 생태정치　　　　　　　...147
　　1. 생태위기 형성기의 시대적 조건들　　　　　　　148
　　2. 세계환경논의 30년사 1: 1970년대　　　　　　152
　　3. 세계환경논의 30년사 2: 1980년대　　　　　　161
　　4. 세계환경논의 30년사 3: 1990년대　　　　　　174
　　5. 21세기 환경이슈와 새로운 규범체제의 필요성　　181

제6장 초국가 시민사회의 정치: 대만 핵폐기물 사례 ...185
  1. 분석틀로서의 초국가 시민사회와 담론분석   187
  2. 사건발생의 배경과 기존 핵폐기물이동 억제기제   193
  3. 정부와 NGO들의 초국가 시민사회 동원과정에 대한 분석   197
  4. 규범체제의 변화와 남아있는 문제   209

제Ⅲ부 새로운 정치생태학을 위하여

제7장 거버넌스와 젠더: 젠더친화적 거버넌스의 조건 ...217
  1. 서론   217
  2. 거버넌스와 젠더의 결합:
    젠더분석틀로 재구조화한 거버넌스 정의   218
  3. 현실 속의 거버넌스 유형과 젠더 관점에서의 비평   228
  4. 젠더 친화적 거버넌스 논의의 방향   242

제8장 온생명과 정치사회 체제 ...255
  1. 왜 '(온)생명'인가?   256
  2. (온)생명으로 세계를 본다는 것   258
  3. (온)생명에서 본 정치사회체제   264
  4. 보생명으로서의 사회문화   277

찾아보기   ...281

제Ⅰ부 녹색국가와 민주주의

제1장
민주주의와 환경*

1990년대는 대안민주주의 논의의 르네상스기라 불린다. 이 대안민주주의 논의는 '민주주의의 민주화'(democratization of democracy)를 추구하는 학자군과 '민주주의의 급진화'(radicalization of democracy)를 추구하는 학자군들에 의해 주도되고 있다. 반면 생태정치론에서 생태친화적인 현실 정치유형으로서의 생태민주주의에 대한 논의가 활성화된 시점은 1980년대 중반 이후였다. 전반적으로 생태문제들과 이로 인한 '사회의 정치화' 과정은 대안민주주의 논의를 촉발시켰고, 반면 오래된 민주주의 논쟁사에 뿌리를 두고 있는 대안민주주의 논의는 생태민주주의 논의를 정교화·분화시키고 있다.

이 글의 목적은 생태민주주의 논의에 참여하고 있는 학자들의 논의를 범주화하고, 이들이 '민주주의'와 '환경'이란 주제로 제기하고 있는 물음들을 재구성하여, 생태민주주의에 도달할 수 있는 전략적인 사회공간들을 그려보는 것이다.

이를 위해 이 장은 다음과 같이 구성하였다. 1절과 2절에서는 생태정치론

---

* "민주주의와 환경결합논의들의 재구성: 생태민주화의 설계도 그리기," 『한국정치학회보』 34집 2호, 2000.

내에서 민주주의 논의가 등장하는 단계들을 검토하고 '민주주의와 환경' 논의의 유형들을 범주화하였다. 이 과정에서 도출된 물음들은 생태민주화 과정의 전략적인 단계들로 제시되었다. 이에 터해 3절에서는 자유민주주의 정치체제가 환경이슈 해결에서 가지고 있는 장점과 한계점을 지적하고 이를 보완하려는 논의들을 다루었다. 4절에서는 대안민주주의 논의의 두 흐름, 즉 결사체민주주의(associative democracy)와 협의민주주의(deliberative democracy)로부터 영향을 받은 생태민주화 실험들을 논의하였다. 핵심개념은 '시민 사회 그 자체의 민주화'로 이는 '녹색 공영역의 형성·확장' 및 '공영역의 녹색화'로 구성된다. 5절에서는 4절에서 다룬 논의들에 대해 공영역의 이면으로서의 사(私)영역 그리고 현재의 시점에서 가시화되지 않은 잠재적 공영역이 생태민주화 논의에서 차지하는 의미를 다루었다. 6절에서는 3, 4 그리고 5절의 논의를 바탕으로 생태민주화의 설계도를 그려보았다.

1. 생태정치론[1] 내 민주주의 논의의 단계들

민주주의 논의와의 관련성 속에서, 생태정치론은 세 단계를 거쳐 발전하여 왔다. 그 첫 번째 단계는 1970년대 초로 생태정치 이론 내 민주주의 이론의 부재를 특징으로 한다. 이 민주주의 논의의 부재는 두 가지 정치성향의

---

[1] 정치생태학(political ecology), 녹색정치(green politics) 그리고 생태정치(ecopolitics)란 용어를 필자는 다음과 같이 구분해서 사용한다. 우선 정치생태학은 가장 상위 범주의 개념으로, 인간사회와 자연의 상호작용을 다루기 위한 사회과학의 신생분야이며, 방법론적으로 사회과학과 환경분석을 통합하려 한다. 문화생태학과 정치경제학에 지적 뿌리를 가지고 있고, 다음과 같은 주제들을 다루고 있다: 정치경제학; 자원사용 및 가계에서의 성차분석; 환경 및 생계운동; 사회적 정체성 투쟁 및 상징적 의미; 발전에 대한 담론; 보전에 대한 사회분석; 환경사 등(Walker, 1998). 녹색정치와 생태정치는 이 정치생태학의 한 분야로 순수 이론적 작업이라기보다는 실천문제로 정향화된 이론들, 즉 녹색(생태)운동의 수단과 목적을 검증하고 평가하기 위한 이론틀(Torgerson, 1997)을 추구한다. 이 양자 중에서도 생태정치가 녹색정치보다 그 범주가 좁다(문순홍, 1999a).

공존으로 나타나는데, 그 하나는 생태권위주의 정치체제로의 정향성이고 다른 하나는 정치에 전혀 관심을 보이지 않는 경향이었다. 전자의 정치유형을 주도하던 학자들로는 가렛 하딘(G. Hardin), 로버트 하일브러너(R. Heilbroner) 그리고 윌리암 오플즈(W. Opuls) 등이 지적될 수 있을 것이다.2) 동시에 '국가'로 상징되는 정치에 대한 무관심은 근본생태론3)과 사회생태론4)의 주된 특징이었다.

특히 후자의 경향성은 전통적인 정치세계를 뒷받침하고 있는 가정, 이론 그리고 이의 제도화된 세계를 '해방적 미래에 적대적인 것'이라고 거부한다. 이런 경향성은 정치영역을 근본적으로 재질서화하려는 시도들로 자리매김 되고, 두 번째 단계를 열어 주었다. 이는 1970년대 말경으로 소규모 연방제 직접민주주의가 예찬되던 시기로부터 시작한다. 1960년대에 시작한 참여민주주의 논쟁이 이 시기에 대안운동 등을 통해서 실험되었다. 그 대표적인 예로 두 가지를 지적할 수 있을 것이다. 그 하나는 1970년대 후반부터 실험된 생태지역주의 운동에 기반한 공동체 운동(문순홍, 1999b: Ch. 11)이고, 다른 하나는 녹색당에서 초기 시행된 민초민주주의 논의(문순홍, 1992: 212-14)이다.

그러나 1980년대 중후반 현실주의자들5)에 의한 비판과 더불어 생태정치론은 세 번째 단계로 들어서게 된다. 이후 구딘(Goodin, 1992)에 의해 제기된

---

2) 이들은 '네오-홉시안'(Walker, 1988), '네오-맬더시안'(Paehlke, 1989; Mellor, 1992) 그리고 '구조주의적 개혁론자들'(Lester · Dryzek, 1989)로 불리기도 한다.
3) 이를 엘킨스는 근본생태학의 신비주의적 속성이라 평한다. 이와 관련 엘킨스(Elkins, 1990)를 참조하라.
4) 기존 국가에 대한 거부는 사회생태론이 '생태무정부주의'로 불리는 주된 이유이기도 하다. 사회생태론자인 머레이 북친(Murray Bookchin)과 관련해선 북친(1997: 해제)를 참조하고, 독일의 루돌프 바로(Rudolf Bahro)와 관련한 국가거부 태도는 문순홍(1992)의 2.2.2 사회생태론 편, 특히 83쪽을 참조하라.
5) 이 현실주의자들은 서구 녹색당 내부에서 원칙론자들과 논쟁하였고, 특히 사민당 및 노동운동 세력과 연대하려는 입장에 의해 지지를 받았다. 프랑켈(Frankel, 1987: 230)은 이런 원칙적인 입장을 "녹색은 시민사회의 민주화에 전혀 우선순위를 부여하지 않았고, 대신 경합하는 이익 · 권력관계가 사라진 세계만을 선호하는 유토피안 탈산업론자들"이라고 불렀다.

'녹색정치론' 내 이념적인 목표와 과정적인 전략의 분리(녹색가치 이론과 녹색행위자 이론의 분리)는 하나의 계기점을 형성해 주었다. 즉 생태정치적인 원칙과 그 과정 사이에 필연적인 연관관계가 존재하지 않음을 의미하기 때문이다. 이로써 생태정치론이 추구하는 바람직한 방향과 지향점은 이를 실현하기 위해 현 사회에서 선택 가능한 사회적인 메커니즘(행동과 정책결정 유형으로, 예로 비폭력적 시민불복종 운동, 에코타지 운동 등)과 별도로 논의되기 시작하였다.

이 구딘의 구분은 '환경'과 민주주의의 결합을 더욱 복잡하고 다원적인 것으로 유형화하는 근거가 되었다. 이런 복잡화의 경향성은 1990년대 이후 양적으로 늘어난 경험적인 연구조사들(Press, 1994: Ch.7), '민주주의의 민주화' 논의와 '민주주의의 급진화' 논의로부터 영향을 받았다. 전자가 자유민주주의를 보완·확대·대체하려는 결사체민주주의(Hirst, 1992; 1994)와 협의민주주의의 흐름(Cohen·Rogers, 1992; Miller, 1994; Benhabib, 1996; Bohman·Rehg, 1997)이라면, 후자는 이들의 논의를 더 급진화하려는 급진민주주의(Mouffe, 1996), 소통민주주의(Young, 1990), 대화민주주의(Giddens, 1994), 담화민주주의(Dryzek, 1990)의 흐름이다. 전자가 시민사회 내 공영역에 그 기반을 두고 있다면, 후자는 공·사 이분법과 인간·자연 이분법을 극복하여 가정의 영역과 심리의 영역으로 그리고 현재를 넘어 미래의 영역까지 확대하려 한다.

여하튼 이런 사회과학 이론 내의 동향과 생태정치론의 역사적 움직임은 생태민주주의 논의를 두 흐름의 긴장, 즉 자유민주주의 체제 내부의 개혁으로부터 논의를 출발하는 현실-전략적인 경향과 자유주의 체제 밖의 이상사회를 지향하는 경향의 긴장 속에 위치하고 있었다.

2. 민주주의와 환경 결합의 유형들

1) '환경'과 민주주의는 어떤 상관성을 가지고 있는가?

이 물음과 관련해서, 환경과 민주주의의 상관성을 논의한 학자들[6]의 대답은 세 가지 유형으로 범주화될 수 있다. 그 첫 번째는 아무런 상관성도 없다고 주장하는 자들이고, 그 두 번째는 민주주의와 '환경보호'가 상호 적대적이라고 주장하는 입장으로 생태정치론의 제1세대를 구성하는 생태권위주의자들이다. 세 번째 범주는 이 양자 간에 친화성이 있다고 말하는 집단으로, '민주주의와 환경' 논의에 참여하고 있는 대부분의 학자들이 이에 속한다.

이 친화성을 전제로 하고 있는 논의는 다시 두 유형으로 나뉠 수 있는데, 이 중 한 집단은 양자 간의 결합이 필연적이라고 주장하는 자들[7]이다. 이의 대표적인 학자로 로빈 에커슬리(Eckersly, 1996a; 1996b)와 발 플롬우드(Plumwood, 1996; 1997) 등이 거론될 수 있다. 다른 입장은 양자 간의 접합이 그렇게 필연적인 합동관계가 아니며 지극히 우연적인 접합관계라고 말한다. 여기서 우연성이란 개념을 차용한 것은 양자의 만남을 직접적인 관계로 조명할 수 없음을 지칭하기 위함이다. 그래서 이들에게 주요한 관심사는 민주주의와 녹색을 서로 연결시켜 주는 특정 조건에 놓여 있다.[8] 이러한 입장에는 구딘(Goodin, 1992), 존 드라이젝(Dryzek, 1996a; 1996b) 그리고 돕슨

---

[6] 1996년 '환경과 민주주의'에 대한 세 권의 책이 발행되었다. 이 책들엔 30여명의 학자들이 민주주의와 환경의 상관성에 대한 논쟁에 참여하고 있다. 이와 관련 Mathews(1996), Lafferty·Meadowcraft(1996) 그리고 Doherty·de Geus(1996)를 참조하라.
[7] 이를 돕슨(Dobson, 1996b: 142-46)은 원칙적 논증론자(Argument from Principle)라고 부른다. 이들은 생태적 사유와 민주주의적 사유 모두 실재론을 지향한다고 본다. 그래서 양자가 지향하는 가치, 원리, 목적이 서로 일치한다고 주장한다.
[8] 이를 돕슨(Dobson, 1996b: 136-41)은 선결조건 논증자(Argument from Precondition)로 부른다. 이들은 양자를 결합시킬 수 있는 사회경제적 조건들을 먼저 고려하자고 주장하는 입장이다.

(Dobson, 1996a; 1996b) 등을 필두로 가장 다수의 학자군(Achterberg, 1996a; Barry, 1996; Lafferty·Meadowcroft, 1996; Mathews, 1996: 7; Saward, 1996; Taylor, 1996)이 포진해 있다. 이 두 입장의 중간에 세계환경과발전위원회(WCED)의 입장, 즉 "(민주주의적) 참여는 적어도 지속가능성의 필요조건이지만 충분조건은 아니다"(Press, 1994: 127)라는 입장이 놓여 있다.

2) 생태적인 사유와 민주주의 사이에 공집합이 있는가?

환경과 민주주의의 상관성에 대한 논의는 우연적 접합론과 필연적 결합론을 중심으로 전개되어 가고 있다. 이 둘을 분리시키는 물음은 "생태적 사유체계와 민주주의적 사유체계, 그 사이엔 공집합이 존재하는가"로, 우연적 접합론은 "아니다"라고 답하고 필연적 접합론은 "그렇다"로 답한다.

우연적 접합론은 구딘의 주장인 "절차를 지향하는 민주적 사고와 결과와 목적을 지향하는 생태적 사유가 구분되어야 함"에서 출발한다. 드라이젝(Dryzek, 1990: 1996a)은 민주주의의 최신판인 대안민주주의와 이 논의가 터하고 있는 하버마스의 의사소통적 합리성조차도 절차적 합리성에 불과한 것이어서, 민주주의 논의는 그 어떤 가치지향적 해결방안도 추구할 수 없다고 지적한다. 이로 인해 의사소통적 합리성에 근거한 민주주의 모델 구상은 언제든지 생태적 사유에서 어긋날 가능성을 안고 있다는 것이다. 봅 테일러(Taylor, 1996)는, 좀더 회의적이어서, "생태적인 사유에 민주주의가 내재적인 가치로 들어와 있지 않을 수 있음"을 강조한다. 예로 그는 생태론 내 한 유파인 근본생태론의 생물중심주의를 문제로 삼고 있다. 그에 따르면, 생물중심주의의 비-민주주의적인 성향은 이들이 천착하고 있는 작업영역과 논의의 특징 모두에서 나타난다는 것이다. 작업영역에 초점을 맞출 때, 이들은 새로운 세계관과 윤리의 발견에 집중하고 있고, 이러한 작업은 주류 담론의 지배성으로 인해 주변화될 수밖에 없기 때문에 독선적인 입장을 취하게 된다는 것이다. 논의의 특성이란 측면에서도, 이들은 공적 영역을 주요 활동 공간으로 삼고 있다. 그런데 이 공적인 담론은 주로 저널이나 책을 중심으로 이루어지기 때문에, 항상 소수의 사람만이 접근가능하고 이로 인해 민주적인 논쟁과는 거리를 두게 된다는 것이다.

요컨대 이 우연적 접합론자들에게 더 중요한 논의대상은 민주주의와 환경을 가장 잘 결합시킬 수 있을 조건 그 자체에 관한 것이다. 드라이젝(Dryzek, 1987; 1990; 1996)과 발 플룸우드(Plumwood, 1997)의 경우 이 조건은 실천적 합리성9)과 생태합리성10)이고, 돕슨(A. Dobson, 1996b: 136)에겐 민주주의의 자기구속성,11) 아흐터베르그(Achterberg, 1996a; 1996b), 베리(Barry, 1996) 그리고 오라이던(O'Riordan, 1996)에겐 지속가능성 이념이다. 프레스(Press, 1994)는 이에 사회정의를 덧붙인다.

필연적 결합론은 생태적 사유와 마찬가지로 민주주의적 사유도 원리적 측면을 가지고 있으며, 동시에 민주주의와 마찬가지로 생태적 사유도 과정에 초점을 맞춘 전략적 사고로 나아가고 있음을 주장한다. 물론 이들에게도 우연적 접합론자들의 '조건에 대한 논의'는 여전히 유의미성을 갖고 있는 것으로 보인다. 이는 자유민주주의(대의제 민주주의)의 그 어떤 사회적 조건이 생태적 가치를 제한적으로만 수용케 하는 요인으로 작용하고 있기 때문이다.

---

9) 실천 합리성이란 아리스토텔레스의 실천이성에 기반을 둔 합리성이다. 여기에서 실천이성이란 설득, 가치에 대한 탐구, 분별력 있는 판단 그리고 자신의 생각을 자유롭게 표출하는 것 등을 포함한다. 즉 실천이성은 결사체적 삶에 기반을 두는 것으로, 이의 대표적인 예가 하버마스의 의사소통적 합리성일 것이다. 드라이젝(Dryzek, 1987: Ch.15; Dryzek, 1990: Ch.1)을 참조하라.
10) 생태합리성은 "체제가 생명(삶)을 유지하거나 증식시킬 수 있는 수용력으로 생태계를 지속적으로 지탱하는 능력"이다. 드라이젝 등(Dryzek, 1987: Ch.3; Hayward, 1994; Plumwood, 1997: 3)을 참조하라.
11) 돕슨은 협의민주주의와 담화민주주의가 '생태친화적 사회' 구현에서 순수하게 절차적일 수 없다고 말한다. 이를 위해선 선결요건이 있어야 하는데, 이는 민주주의의 자기구속성이다. 민주주의의 자기구속성이란 "민주주의가 특정타입의 결과물을 처방하기 위해 혹은 그 스스로를 유지하기 위해 스스로에게 한계를 설정해야 함"을 의미한다. 즉 협의민주주의와 담화민주주의의 선결요건은 환경적인 전제조건으로, 이의 충족은 정책결정에 관한 한, 이들 민주주의를 덜 중립적으로 만든다.

머레이 북친(문순홍, 1992: Ch.2)의 사회생태론에서 생태계의 기본 속성은 돌연변이와 다양성을 특징으로 하고, 이의 사회적 해석인 "친생태적 사회는 자유와 다름을 전제로 한 구성원들의 배제 없는 참여가 보장되는 자유극대화론적 자치제"이다. 따라서 생태적 사유체계와 참여민주주의는 분리불가능의 관계를 구성해준다. 그러나 문제는 바로 현 사회의 자유주의적 정치·경제체제가 과연 생태적 가치를 수용할 수 있는가 인데, 이에 대해 북친은 부정적이다. 요약하자면, 북친에게 자유민주주의와 생태적 사유는 서로 결합할 수 없지만, 민주주의와 생태적 사유는 근본적으로 상호친화적인 것이다. 이와 동일한 견해가 사회생태론적 페미니스트 플룸우드(Plumwood, 1992; 1997)에 의해 받아들여져 확대 발전되고 있다.

같은 필연적 접합론의 입장에 서 있지만, 에커슬리(Eckersly, 1996a; 1996b)는 어느 정도 자유주의에 호의적이다. 그녀는 '자유주의의 미결정된 전통'(자유민주주의의 패러독스)을 출발점으로 삼고 있다. 물론 현 자유주의에선 반생태적 측면이 강하게 작동하고 있는 것도 사실이다. 그러나 자유주의가 터하고 있는 이념들, 즉 자율, 정의 그리고 권리담론은 해석의 여지가 있어, "사회생태적 맥락에서 재규정해볼 수 있는" 출발점을 제공해주며, "자유주의의 규제적인 이념과 제도들도 일단 생태중심적인 방향으로 운용해볼 여지가 있다.

3) 생태민주화 전략12)을 위해 재구성된 질문들

위에서 살펴보았듯이 민주주의와 환경의 관계는 다양하고 복잡하다. 이는 민주주의와 생태론, 개개 이론체계의 내적 비응집성과 분화성에서 기인하는 것이다. 따라서 이 복잡성의 물음은 다음과 같이 체계화될 수 있다.

---

12) 생태민주주의와 생태민주화는 구분해서 사용되어야 한다. 이와 관련 필자는 벡의 용어인 '보다 많은 민주주의'(more democracy)와 '생태민주주의'(ecological democracy)를 차용하여, 생태민주주의는 친생태적 원칙에 기반을 둔 민주주의 사회의 한 이념형이고, 생태민주

첫째, 민주주의와 생태적 사유의 결합을 논하기에 앞서, 민주주의와 자유민주주의의 구분이 먼저 논의되어야 하고, 또한 생태적인 사유체계도 유파에 따라 세분화되어야만 할 것이다. 그 출발점으로 민주주의 논의를 대의제 민주주의로 한정해, 생태적 가치의 수용가능성 여부를 타진해 보는 것이 유의미할 것이다.

둘째, 논의를 자유민주주의로 한정하더라도, 주의해야 할 몇 가지 것이 있다. 자유민주주의 고유의 속성과 이것이 속해 있는 시대범주로서의 근대의 속성은 구분되어야 한다는 것, 자유민주주의 그 자체도 단일모델로 구성되어 있지 않다는 것(Held, 1988) 그리고 자유민주주의의 이념적 원칙과 정치체제의 작동을 구분해서 논하여야 한다는 것 등으로 이 중에서도 후자에 초점을 맞추어 논의를 시작하는 것이 손쉬울 것이다. 이에 터해 생태민주화 전략의 구성은 다음의 가정과 결론을 고려하여야 한다.

① 자유주의의 한계점이 정치체제가 작동하는 방식 때문인 것으로 평가된다면, 생태민주화 전략은 대의제 자유민주주의의 대체가 아닌 제도적인 보완 작업을 통해 논구되어야 한다.

화 전략은 이 사회에 도달하기 위한 방법론으로 사용한다(Beck, 1998: 해제; Goldblatt, 1996: 173). 따라서 현실에선 보다 많은 민주주의가 조금씩 확장될 뿐이다. 이념형으로서의 생태민주주의의 첫 번째 전제는 영향 받은 모든 사람들이 적절한 민들(demos)로 간주되어야 한다는 것이다. 여기에서 자연의 신호 및 발신코드는 대리인을 통해 대변되어야 한다(Dryzek, 1996a). 이렇게 될 때 정책결정에 참여하는 범위는 넓어지고 그 협의의 심도는 깊어지며 속도는 느려진다. 이것이 두 번째 전제이다. 생태민주화 전략에 대한 논의에는 다양한 의견들이 개진되어 있다. 제우스(de Geus, 1996)는 이를 포퍼에 따라 단편적이고 점진적으로 사회를 개혁해가는 공학모델, 정치적 안목에서 사회 전체를 근본적으로 재구조화하려는 급진모델 그리고 생태적 재구조화 전략으로 범주화시켰다. 생태적 재구조화 전략이란 새로운 사회를 창조하기 위해 전체 사회를 급진적으로 변경시키려 하지 않는다. 그러나 이 전략은 조정될 수 있는 장기적인 변화와 계획을 포함하고 있다. 이 장기적인 변화 계획은 ① 가장 첨예화된 환경악화 유형을 목표로 설정하고, ② 생산과 소비유형에 초점을 맞춘 정책을 선호하며, ③ 타협적인 절차를 수용하면서도 민주적 방식의 완성을 지향하고, ④ 공개토론과 상상력, ⑤ 용기와 결단을 요구한다.

② 자유민주주의의 이념 혹은 원칙—예로 선호도 집합을 통한 집단 의사의 결정(Miller, 1994)—이 고유한 한계로 주목된다면, 생태민주화 전략의 대안적 방향으로 대의제 자유민주주의가 아닌 다른 모델들(예로, 루소에서 연원하는 코뮌형 참여민주주의)이 검토될 수 있을 것이다. 이 경우에, 자유주의 논의가 출발하던 시점의 이념과 원칙에 대한 논구가 선행되어야 한다.

③ 그러나 만일 자유민주주의의 한계점이 근대의 속성(예로, 이원적 세계관과 이성과 계몽에 대한 확신)에서 추론되는 것이라면, 이것은 자유민주주의만의 문제점이 아니라 이것이 속해 있는 근대 정치철학 전통에 공통된 문제이므로 그 대안에서 근대에 등장한 모든 민주주의 이론과 모델들이 비판적으로 재검토되어야 한다.

셋째, 생태민주주의가 자연과 인간의 소통체계를 회복하는 것이고, 이것이 근대의 제도 내에서 불가능한 것이라면, 생태적인 원리가 구체화된 대안제도들13)이 논의되고 실험되어야 한다. 이것이 생태민주화론의 최종단계로 논구되어야 한다.

이에 따라 생태민주주의 사회로 가기 위한 전략은 다음과 같이 세 단계로 나뉘어 네트워킹 되어야 한다.

① 자유민주주의 체제 작동의 한계 및 보완
② 녹색 공영역의 확장 및 활성화
③ 공영역의 급진화

---

13) 여기에서 제도란 인간행동이 일어나는 일종의 사회적 컨텍스트로, 이 컨텍스트는 패턴화된 지속성, 장기성 그리고 안정성을 특징으로 갖는 메타행태적인 실체(metabehavioral entity)이다. 이 실체는 구체성 혹은 물성(物性, materiality)을 가진 것도 있고, 비물성(非物性)의 측면도 있다. 이와 관련 Goodin(1996b)과 Dryzek(1996d)을 참조하라.

3. 생태민주주의를 향하여 1: 자유민주주의의 활용 및 보완

1) 자유민주주의의 유용성과 한계

대안민주주의로서의 생태민주주의에 대한 논의는 "지속가능성이 자유민주주의 사회에서의 제도변화 없이 도달될 수 없다"(Acherberg, 1996b: 157)는 것에서 출발한다. 변화의 정도에선 합의되지 않았지만, 현 자유민주주의 체제가 환경이슈 해결에서 제한적이란 주장에는 의견들이 일치되기 때문이다. 그래서 자유민주주의의 어떤 점이 '환경'문제를 해결하는 데 기여하고 어떤 점이 단점으로 작용하는가를 밝히는 것이 생태민주주의 정치담론의 한 영역을 구성하고 있다.

생태정치론에는 자유민주주의와 관련해서 세 가지 입장이 공존한다: 생태적 사유체제가 태생적으로 자유민주주의와 친화성이 있다는 견해(diZerega, 1996); 자유주의는 그 내부로부터 연속적으로 지양할 수 있다는 견해; 자유민주주의와의 단절을 통해 넘어갈 수 있다는 견해(북친을 필두로 한 사회생태론자들). 자유민주주의에 대한 생태정치론의 일반적 입장은 두 번째 견해에 속한다. 드라이젝(Dryzek, 1996c)은 "현존 정치체제들 중에서 자유민주주의가 환경문제 해결에서 가장 많은 장점들을 가지고 있다"고 말하고 있다. 이 장점은 이념적인 측면과 정치체제 작동의 측면으로 나뉘어 생태론자들에 의해 언급된다.

특히 이념적 측면에서의 자유민주주의와 생태적 사유의 친화성 검증은 주로 필연적 결합론자들에 의해 논의되고 있다. 에커슬리(Eckersly, 1996a: 175-77)와 플룸우드(Plumwood 1996:147)는 맥퍼슨(Macperson)과 페이트만(Pateman)의 자유주의 논의에 의거해서, 자유민주주의가 두 가지 전통의 긴장 위에서 발전해 왔다고 파악한다. 두 가지 전통이라 함은 개인적 유용성 극대화를 추구하는 벤덤(J. Bentham)의 공리주의와 개인적 자율성 극대화를 추구하는 밀(J. S. Mill)의 의무론을 말한다.[14] 전자는 집단적 선택이 개인들의 선호도(즐거움과 고통) 집합에 의해 결정된다고 주장하고, 후자는 다수라는 이유로 협상되거나 거래될 수 없는 소수의 도덕적인 권리가 있음에 강조점을 둔다. 자유주의와 생태적 사유체계의 공존가능성이란 측면에서, 특히 후자의 자유주의는 개인들의 내적인 품위와 가치를 존중하는 것에 궁극적으로 의존하고 있기 때문에, 녹색의 가치이론—"자연은 보호될 가치가 있는 이해관계를 가지고 있다"—을 수용할 수 있다. 설혹 전자의 노선을 따른다 할지라도, 자유주의는 생태적 사유의 두 가지 흐름, 즉 최대한 많은 사람들에게 최대한 많은 유용성을 주기 위해 자연을 관리하자는 입장 그리고 인간이 아닌 자연세계는 그 자체로 가치 있음(내재적 가치)을 주장하는 입장 중 전자와 결합할 수 있다.15)

정치체제의 작동방식에서 자유민주주의가 생태이슈를 수용할 수 있는 가능성은 특히 시민사회가 가지고 있는 규범적·정치적 힘에 있다. 더 정확히 말해 이는 "부르주아지 시민사회의 공영역"을 지칭하는데, 이에 터해 자유민주주의는 환경에 대한 관심을 대중저항의 형태로부터 녹색당의 구성에 이르기까지 사회적으로 표출해낼 수 있고, 민간단체들과 시민들의 자발적 활동을 통해 스스로를 강화하고, 혁신해갈 가능성이 있다. 이 가능성은 보완을 통한 자유민주주의의 극복이란 민주주의의 민주화 논의에 그대로 수렴되어 있다 (이 논의는 4절의 주제이다).

이념에서나 작동방식 모두에서 자유민주주의의 '환경문제' 해결 가능성이 거론되듯이 그 한계점 또한 양면에서 지적된다. 이념적으로 우선 가장 논란이 되고 있는 것이 이원론적인 세계관이다. 1970년대 이후 자유주의 정치이론은 '공·사구분의 이분법'에 기반해 있다는 비판을 지속적으로 받아왔다.16) 다음

---

14) 이는 구딘(Goodin, 1997: 840)이 구분하고 있는 민주주의의 최소주의적 관점과 최대주의적 관점에 대비시켜볼 수 있다.
15) 이런 구분은 피상적 생태론 대 근본생태론(Naess, 1973), 환경개량주의 대 생태론(Bookchin, 1987), 보호론자(Conservationist) 대 보전론자(Preservationist)에 대비될 수 있다(Norton, 1991).
16) 국가론 논쟁에서 사회주의자들에 의해 형식적인 공·사 이분법의 정치경제학이 거론되었고

으로 지적해야 할 것이 자유주의적인 개인관으로, 맥퍼슨이 지적한 원자론적 개인주의에 터한 '소유집착적 개인', '자기폐쇄적 개인' 등등이 그 비판의 표적이다(Bookchin, 1997; Naess, 1987). 이의 연장선상에서 자유민주주의를 뒷받침하고 있는 실용주의적이고 공리주의적인 인간중심 윤리(Mathews, 1996; Plumwood, 1996)가 비판되기도 한다. 네 번째로 자유주의적인 권리담론에 자연권을 논의할 가능성이 있다 할지라도, 기본적으로 개인들의 사회생태적인 육화과정에 대한 분석을 무시하고 있음(Mellor, 1997)이 비판되고 있다.

반면 자유주의 정치체제가 보여주는 한계는 다음과 같은 몇 가지가 거론된다. 우선 그 작동방식상의 한계인데, 사후적인 반응과 정치체제의 부의 피드백 작용이 결여되어 있음(Jaenicke, 1991, 1996)[17]이 지적되어야 한다. 두 번째론 자유민주주의의 행정 정치제도는 그 파열성으로 인해 복잡한 생태문제에 적합하게 반응하지 못한다는 것이다(Dryzek, 1990). 셋째로, 자유주의는 그것이 정치의 유형이든 경제체제의 유형이든 단기적인 시간 지평 위에서만 작동하기 때문에, '환경' 이슈에서 장기적인 계획화와 실질적 책임소재지를 찾기가 불가능하다(Schumacher, 1973; Beck, 1998)는 것이다. 넷째로 지적되는 것이 민주주의 작동조건인 사회 경제적 불평등이다. 이런 불평등은 환경악화에 집단적으로 저항하는 것조차 방해하고 있다(Bryant, 1995; Plumwood, 1996: 140). 다섯째로, 생태적인 관점에서 볼 때 자유민주주의에서 번성하고 있는 이익집단들 간의 정치유형은 자연을 보호할 수 있는 안정된 척도들을 창출해낼 수 없거나, 또는 생태적 가치의 우선성을 인식해낼 수 없다는 것이다(Plumwood, 1997: 12).

(Poulantzas, 1977), 페미니스트들은 "사적인 것이 정치적인 것이다"란 명제를 상징화했으며, 생태론자들은 자연과 인간의 이분법을 비판하였다.

17) 이런 지적 속엔 행위자들 간의 조정능력 결여, 상이한 조건과 경쟁들을 가로질러 수행할 수 있는 능력 결여, 변화하는 상황에 대응하여 체제 내적인 구조를 조절할 수 있는 유연성과 탄력성의 결여가 함께 포함되어 있다.

2) 한계극복의 전략적 논의들

자유민주주의가 생태이슈를 처리함에 있어 한계가 있음을 인정하고 이를 극복하려는 전략들은 이념이나 원리에 초점을 맞춘 학자들보다는 체제 작동상의 결함과 한계를 지적해온 학자들에 의해 논의되고 있다. 이 논의 군에는 입법적인 측면에 초점을 둔 전략, 행정 및 사법에 초점을 둔 전략 등이 있다.

(1) 새로운 유권층으로서의 자연 대변

이 한계 극복의 전략으로 가장 많이 논의되는 것이 '환경'이란 잠재적 이해관계(권리)를 새로운 유권층이란 형식으로 대의민주주의 정체에 대변시키는 방식이다. 예로, 돕슨(Dobson, 1996a)은 자유민주주의의 작동방식 그리고 그 구조상의 결함을 알아보기 위해, '현 체제에서 어떤 층이 어떤 기준에 의해 대변되고 있는가 그리고 현재와 같은 생태문제를 해결하기 위해선 어떤 층이 어떤 기준으로 대변되어야 하는가'라는 물음을 다루었다. 결론적으로 그는 자유민주주의 체제가 그 이해관계의 정치대변을 인간, 현 세대 그리고 국민국가에 거주하는 자국민으로 제한하고 있다고 말한다. 따라서 생태문제를 풀기 위해, 자유민주주의의 기본가정을 벗어나지 않으면서도 현 대의민주주의틀을 활용하는 최소한의 길은 다음과 같이 새로운 유권자층을 이 체제 내로 대변시키는 길을 찾는 것이다.

① 외국민의 이익대변
② 미래세대의 이익대변
③ 인간이 아닌 자연집단의 이익대변

이 새로운 유권층의 '대변'은 역사적으로 정치이론적으로 정당성을 획득할 수 있는 논의이다. 우선 민주주의 역사를 보았을 때, 역사적인 조건에 의해 제한되었던 인간의 권리들—노예 신민의 권리, 여성의 권리 등—은 타자의 이해관계 속에 '캡슐화'되어 대변되거나 보통선거권 획득과 같은 형태로 정치의 장에 수용되어 왔기 때문이다(Nash, 1989: Ch. 1; Bobbio, 1996: Ch.1). 또한 정치이론적으로도 이런 방식은, 위에서 구분한 '민주주의에 대한 최소주의 개념'과 '최소주의적인 녹색명제'의 결합으로 논의를 제한한다면, 가능한 제안이 될 수 있기 때문이다.

(2) 준—국가 기구(para-staatliche apparatus)의 설치

위의 예가 선거를 포함한 입법적인 측면에 초점을 맞춘 전략이라면, 자유민주주의의 행정 부문에 초점을 둔 전략으로 생태근대화론[18]의 한 유형을 언급할 수 있을 것이다. 당시 생태이슈가 정치의제화되는 과정에서 '국가와 사회가 서로 어긋나는 경향성'이 두드러지게 나타났다. 생태근대화론자들은 '지배적인 제도가 학습될 수 있으며' 그리고 "이러한 학습과정은 자유민주주의 정체 내에 의미 있는 변화를 야기할 수 있다"는 신제도주의적 입장에서, 제도의 학습도를 높이기 위해 환경관련 정보들을 개방하고, 환경관련 정책결정 과정의 투명성을 향상시키고, 이에 모든 이해관계자를 대변케 하며, 생산적인 해결을 추구하는 방향에서의 개혁을 제안하고 있다. 이런 개방성과 투명성 그리고 비배제성을 전제로 할 때 행정활동에 시민들의 참여가능성을 높일 수 있고, 새로운 참여양식을 창출할 가능성이 있기 때문이다(Jaenicke, 1988, 1993; Hajer, 1995). 이 새로운 참여양식의 창출 예로 미국의 토론을 통한 대안적 해결시도(altenative dispute resolution)와 이 과정에서 마련된 공적 중개인 제도(위슨콘신 주)나 오스트리아의 환경변호사 제도, 독일 연방의 환경재단과 같은 국가정책포럼 유형들이 제시될 수 있을 것(Zillessen, 1993)이다. 이의

---

[18] 이 생태근대화론에는 여러 유형들이 있다. 피터 크리스토퍼(Christoff, 1995)는 강한 근대화론과 약한 근대화론으로, 마아틴 하이어(Hajer, 1996)는 기술혁신으로서의 생태근대화론, 제도학습으로서의 생태근대화론 그리고 문화정치로서의 생태근대화론으로 대별한다. 생태근대화론과 관련해선 문순홍(1995)을 참조하라.

유사한 예로 한국에선 중앙행정부의 상위에 설치된 지속가능발전위원회 혹은 지방의제 21의 추진과 지방정부에 설치한 녹색시민위원회를 생각해볼 수 있다.

(3) EV and CBA 제도 보완

위의 두 가지 예보다 미시적인 논의로 환경정책 입안을 위한 정보 제공 기술인 비용-편익 분석(CBA, Cost-Benefit Analysis)과 이의 보조물인 환경가치 평가(EV, Enviromenatal Valuation) 방식을 보완하려는 시도(Jacob, 1997)가 있다. 이 이론적이고 방법론적인 시도는 이들 분석방법론이 "사적 재화에 적합할 수 있는 정책결정 모델을 공적인 재화의 분배 결정에 적용한 것"이란 비판을 그 이유로 삼는다. 따라서 공적인 재화에 적합한 평가방법이 되기 위해, 이 분석방법론은 조사에서 투표용지 방식으로의 전환, 물음 구성시 사적 재화에 적합한 물음(당신은 얼마나 지불하고자 하는가)에서 공적 재화에 적합한 질문(전체 사회를 위해 최상의 이익은 무엇인가)로의 전환, 고립된 상태에서 투표용지를 작성하는 것이 아니라 토론을 통해 작성하도록 하는 그룹평가로의 전환 그리고 증인을 허용하는 제2협의제도로서의 시민법정의 가설 등과 같은 장치를 마련하고자 한다. 이 과정을 통해 선호도(이해관계)에 따른 선택이 일반 이익에 따른 선택으로 변환될 수 있기 때문이다.

그런데 위 전략들의 실효성은 시민사회 내의 활성화된 공영역, 즉 녹색 공영역이 전제되어야 한다. 우선 새로운 유권층 대변 전략은 정치적 실천이란 측면에서 대의민주주의 모델의 '일인 일표제'(보통 평등 선거권) 원칙을 파기하며, 설혹 '일인 이표'가 허용된다 할지라도 최소한 '서로의 이해관계를 내재화하는 과정'이 전제되지 않으면 무의미해진다(Goodin, 1996: 843-48)는 문제점이 있다.[19] 제도적 학습으로서의 생태근대화 전략의 실재화 가능성도 문화정

---

[19] 그러면 어떻게 자연의 이해관계를 내재화할 것인가? 이의 제도적 유형은 무엇인가? 이 물음에서 유의미한 정치공간으로 구딘이 선택한 것은 선거나 의회보다는 토론과 심의에 초점을 둔 시민법정이었다. 이와 관련 한국에서는 두 차례에 걸쳐 유전자 조작콩과 생명공학

치로서의 생태근대화 논의(담론분석 및 담론구성 작업들)와 유사 대안정치의 실험들(포럼과 시민법정)에 달려 있다(Hajer, 1996: 258). 또한 사적 재화로서의 환경재가 아니라 공공재로서의 환경재에의 접근과 이에 터한 비용-편익 분석방식의 변형은 협의민주주의적 토론 및 포럼을 사회적 조건으로 전제할 때 실현가능한 것이다.

4. 생태민주주의를 향하여 2: 녹색 공영역의 구성 및 공영역의 녹색화

위에서 제기한 자유민주주의에 대한 두 번째 입장, 즉 보완을 통해 생태민주주의의 영토로 들어가 보자는 논의가 현재까지 논의되어온 생태민주화 전략의 주영역이라 할 수 있으며, 이것이 이 절의 주제이다. 이 전략은 삼분법적 시민사회론(Cohen, 1992)과 하버마스의 공영역 개념에 터해 있고, 대안민주주의 논의에선 결사체민주주의 논의와 협의민주주의 논의와의 결합으로 나타났다.

이 전략은 두 개의 과제를 가지고 있다. 그 하나는 순수하게 녹색 공영역을 시민사회 내에서 확장·심화시키며 국가와의 순환루트를 만드는 작업이고, 다른 하나는 공영역 그 자체를 녹색화하고 이에 터해 국가과제를 변형하는 작업(녹색국가론 혹은 국가의 생태적 재구조화론)[20]이다. 녹색 공영역에 터한

기술에 대한 합의회의가 실험되었다(김훈기, 1998; 1999; 이영희, 1999). 이런 내재화과정을 동반한 대변의 논의는 체제에 특정 이해관계(권리)가 표출되는 두 가지 유형—참여와 포용(inclusion)—으로 인해 혼돈스러운 것이다. 즉 참여는 흑인이나 여성의 보통선거권 확대를 말하지만, 자연의 이해관계 대변은 후자에 속한다(Dryzek 1996; Goodin 1997; Walzer 1993).

[20] 환경문제를 제대로 해결하고 성공적인 환경정책을 마련하기 위해선, 그 전제로 "규범을 만들고 부과하며 효과적으로 이를 수행할 기구"가 있어야 한다. 이런 맥락에서 녹색국가 혹은 국가의 생태적 재구조화는 생태정치론의 한 부분이다. 녹색국가와 관련, 생태담론 내에는 두 개의 형이 존재한다. 한 유형은 절대국가 등장의 필요성을 주장한 생태권위주의형 국가모델이고, 다른 유형은 생태민주화 전략과 공존하는 민주적이고 분권화된 작지만 강한 국가로 1990년대 민주주의 부흥기에 생태론자들에 의해 주창되었다.

생태민주화 전략에서 우선적인 것은 녹색 공영역의 형성과 확장이다. 왜냐하면 규범적 개념으로서의 공영역은 국가의 정치적 의사형성에 영향을 주는 원천으로서뿐만 아니라 준정부적인 기능(共治, governance)을 할 수 있기 때문이다(Dryzek, 1996: 482; Habermas, 1994: 57; Jaenicke, 1994).

1) 시민사회, 공영역 그리고 녹색 공영역

전통적인 민주주의 논의가 국가의 민주화에 초점을 맞추어 왔다면(Dryzek, 1997; Held, 1994), 이 장의 입장은 국가보다는 시민사회의 공영역을 민주화의 소재지로 삼는다. 여기에서 시민사회란 학자마다 해석이 다양하지만, 서구에서 신사회운동의 등장 이후 시민사회 내 규범적·정치적 기능이 있음을 인정한 여러 입장들을 정리하여 개략화해 보면, "개인보다 상위, 국가보다는 하위의 사회적 공간"이고, 기능면에선 "국가와 경제에 의해 에워싸일 수 없는 모든 사회적 상호작용"이며, 그 구성의 핵심은 "의식적·자발적 결사체들의 형성과 삶 그리고 조직화된 커뮤니케이션 관계"에 있다(Cohen·Arato, 1992).

이 시민사회의 공성(publicity) 혹은 공영역(public sphere)은 민주주의의 민주화 논의에서 가장 많은 관심을 끌고 있다(Seligman, 1992: 42; Dryzek, 1996: 481). 이 공영역은 국가와 시민사회 그 사이에 (제도적으로 보장되어) 있는 영역이며, 여기에선 보편적 관심의 주제가 공적으로 토론될 수 있다. 토론이란 의사소통적 행위를 통해 사적인 개인들이 공중으로 드러나게 되고, 기본적으로는 상품교환과 사회노동과 같은 사사화(私事化)된 영역이지만 공론화하기 적합한 이슈들에 공적 권위의 개입을 요구할 수 있는 영역(Habermas, 1989: xi, 18, 27)이다.[21]

---

21) 테일러(Taylor, 1995: 104-5)는 이를 "사회 구성원들이 다양한 매체, 예로, 인쇄물, 전자통신, 대면적 만남 등을 통해 만나고, 공동관심사를 토론하고, 그래서 이에 대한 공통된 마음을 형성할 수 있다고 생각되는 공동의 공간"으로 정의했다.

따라서 녹색 공영역에 대한 최소 정의는 "특정의 정치 단위에서 공통의 관심사항들 중 하나인 환경이슈를 중심으로, 자율적인 시민들이 자신의 의견을 표출하고 비판하고 교환하며 합의를 도출해내는 정치적인 공론의 장"이라 할 수 있을 것이다. 반면 녹색 공영역의 최대 정의는 "환경이슈를 포함한 사회이슈의 원인·분석·해결방안 도출에 이르는 과정이 어떻게 생태적 원칙에 입각할 수 있을 것인가", 즉 "공영역을 어떻게 녹색화할 것인가"란 물음을 통해 도달되어야 한다. 이런 차원에서 그 동안 녹색운동을 핵심으로 한 시민사회와 공영역의 재발흥 논의를 대신해서 새로운 시각에서 녹색 공영역이란 개념이 사용되어야 한다는 지적이 있다. 그 배경은 전자가 포괄적인 합의와 응집적인 정체성을 동반하는 개념인 반면, 후자는 집단적 정체성 그 자체(가능성과 바람직성)에 물음을 제기하는 과정, 즉 과연 생태적 합리성이란 무엇인지 그리고 이것이 적용될 공영역의 작용방식은 어떻게 달라야 하는지에 초점을 두는 개념(Torgerson, 1997)이라는 데 있다. 왜냐하면 '생태합리성'이란 개념은 비타협적인 두 극, 즉 생태 중심주의 대 인간 중심주의를 축으로 하는 대단히 다양한 해석의 공간으로 시간을 필요로 하기 때문이다. 그러면 이런 녹색 공영역은 어떻게 민주주의를 심화시켜갈 것인가?

2) 결사체민주주의와 구체화된 전략유형들

하버마스(Habermas, 1992: 57, 58)는 사적인 개인들이 모인 의사소통적 공영역에서 결절점이 자발적 결사체라고 말한다. 이 결사체들은 실천적 확신을 만들어내고 확산하는 일, 가치의 해석, 정당한 근거의 추론, 가능한 해결방안 도출 등에 특화되어 있다. 결사체민주주의(associative democracy)는 이 결사체들에게 정치결정의 권력이 우선적으로 소재하는 곳으로서의 자격을 부여한 대안민주주의 이론의 한 흐름이다. 코헨(J. Cohen)과 로저(J. Roger),[22] 그리고

---

22) 로저와 코헨은 협의민주주의와 결사체민주주의를 혼용해 사용하고 있다.

폴 허르스트(Paul Hirst)를 중심으로 전개되고 있는 이 논의는, 국가가 시민사회 내에 이 결사체들의 육성 및 이들로 구성되는 민주적 관리체제 형성에 적극적으로 개입하여야 하는가(Hirst, 1992; 1994) 아니면 개입해선 안 되는가(Cohen·Roger, 1992)를 중심으로 차이가 있지만, 시민사회의 공동체적 유대를 강화하는 방향에서 민주화가 논의되어야 함을 강조하고 시민사회의 결사체에 주목하였다는 점에서 그 특성이 있다.

정의상 결사체민주주의란 '일차결사체'로 하여금 민주주의 사회의 공치(共治)에서 긍정적인 역할을 하도록 하는 제도이다. '일차결사체'란 국가, 회사 그리고 가족을 제외한 모든 연합(Cohen·Roger, 1992)을 말한다. 여기에서 약간의 혼돈이 있을 수 있는데, 기존 '대의제 민주주의'에서는 이 일차 결사체가 곧 국가/정부인 반면 결사체민주주의에서는 시민사회의 결사체들이기 때문이다. 결사체민주주의의 시각에서 국가/정부는 권력의 원천이 아니기 때문에 일차결사체가 될 수 없다(Hirst, 1994).

이 결사체민주주의의 작업은 두 가지로 구분된다. 그 하나는 시민사회를 활성화하는 것, 즉 결사체들의 민주적 관리체제를 구성하는 것이고, 다른 하나는 이를 통해 조직화된 사회, 특히 독점시장을 조정하는 경제적 민주주의를 구현하는 것이다. 이 두 작업을 통해 결사체민주주의는 복지국가의 과제와 기업의 과제를 자기관리 결사체들로 구성된 복지사회의 과제로 이전하는 것이다. 예로 이 논의는 정부기능을 축소하고, 지역의 자발적 협력에 기반한 사회활동을 조직화하며, 협동조합 경제를 장려한다.

이 국가과제인 복지 프로그램과 경제에 대한 조정 기능을 국가가 아닌 시민사회 내 결사체들의 민주적 관리체제가 담당해야 한다는 주장은 1980년대 중반 이후 녹-적연대를 둘러싸고 논의되었던 주제들 중 하나였다. 특히 결사체민주주의 논의에서 가장 중심적인 사안으로 논의되고 있는 기본소득 보장방안(guaranteed basic income scheme)은 영국 생태사회주의 이론가인 마틴 라일(M. Ryle, 1987)에 의해 먼저 논구되었다가, 이후 앙드레 고르(A. Gorz, 1990)와 독일학계(Wohlgennant·Buechele, 1990)를 중심으로 지속적으로 논의되었으며, 최근 울리히 벡(1998; 1999)에 의해 기본소득에 기반한 시민노동 개념으로 다시 부활하고 있다.[23]

또한 아흐터베르그(Acterberg, 1996a; 1996b)와 체르친스키(Szerszynski, 1997)는 결사체민주주의와 지속가능한 사회를 연결해, 결사체적 삶이 생태친화적인 민주주의 논의에서 중요하다고 말한다. 그 이유는 민주주의의 전제조건인 토론문화를 배울 수 있기 때문이고 동시에 도덕적인 덕목들—전체로서의 사회적 삶이나 타자의 삶과의 관련성 속에 개인적 삶의 완성을 위치지우는 것—을 배울 수 있기 때문이라는 것이다(Ibid: 152). 이런 지속가능한 사회발전을 실현하도록 도와주는 자발적 결사체들의 활동에는 두 차원이 있다. 그 하나는 협소한 환경영역으로, 리싸이클링과 자동차 공동이용, 생태적인 음식생산, 생활협동조합 운동에 참여하고 있는 자발적인 결사체들이다. 다른 하나는 광의의 환경영역으로 지역화폐,[24] 신용조합, 주택협동조합, 의료생협, 스포츠/레저 클럽, 공동육아모임을 새롭게 창출하고 있는 활동들을 지적할 수 있는데, 이들의 특성은 정부의 발의와 독립되어 등장한 자기발생적 활동이란 점이다.

---

23) 시민노동은 두 가지 노동유형들(임금노동, 자녀교육이나 자기발전을 위한 고유노동)과 더불어 사회를 통합시키는 새로운 노동 유형이다. 이 시민노동은 소득만을 목적으로 한 사적 노동이 아니라 공적 노동으로 두 가지 원칙, 즉 자유의지 및 자기조직이란 원칙과 공적인 재정동원이란 원칙에 터해 시민사회 내에 "제2의 행동섹터"를 만들어낼 수 있다(Beck, 1997: 235-37; Beck, 1998: 인터뷰 문항 14).
24) 1983년 지역화폐는 현 경제체제 작동의 부작용·역기능을 보완하기 위해 처음 시작되었다. 이는 변질된 화폐의 의미(가치저장과 증식)를 본래의 기능(유통 교환의 수단)으로 되돌림으로써 지역공동체를 회복하는 것이었다. 즉 상부상조의 신뢰네트워크를 형성해서, 잉여자원과 기술을 지역주민들을 위해 사용하고 지역주민들의 자급자족력을 높이며, 지역공동체를 회복하는 것으로 프로그램되어 있다(한국불교환경교육원, 1998). 레츠(지역화폐)의 후원자는 지역/국가 정부가 아니라 오히려 자선단체, 종교단체, 정치문화적인 주민집단들로 자신의 뿌리를 시민사회에 견고히 내리고 있는 것(Dowring, 1998)으로 평가된다.

3) 협의민주주의와 구체적인 논제들

다음으로 결사체 내 공정한 공적 결정과정의 창출과 자율적인 시민참여의 보장에 초점을 두고 있는 협의정치에 대한 논의가 환경문제 해결에 적합하다는 합의가 있다. 협의민주주의를 주장하는 학자군은 "지속적인 가치 및 자기결정에서 불일치가 존재하는" 합리적인 가치다원주의 사회에서 가치에 대한 포괄적인 합의는 예외적인 상황이므로, 이런 사회의 민주주의는 절차적인 개념으로 나아가야 한다(Benhabib, 1996; Cohen·Roger, 1996)고 주장한다.

이렇게 절차가 강조된 민주주의 논의이지만 협의민주주의는 그 자체가 하나의 담론의 장과 같이 공적 토론·과정·자율을 강조하는 입장과 공적 합리화·원칙·공적이성을 강조하는 유형이 긴장을 이루고 있다. 전자의 유형은 하버마스(1992)를 지적 근간으로 해서 데이비드 밀러(1994)와 세일라 벤하비브로 이어지는 주장이고, 후자의 유형은 존 롤즈(1993)를 지적 근간으로 해서 조수아 코헨·조엘 로저로 이어지는 주장이다.

밀러(Miller, 1994: 75)는 "협의민주주의는 정책에 대한 합의된 판단으로 나아가는 공개토론 과정"이라고 정의하였다. 조수아 코헨에게 협의민주주의는 정치적 정당화란 이상을 어떻게 제도화할 것인가를 중심으로 형성된 개념이다. 그래서 협의민주주의는 단순한 정치유형이 아니라 동등한 시민들의 자유로운 토론을 용이하게 하고, 공적 권력행사의 정당화와 규칙적이고 경합적인 선거·합법적인 감독의 조건을 연결해주는 공적 합리화를 위한 사회제도적 조건의 준거틀(Cohen, 1989)이 된다.

이 협의민주주의와 생태민주주의의 가능성을 탐구하는 학자들(Benhabib, 1996; Bohman·Rehg, 1997)은 다음과 같은 몇 가지 장점에 기대를 걸고 있다.

① 이 모델이 개개인들을 행동하는 시민으로 준비시켜줄 수 있다.
② 협의 과정을 통해 시민들이 자신의 개인적 선호도를 일반적인 가치로 변형시킬 것이다.

③ 일종의 신뢰체제로, 공적인 영역에 스스로를 대변할 수 없는 수익자들에 대해 시민들이 인간들의 신탁적인 의무와 책임을 이행할 수 있도록 할 가능성이 있다(Eckersly, 1996b).

그러나 이 협의민주주의에는 인간이 아닌 존재들의 이해관계를 인정 보호하기 위해 정책결정의 기본 규칙들을 재구조화하려는 시도들이 결여되어 있다. 그래서 합리적인 주장에만 특권을 부여하고 다른 종류의 목소리, 특히 인간 외적인 존재들 간의 의사소통은 배제된다(Dryzek, 1996a).

5. 생태민주주의[25]를 향하여 3: 공영역의 급진화

위에서 기술한 결사체민주주의론와 협의민주주의론은 19세기 후반 이후 등장한 '공적 영역의 구조변형'으로 발생한 민주주의의 국가로의 포섭화 현상에 물음을 제기한 것이다. 그래서 이 논의들은 분리(혹은 약화)되었던 국가와 시민사회의 관계를 재설정하고, '관계의 탈위계화'(Scharpf, 1991)를 시도한다. 이 탈위계화의 이면은 '정치'와 '정치적인 것'의 엇갈림 현상(Wolin, 1996)을 배경으로 전자의 중심성에 물음을 제기한 것이며, 이 점에서 위의 녹색 공영역을 중심으로 한 민주화 전략은 생태적 의미, 즉 정치와 정치적인 것의 관계성 재정립, 국가와 시민사회 공영역의 관계성 재정립이란 의미를 갖는다.

그럼에도 불구하고 녹색 공적 영역에 대한 논의는 또 다른 이분법적인 발상들, 즉 자유주의 이론의 '공·사 이분법', 이성과 감성의 이분법(혹은 합리적 소통체계와 비합리적 소통체계, 남성적 소통체계와 여성적 소통체계의 이분법), 현재와 미래의 이분법 그리고 가시권과 비가시권의 이분법을 전제로 해서,

---

[25] 주 12)를 참조하라.

배제된 영역·집단들을 남기고 있다. 생태민주주의 사회로 가기 위한 전략의 세 번째 단계에서의 물음은 바로 이 남겨진 이분법과 배제에 관한 것이다.

하버마스의 공영역이 여전히 공·사 이분법에 터하고 있음을 비판한 것은 '생활정치 lifepolitics'(Giddens, 1994)와 '아정치 subpolitics'(Beck, 1998) 개념 그리고 전통적으로 공·사 이분법을 논제로 다루어왔던 페미니스트들이다. 특히 페미니즘으로 재해석된 생태정치는 자연과 인간의 이분법에 터해 민주주의의 민주화 논의를 비판한 드라이젝과 에커슬리의 논의를 페미니스트의 시각에서 더 급진화시켜 볼 수 있는 여지를 가지고 있고, 아정치와 생활정치는 해방정치와 삶의 구체적 영역을 엮을 수 있는 가능성을 오늘의 민주화 흐름에 여운으로 남기고 있다. 따라서 이 대안민주주의를 좀더 급진적으로 검토하려는 시도들은 다음과 같은 물음들을 다루어야 한다.

첫째의 물음은 공영역의 운용방식에 대한 것으로, 대안민주주의가 의사소통을 배제 없이 원활히 하고자 하는 논의라면 바로 이 의사소통의 도구가 무엇인가에 관한 물음이다. 이 물음은 아이리스 영(Young, 1990)에 의해 제기되었다. 그녀는 공영역의 가부장성으로 인해 여성적 언술행위의 특징인 "수사체(rethoric), 이야기체 언술(story telling), 안부인사(greeting)"가 소통의 장에서 배제될 수밖에 없음을 비판한다.

두 번째가 공적인 영역에서 배제된 친밀한 영역(intimate sphere) 혹은 가정에 대한 정치적 의미 부여에 대한 물음이다. 왜냐하면 이 영역이 '타자성'을 이해·인정하고 '중심성'을 극복하는 민주주의 학습이 이루어지고 민주시민으로서의 덕목이 배양될 수 있는 공간이기 때문이다. 이와 관련 급진페미니즘는 '사적인 것이 정치적인 것'이란 표어에서 자신의 정치논의를 시작하였고, 기든스(Giddens, 1994)의 대화민주주의는 가정 영역에서 출발하고, 벡(Beck, 1998)은 청소년들의 내재화된 민주주의에 관심을 가지고 있다.

세 번째는 비가시권에 잠재화되어 있는 공영역에 관한 물음이다. 아무리 민주적 조건에서 결정한다 할지라도 그 결정과정엔 알려지지 않은 어떤 것이 이른바 '위험률'로 작동하고 있다. 이 실체 확인은 미래의 시점에나가능한 것이어서 현재의 시점에선 논리적으로 증명될 수 없고 다만 경험적으로 '그럴 가능성'이란 차원에서 추론될 수 있을 뿐이다. 이 위험률의 파국성은 녹색 공영역에 터한 민주화 전략에서 배제되어 있었다. 그러나 생태민주화의 세 번째 단계에서는 이 미래 공영역의 그림자를 논구해야 한다.

6. 결어: 생태민주화 설계도 밑그림

설계도는 완성된 집에 대한 개념과 이의 짓는 방식으로 구성된다. 전자는 생태민주주의란 이상향이고 생태민주화 전략은 이에 도달하기 위한 설계도이다. 이 생태민주화의 설계도는 전략적 논의의 수준들로 이들을 사회체계에 따라 조합하고 엮는 작업을 의미한다. 이 그물 짜기의 초기적 물음은 자유민주주의를 넘어가기 위한 노력에 어떤 유형의 전략들이 존재하는가에 관한 것이다. 이 전략네트워크는 두 축, 즉 제도 디자인의 심급들이란 수직축과, 분화된 사회영역들(정치-경제-문화)이란 수평축을 중심으로 짜인다. 후자의 짜기 전략을 필자는 1적소·2원과정·3중고리론(문순홍, 1999b: 13장)으로 정리한 바 있어, 여기서는 전자, 즉 제도디자인의 심급에 따라 생태민주화의 설계도를 다음과 같은 물음으로 제시하였다.

첫째는 시민사회를 다시 정의하는 것으로 이의 핵심엔 새로운 유형의 개인[26]을 재발견하고 생태공동체를 복원하는 문제가 놓여 있다. 특히 이분법적 분할과 배제 문제의 극복을 화두로 하는 공영역의 급진화가 논구되어야 한다.

둘째는 환경이슈를 중심한 공영역의 구성요소인 자율적인 결사체들을 육성하고, 이것들과 국가 사이의 소통루트를 만들어내는 것이다. 나아가 공영역 그 자체를 녹색화하는 실험이 논의되어야 하는데, 이의 한 유형으로

---

26) 이 새로운 개인을 생태론에선 관계적 자아를 회복한 인간으로 본다.

이성과 감성의 공존을 전제한 공영역 운영방식이 실험되어야 한다.

셋째, 자유민주주의의 주요 정치기관들에 대한 충분한 논의가 필요하다. 특히 정당체제, 이것과 사회(다원적인 결사체들로 구성된 사회) 간 소통로의 역동성, 행정체제의 개방성 여지 등이 검토되어야 한다.

넷째, 헌법적인 수준에서의 논의(생태헌법)로 자연계약의 타당성 여부가 검토되어야 한다.

참고문헌

김훈기. "유전자 조작식품 먹어도 되나—3개월에 걸친 시민합의회의 지상중계." 『과학동아』 12월호, pp. 154-61, 1998.
_____. "인간배아 복제 허용할 것인가—시민합의회의 '전면금지'요구 vs 과학계 난치병치료의 돌파구."『과학동아』 10월호, pp. 170-77, 1999.
문순홍.『생태위기와 녹색의 대안』. 서울: 나라사랑, 1992.
_____.『지속가능한 사회를 향한 생태전략』. 서울: 나라사랑, 1995.
_____. "생태민주주의 담론내 생태여성적 정치논의의 지형그리기", 『성평등연구』 3집, 1999a.
_____.『생태학의 담론: 담론의 생태학』서울: 솔, 1999b.
이영희. "생명공학에 대한 시민사회의 대응."『환경과 생명』 21호, 1999.
한국불교환경교육원.『인간의 얼굴을 한 경제, 지역화폐운동(LETS)의 가능성과 과제』. 서울: 한국불교환경교육원, 1998.
한국정치학회.『한국정치학회보』 34집 2호, 2000.

Achterberg, Wouter. 1996a. "Sustainability and Associative Democracy." In *Democracy and Environment*. by Lafferty & Meadowcraft. Cheltenham: Edward Elgar, 1996.
_____. 1996b. "Sustainability, Community and Democracy." In *Democracy and Green Political Thought*. by Doherty & de Geus. London: Routledge, 1996.
Barry, John. "Sustainability, Political Judgement and Citizenship: Connecting Green Politics and Democracy." In *Democracy and Green Political Thought*. by Doherty & de Geus. London: Routledge, 1996.
Beck, Ulrich 저. 문순홍 역.『정치의 재발견』. 서울: 거름, 1998.
_____. 홍윤기 역.『아름답고 새로운 노동의 세계』. 서울: 생각의 나무, 1999.
_____. *Was is Globalizierung?*. Frankfurt: Suhrkamp, 1997.
Benhabib. Seyla. *Democracy and Difference*. N.J.: Princeton Uni. Pr., 1996.
Bobbio, Noberto. *The Age of Rights*. London: Polity, 1996.
Bohman, James, and Rehg, William. *Deliberative Democracy*. Cambridge: MIT Press, 1997.
Bookchin, Murray. "Deep Ecology vs. Social Ecology." *Socialist Register*, July-September 1987.
_____. 문순홍 역.『사회생태론의 철학』. 서울: 솔, 1997.
Bryant, Bunyan. *Environmental Justice*. Washington D.C.: Islands Press, 1995.
Christoff, Peter. "Ecological Citizens and Ecological Quided Democracy." In *Democracy and Green Political Thought*. by Doherty & de Geus. London: Routledge, 1996.
Cohen, Jean L., and Arato, Andrew. *Civil Society and Political Theory*. Cambridge: MIT Press, 1994.
Cohen, Josuha. "Deliberation and Democratic Legitimacy." In *The Good Polity: Normative Analysis of the State*. Edited by Alan Hamilin and Philip Pettit, Oxford: Basil Blackwell,

1989.

Cohen, Josuha, and Rogers, J. "Secondary Associations and Democratic Governance." *Politics and Society* 20(4), 1992.

_____. "Procedure and Substance in Deliberative Democracy." In *Democracy and Difference.* by Benhabib. Seyla. N.J.: Princeton Uni. Pr., 1996.

de Geus, Marius. "The Ecological Restructuring of the State." In *Democracy and Green Political Thought.* by Doherty & de Geus. London: Routledge, 1996.

diZerega, Gus. "Deep ecology and liberalism: the greener implications of evolutionary liberal theory," *The Review of Politics* 58(4), 1996.

Dobson, Andrew. 1996a. "Representative Democracy and the Environment." In *Democracy and Environment.* by Lafferty & Meadowcraft. Cheltenham: Edward Elgar, 1996.

_____. 1996b. "Democratising Green Theory." In *Democracy and Green Political Thought.* by Doherty & de Geus. London: Routledge, 1996.

Doherty, B., and de Geus, M. *Democracy and Green Political Thought.* London: Routledge, 1996.

Dowring, Arinn. "LETS: An Eco-Socialist Initiative?." *New Left Review* 232, 1998.

Dryzek, John. *Rational Ecology.* London: Cambridge, 1987.

_____. *Discursive Democracy.* London: Cambridge, 1990.

_____. 1996a. "Political and Ecological Communication." In *Ecology and Democracy.* by Mathews, Freya. London: Frank Cass, 1996.

_____. 1996b. "Strategies of Ecological Democratization." In *Democracy and Environment.* by Lafferty & Meadowcraft. Cheltenham: Edward Elgar, 1996.

_____. 1996c. "Political Inclusion and the Dynamics of Democratization." *American Political Science Review* 90-1(Sep. 1996).

_____. 1996d. "The Informal Logic of Institutional Design." In *The Theory of Institutional Design.* Edited by R. Goodin. N.Y.: Cambridge University Press, 1996.

Eckersly, Robyn. 1996a. "Liberal Democracy and the Rights of Nature: The Struggle for Inclusion." In *Ecology and Democracy.* by Mathews, Freya. London: Frank Cass, 1996.

_____. 1996b. "Greening Liberal Democracy." In *Democracy and Green Political Thought.* by Doherty & de Geus. London: Routledge, 1996.

Elkins, Stephan. "Politics of Ecology." Telos 82, 1990.

Frankel, Borris. *Post-industrial Utopians.* Madison: University of Wisconsin Press, 1987.

Giddens, Anthony. *Beyond Left and Right.* London: Polity, 1994.

Goldblatt, David. *Social Theory and the Environment.* London: Polity, 1996.

Goodin, Robert. *Green Political Theory.* London: Polity Press, 1992.

_____. "Enfranchising the Earth, and its Alternatives." *Political Studies* XLIV, 1996a.

Goodin, Robert. "Institutions and Their Design." ders(ed.), *The Theory of Institutional Design.* N.Y.: Cambridge University Press, 1996b.

_____. Inclusion and Exclusion. *Political Theory,* 1997.

Gorz, Andre. *Und Jetzt Wohin?* Berlin: Rotbuch Verlag, 1990.

Habermas, Juergen. *Structural Transformation of Public Sphere.* Massachusets: MIT Press, 1989.

_____. "Further Reflections on the Public Sphere." *Calhoun Craig, Habermas and the Public Sphere.* Cambridge: MIT Press, 1992.

_____. "Popular Sovereignty as Procedure." *Between Norm & Fact.* London: Polity Press, 1994.

Hajer, Maarten A. *The Politics of Environmentl Discourse: Ecological Modernization and the Policy Process.* Oxford: Clarendon Press, 1995.

_____. "Ecological Modernization as Cultural Politics." In *Environment and Modernity.* Edited by Lash, Scott; Szerszynski, Bronislaw; and Wynne, Brain, London: Sage Publisher, 1996.

Hayward, Tim. *Ecological Thought.* London: Polity, 1994.

Held, David. *Models of Democracy.* London: Polity, 1988.

_____. *The Prospect of Democracy.* London: Polity, 1994.

Hirst, Paul. "Associational Democracy." In *Prospects for Democracy.* Edited by David Held. Stanford: Standford Uni. Press, 1992.

_____. *Associational Democrcy.* Cambridge: Polity Press, 1994.

Huber, Joseph. "Oekologische Modernisierung: Zwischen buerokratischem und zivilgesellschaft- lichem Handfeld." Volker von Prittwitz(hrsg.). *Umweltpolitik als Modernisierungsprozess.* Opladen: Leske+Budrich, 1993.

Jacobs, Michael. 1997a. *Greening the Millennium?* London: Blackwell Pr.

_____. 1997b. "Environmental Valuation, Deliberative Democracy and Public Decision-Making Institution." In *Valuing Nature?: Ethics, Economics and the Environment.* Edited by John Foster. London: Routledge.

Jaenicke, Martin. "Oekologische und politische Modernisierung in entwickelten Industriegesell- schaften." Volker von Prittwitz (hrsg.). *Umweltpolitik als Modernisierungsprozess.* Opladen: Leske+Budrich, 1993.

_____. "Democracy as a Condtion for Environmental Policy Sucess." In *Democracy and Environment.* by Lafferty & Meadowcraft. Cheltenham: Edward Elgar, 1996.

Lafferty, W. · Meadowcroft, J. *Democracy and Environment.* Cheltenham: Edward Elgar, 1996.

Lester, J. P. · Dryzek, J. S. "Alternative Views of the Environmental Problematique." In *Environmental Politics and Policy: Theories and Evidence.* Edited by James P. Lester. Durham, NC: Duke University Pr., 1989.

Mathews, Freya. *Ecology and Democracy.* London: Frank Cass, 1996.

Mellor, Koula. *Perspectives on Ecology.* N.Y.: S. Martin's Press, 1992.
Mellor, Mary. *Feminism and Ecology.* London: Routledge, 1997.
Miller, David. "Deliberative Democracy and Social Choice." In *The Prospect of Democracy.* by Held, David. London: Polity, 1994.
Mouffe. Chantal. "Culture, Identity and Democracy." In *Democracy and Difference.* by Benhabib. Seyla. N.J.: Princeton Uni. Pr., 1996.
Naess, Arne. 1973. "Shallow Ecology vs. Deep Ecology Movement." 문순홍. 1999b.
_____. *Ecology, Lifestyle and Community,* Cambridge: Cambridge University Press, 1987.
Nash, Roderick F. *The Rights of Nature.* Madison: Univerity of Wisconsin Press, 1989.
Norton, B. "Ecological health and sustainable resource management." In *Ecological Economics: The Science and Management of Sustainability.* by R. Costanza(ed.). New York, Columbia University Press, 1991.
Paehlke, Robert C. *Environmentalism and the Future of Progressive Poltics.* N.H.: Yale University Pr., 1989.
O'Riordan, Timothy. "Democracy and Sustainability Transition." In *Democracy and Environment.* by Lafferty & Meadowcraft. Cheltenham: Edward Elgar, 1996.
Poulantzas, Nicos. *State, Power, and Socialism.* London: Verso, 1978.
Plumwood, Val. *Feminism and the Mastery of Nature,* London: Routledge, 1992.
_____. "Has Democracy Failed Ecology? An Ecofeminist Perspective." In *Ecology and Democracy.* by Mathews, Freya. London: Frank Cass, 1996.
_____. "Inequality, Ecojustice and Ecological Rationality." presented papers at the "Environmental Justice" Conference, Melbourne 1-3, Oct 1997.
Press, Daniel. *Democratic Dilemmas in the Age of Ecology.* North Carolina: Duke University Press, 1994.
Rawls, John. *Political Liberalism.* Columbia University Press, 1993.
Ryle, Martin. *Ecology and Socialism.* London: Radius, 1987.
Saward, Michael. "Must Democrats Be Environmentalists?" In *Democracy and Green Political Thought.* by Doherty & de Geus. London: Routledge, 1996.
Scharpf, Fritz W. "Die Handlungsfaehigkeit des Staates an Ende des Zwanzigsten Jahrhunderts." *Politische Vierteljahresschrift* 32, 1991.
Schumacher, Frederick 저. 김전유 역. 『작은 것이 아름답다』. 서울: 범우사, 1973.
Seligman, Adam B. *The Idea of Civil Society.* N.J.: Princeton University Press, 1992.
Szerszynski, Bronislaw. 1997. "Voluntary Associations and the Sustainable Society." In *Greening the Millennium?* by Jacobs, Michael. London: Blackwell Pr., 1997a.
Taylor, Charles. "Liberal Politics and Public Sphere." In *New Communitarian Thinking.* Edited by Amitai Etzioni. Charlottesville: University Press of Virginia, 1996.
Torgerson, Douglas. "Green Political Thought and the Nature of Politics: the Concept

of a Green Public Sphere." non-published but presented papers at the conference 'Environmental Justice', Melbourne 1-3, Oct 1997.

Walker, K.J. "The Environmental Crisis: A Critique of Neo-Hobbesian Response." *Polity* 21(1), pp. 67-81, 1988.

Walker, Peter. "Politics of Nature: An Overview of Political Ecology." *Capitalism, Nature, Socialism* 9(1), 1998.

Walzer, Michel. "Exclusion, Injustice, and the Democrtic State." *Dissent*(Winter), 1993.

Wohlgenannt, Lieselotte, and Buechele, Herwig. *Den oeko-sozialen Umbau beginnen: Grundeinkommen.* Wien: Europaverlag, 1990.

Wolin, Seldon. "Fugitive Democracy." In *Democracy and Difference.* by Benhabib. Seyla. N.J.: Princeton Uni. Pr., 1996.

Young, Iris. *Justice and the Politics of Difference.* N.J.: Princeton University Press, 1990.

Zillessen, Horst. "Die Modernisierung der Demokratie im Zeichen der Umweltproblematik." Zillessen, Horst·Dienel, P.C.·Strubelt, W.(hrsg.), *Die Modernisietung der Demokratie.* Opladen: Westdeutscher Verlag, 1993.

제2장
녹색국가와 국가의 녹색화*

1992년 지구의 거의 모든 국가 정상들과 NGO들이 브라질 리우 데 자네이루에 모였다. 그리고 자연과 인간이 함께 살아가는 지구를 지키기 위한 공동행동강령으로 「의제 21」을 채택하였다. 이 의제 21은 '환경적으로 건강하고 지탱가능한 발전'을 이념으로 한다. 이 이념을 "미래세대의 욕구를 충족시킬 수 있는 능력을 위태롭게 하지 않고 현 세대의 욕구를 충족시키는 발전"이라고 정의한 『우리 공동의 미래』는 정부제도 및 법의 변화는 물론 경제·사회 전반의 발전1)을 지향하고 있다.

이 글은 '지탱가능한 발전'에 참여하고 있는 국가를 일단 녹색국가라 부를 때, 한국 국가의 녹색화2)는 어디까지 왔으며 그 측정의 지표는 무엇이 될

---

* 『현상과 인식』 제26권 1/2호, 2002년 5월.
1) WCED, *Our Common Future*(Oxford: Oxford University Press, 1987), 76쪽. 따라서 이 지탱가능한 발전은 협소한 환경개선에 제한된 것이 아니라 사회발전방향 바꾸기에 관한 것이다. 이와 관련해선 이 책의 4장을 보라.
2) 한국국가의 녹색화란 두 가지 의미이다. 그 하나는 좁은 의미의 환경친화성을 국가 전반에서 높여 가는 것이고, 다른 하나는 녹색을 가치로 국가성격──국가본질(기본과제), 대외관계에서의 국가, 정부(가장 협소한 의미의 국가, 혹은 국가의 강제기구)의 사회관계, 사회의 성격(예로

수 있을 것인가란 물음에서 시작되었다. 그래서 이 글의 목적은 한국 국가의 녹색화를 측정하기 위한 기본 작업들, 즉 녹색국가의 형태들과 국가의 녹색화 단계들 그리고 녹색국가의 형태 변형을 촉진시키는 변수들을 알아보는 것에 있다.

사실 1990년대 중반까지 녹색적 사유에서 국가에 대한 논의는 그리 진척되어 있지 않았다. 왜냐하면 그 동안의 녹색적 사유는 '환경' 친화적인 미래사회에 대한 전반적인 밑그림들을 시민사회의 자유 및 자율성 확장에 터한 국가의 축소를 전제로 해서 그리고 있었기 때문이다. 그러나 신자유주의적 세계화란 상황에서 녹색국가 및 국가의 녹색화에 대한 요구가 강하게 등장하고 있다. 그 이유는 신자유주의가 "대외경쟁력과 국내경제 사이에서 완충지대역할을 하던 기존 국가의 역할을 긴급하게 변화하는 전 지구경제에 국내경제를 적응시키는 기관의 역할로 바꾸고 있기 때문이다."3)

이 글은 한국 지식사회가 갖는 특수성, 즉 녹색국가론을 비롯한 녹색적 사유 전반의 부족이란 상황에서 진행되므로 다음과 같이 구성될 것이다. 우선 1절에선 기본개념으로 녹색, 국가 그리고 녹색친화적 국가에 대한 정의들이 다루어질 것이다. 2절에선 "지탱가능한 발전을 추진하는 국가"로 간단히 정의한 녹색국가를 서구 녹색 사유의 발전과정을 추적하는 가운데 좀더 정교화해 보고, 이에 터해 3절에선 녹색국가의 정의들을 유형화하고 이를 녹색국가 논의의 층위들(녹색국가논의의 구조)로 재구성할 것이다. 4절에선 과정으로서의 녹색국가 논의란 제목 하에 녹색국가의 형태변형을 국가의 녹색화 단계들로 가공할 것이다. 5절에선 국가의 녹색화를 측정하기 위한 분석변수들을 도출하고 한국국가의 녹색화 상황을 가늠해볼 것이다.

집단화된 양상에 따른 갈등패턴, 계급관계, 성장동맹 대 생태동맹의 갈등 등)—을 바꾸어 가는 것이다. 이 글의 후반부에서, 이 두 의미는 최소정의와 최대정의로 그리고 녹색화 1단계와 녹색화 2단계로 발전한다.

3) Robyn Eckersly, "The Global Ecological Crisis and the Nation-State: Sovereignty, Economy and Ecology", Speech on the CBI/Green Conference on Environment, 24th October 2000. http://essex.au.uk/ecpr/publications/ecprnews/winter2000/feature.

1. 기본개념들

1) 녹색이란?

먼저 이 녹색이 의미하는 것은 인간 삶의 조건 혹은 컨텍스트가 달라졌다는 것이다. 정확히 인간사회가 자연에서 고립된 것이 아니라 유기적 연관관계 속에 있음을 말한다. 그래서 철학사적으로 녹색은 인간 철학사 및 사상사 내 소수 전통, 즉 유기체론의 재발견을 의미한다. 이런 맥락에서 녹색적 사유(생태패러다임)는 1980년대 중반까지(한국의 경우 1990년대 초반까지) 새로운 실재관의 탐색과 구 실재관에서의 인간중심성·서구중심성·남성중심성의 비판에 그 논의를 집중하고 있었다. 이 녹색이 국가와 접합할 때, 국가과제 영역으로 변화된 인간 삶의 조건을 보전해야 한다는 과제(환경안보, 생태안보)가 들어간다.

> 녹색적 사유는 "우리들 삶의 모든 측면, 예를 들어 … 환경 및 사회와의 관계(그리고 그 정도 및 질) 등에 관련된 다면의 지구적 위기 속에 놓여 있는 우리 자신에 대한 인식"[4]에 있다.

둘째로 녹색은 유기체론 내 생명체로서의 개체 개념을 정치의 주체와 권력개념으로 연결한 것이다. 녹색은 권력(힘)의 소재지를 체제(system)에서 '나'로 돌리고, 무수히 많은 '나'를 힘(권력)을 소지한 정치적 주체로 회복한다. 녹색에서 자연을 비롯하여 기존 체제에서 침묵이 강요된—이를 '배제된' 혹은 '정복된' 혹은 '권력 없는' 이라고도 한다—집단들의 목소리는 사회를 구성하는 전 영역에 드러난다. 그래서 녹색은 비정치화된 것을 정치화시키고 이를 통해 민주화를 심화하는 것이다. 특히 현 체제와 관련하여 녹색은

---

4) Frijof Capra·Charlene Spretnak., *Green Politics*(New Mexico: Bear & Company, 1984), xxiv쪽.

정치참여의 형식들, 즉 녹색운동, 녹색리스트, 녹색당 등으로 사용되어 왔다. 그래서 녹색정치는 이미 동어반복이면서 정치의 어원을 회복하는 것이다. 녹색이 국가와 결합할 때 녹색국가는 변화된 권력과 정치주체 개념을 통해 기존 국가주권과 국가체제로 제한된 민주주의에 도전하는 것을 과제로 갖는다.5) 녹색이란 "생태위기를 인지한 주민 또는 시민운동단체의 정치적인 표현"이다.6)

> "(녹색)정치는 생태합리성의 수단, 자연의 권리, 보다 나은 세계의 수단이란 도구적 관점에도 가치를 부여하지만, 동시에 정치의 목적 그 자체, 즉 내재적인 관점에도 가치를 부여한다. (…) 녹색정치를 논한다는 것은 녹색이 무엇인가를 논하는 것이 아니라 정치의 의미와 가치가 무엇인가를 논하는 것이다."7)

셋째로 녹색은 정치의 내재적 물음을 다루는 것이므로, 정치의 영역을 국가로부터 시민사회로 이탈시키고 시민사회의 정치를 공동체와 가족의 영역으로 심화시킨다. 그래서 녹색정치에서 생활정치—벡의 용어로 아정치—는 주요한 의미를 갖고 국가와 기존 경제영역의 과제를 떠맡으면서 국가의 녹색화를 심화시킨다. 이렇게 될 때 국가과제는 자신을 해체하거나 살해하는 것이 되고8) 궁극적으로 생태자치연방의 구현을 지향하게 된다.

---

5) 이 점에서 녹색국가는 정치에 대한 도구주의적 관점(행정개념으로 축소된 통치)을 넘어서는 것이다.
6) 윗책, 3쪽; Murray Bookchin, "Deep Ecology versus Social Ecology", Socialist Register,(1988, July-Sep), 26쪽.
7) Douglas Torgerson, *The Promise of Green Politics*(Durham: Duke University Press, 1999), x쪽.
8) 울리히 벡, 『정치의 재발견』, 문순홍 옮김(서울: 거름, 1998). 원제는 Ulrich Beck, *Die Erfindung des Politischen*(Frankfurt: Suhrkampf, 1994). 벡에게 있어 재귀적 성찰성의 근대화는 제도의 자기살해를 한 부분으로 한다.

2) 국가란?

국가론 그 자체의 측면에서 볼 때 논의의 최근 전성기는 1970년대 초반부터 1980년대 중반경까지였다. 그러나 사회주의권 붕괴와 이에 연이은 세계화 과정은 국가약화를 담론수준에서 번성시켰고, 이것이 국가론 약화(?)의 한 배경이 되었다. 국가론 약화의 또 다른 요인을 찾자면, 이는 시민사회 내적인 가치분화와 분열을 들 수 있을 것이다.9)

여하튼 기존 국가에 대한 논의에서 국가개념에 대한 정의는 학자마다 다양하여 공통의 정의를 발견하는 것은 기실 불가능하다. 국가 그 자체에 대한 정의로는 이상주의적 정의(보편적 이타주의란 호혜적 감정에 의해 지지된 윤리 공동체10))에서 기능주의적 정의(사회질서의 유지자, 혹은 자본축적의 조건창출·유지자) 및 조직적 정의(여러 정부제도들의 집합체)11) 등이 있다. 또한 시민사회와의 관계란 측면에서도 국가는 다양하게 정의될 수 있는데, 다원주의자들은 "정상적인 정치과정들을 만드는 것에서 국가가 적절하게 기능한다면 국가와 사회의 이익은 일치된다"고 가정한다. 반면 마르크스주의자들(자본주의국가론)과 페미니스트들(가부장제국가론)은 시민사회 내 특정 집단(자본가, 남성)의 이익을 대변하는 특정 이데올로기를 개인들의 사적 영역에 이르기까지 침투시키고 개인의 삶을 강제하는 기제라고 설명하고, 신좌파들은 국가를 시민사회 내 여러 이해관계들(계급)이 투쟁하는 장소로 해석한다. 국가의 사회개입 정도에 따라서는 최소국가, 개입주의국가, 리바이던형 국가가 있고, 국가의 과제에 따라선 복지국가, 발전국가, 경쟁국가 등이 있다. 이런 정의들

---

9) Claus Offe, *Modernity & The State*(London: Polity Press, 1995).
10) 이 정의는 헤겔의 것이다.
11) 이의 대표적인 정의로 스카치폴의 정의를 들 수 있다. "정치적 게임의 규칙들과 정부 리더십 및 정책에 구현된 정당한 권위의 장", "사회경제적 투쟁이 끝까지 싸우는 장소에 불과한 것이 아니라 행정적 권위에 의해 다소 조정되고 이끌어지는 일련의 행정조직, 경찰조직 그리고 군사조직의 세트이다." Teda Skocpol, *States & Social Revolutions* (Cambridge: Cambridge University press, 1979), 25, 28-9쪽.

<표 2-1> 국가분석수준에 따른 이론[12]

일반 이론	사적유물론 그 자체를 지칭하며, 이 수준에서는 생산양식, 계급사회, 국가, 정치 등의 주제들이 특정 생산양식과 무관한 상태에서 고찰된다. 특히 국가와 관련하여 '국가가 되는 조건'(statehood, stateness)이 연구의 대상이다.	• 국가 그 자체를 무엇으로 볼 것인가!?
특수 이론	특정 생산양식에 관한 이론으로서, 특히 자본주의적 생산양식이 주된 관심의 대상이 된다. 이 경우 국가유형(type of state)이 논제가 된다.	• 경제의 유형 및 성격이 국가유형을 결정한다. 이로부터 유추해보면 생태계와의 관계유형이 국가성격을 결정하는 일차적 요인으로 고려될 수 있다. • 협의의 국가(정부)와 경제의 관계
부문 이론	생산양식을 구성하고 있는 세 부문(층위)—경제, 정치, 이데올로기—에 관한 이론으로, 자본주의 생산양식 하에서 정치부문이론의 구성이 관심의 주 대상이 된다. 국가종류와 관련하여 이 추상수준에 상응하는 것이 국가형태(form of state)이다.	• 현존사회의 지배집단 대(對) 이상사회를 추구하는 집단의 갈등(투쟁, 저항)이 국가형태를 결정한다. 이로부터 유추하면 개발·성장블록 대 생태블록의 갈등이 국가형태를 결정한다고 볼 수 있다.

은 이후 녹색국가 논의의 층위들(구조)을 구성하는 데 유용할 것이다.

국가현상에 대한 분석차원은 기존 자본주의국가 논쟁에 참여한 학자들의 논의에서 도움을 받을 수 있다. 한국에선 이 논의가 1980년대 중·후반경에 집중적으로 진행되었고, 국가개념에 대한 추상적 정의, 현실국가의 역사적·구조적 분석차원들(분석의 층위 및 변수들) 그리고 협의적 국가형태 논의로 분화되어 발전해갔다. 플란차스,[13] 제숩,[14] 이국영,[15] 손호철,[16] 김일영(1992) 등에 의거해 필자는 국가분석의 수준들을 〈표 2-1〉처럼 나누고

---

12) 제숩은 플란차스의 이론을 그대로 따르고 있다. 이와 관련하여 Poulantas, 윗책, 57-64, 310-12, 331-33쪽; 제숩, 윗책, 148쪽을 참조하라.
13) Nicos Poulantzas, *Fascism and Dictatorship*(London: Verso, 1980).
14) 봅 제숩, 『자본주의와 국가』, 이양구·이선용 옮김(서울: 돌베개, 1988). 원제는 Bob Jessop. *The Capitalist State*(New York: New York University Press, 1982).
15) 이국영, "관료적 권위주의이론의 논쟁에 대한 재평가", 『한국정치학회보』(1989, 23집 2호).
16) 손호철, "국가자율성문제를 둘러싼 제문제들", 『한국정치학회보』(1989, 23집 2호).

<표 2-2> 국가논의의 종합틀

분석수준	기존이론	국가 개념 정의	국가조건/국가유형/국가형태			생태론에서 거론되는 국가	
			국가조건 (statehood/stateness)	국가유형 (state type)	국가형태 (state form)	현국가 진단	지향국가
거시 (일반이론)	구조조합주의적	*사회를 구조화된 총체로 보고, 이를 구성하는 제 수준 및 층위의 하나 *사회 내 뿌리 박고 있는 권력구조(금진폐미니즘)	국가의 기원/출현, 국가들의 본질 사회의 (경제적) 토대에 의해 조건 지워지는 계급지배의 역사적 유형			(분할체계권에 차한) 개체로 (기계체계)국가 인간중심국가 가부장제국가 자본주의국가	(연합적 세계관에 터한) 유기체국가 생태국가
중위 (특수이론·부문이론)	신베버주의	제도나 조직 또는 구성원들의 집합체, 엘리트 통치계가 경합적 관심의 대상임. 이 개념은 분석적 의미하는 국가관료기구가 적절한 통제수단을 갖추었을 때 유효한 개념임	국가형태 (state form) 구체적인 제공 구조나 제공관계, 제도체계, 국가기구나 정치제도 등의 요인까지 고려된 수준	국가기구	강제(억압)기구, 이데올로기(통합) 기구, 합의기구 등의 배합	개발·성장기구 보존·관리기구 우위로 배합	생태민주화 과정국가
				정부형태	행정국가 의회국가 사법국가	발전국가의 경로에 위치하여 있는 행정국가	
				정치체제	권위주의형 민주주의형	자유민주주의 구현단계	
미시	다원주의	국가 개념 사용 거의 안 함. 대신 정치공동체, 정치체계 그 이외 공동체, 행동 등을 사용하는 개념임. 개인이 정상적 정치의 영역으로 파악하기 때문임	국가형태의 문제이지만, 기능과 크기의 문제로 접근 (최소국가)	최소국가		신자유주의에 치한 시장국가 (NPM국가)	생태자치 연방체제
			공동체를 바탕으로 한 municipalism				

이를 위의 정의들과 연결해 국가 논의의 층위들(구조)로 〈표 2-2〉를 만들어 보았다. 또한 이들이 참여하였던 1980년대 중·후반의 국가의 성격논쟁은 지탱가능한 사회를 종착지로 한 한국국가의 현 단계 파악에 '성격분석을 위한 변수들'로 응용될 수 있을 것이다.

3) 녹색친화적인 국가논의의 방향

앞의 기술에서 녹색은 존재조건에서 인간세계가 생태계와 연결되어 있음을 의미하고, 기존 국가만이 소지할 수 있었던 권력이 국가에서 시민 개개인으로 옮겨감을 의미하며, 그래서 녹색정치가 국가의 녹색화를 견인할 수 있는 힘임이 드러났다.

이런 녹색의 의미로 기존 국가론을 걸러 녹색친화적 국가 논의의 방향을 설정한다면, 이는 다음과 같을 것이다. 우선 국가 그 자체에 대한 정의에서 녹색국가는 국가를 정부기구(government)로만 축소·해석하는 차원의 정의는 거부한다. 왜냐하면 이런 정의에서 정책결정이 이루어지는 공적 공간은 정부 내부로만 제한되기 때문이고 이로 인해 정부 내적 공간이 시민사회의 녹색정치로부터 영향을 받을 수 없기 때문이다. 이념형으로서의 녹색국가는 이상주의형 국가정의와 다원주의형 국가정의에 가장 친화성이 있다. 그러나 기존 국가의 형성·안착과정이 오랜 시간을 요했듯이 필자는 녹색국가의 형성·안착이 오랜 시간을 필요로 할 것이라고 본다. 따라서 현실태로서의 녹색국가는 여러 이해관계들이 얽혀 있는 시민사회와의 관계에서 형성될 것이다. 이는 녹색국가가 시민사회와의 관계를 설명하는 여러 입장들 중 신좌파와 친화성이 있음을 말한다. 이념형으로서의 녹색국가는 시민사회에의 개입정도에서 최소정부와 친화성을 갖는다. 국가과제란 측면에서 지탱가능한 발전을 국가 핵심과제로 하는 녹색국가는 복지국가 및 사회민주국가와 공존을 추구하지만 반면 발전국가 및 경쟁국가와는 갈등적·대결적 입장에 있다.

이 지점에서 필자는 "지탱가능한 발전을 추진하는 국가"로서의 녹색국가를 "인간존재의 조건변화로 인해 생태중심성과 인간중심성 그 사이에서 인간복지와 생태복지를 동시에 추구하는 국가"라고 유형화한다. 그리고 권력과 정치주체 개념의 변화로 녹색국가는 "그 특성이 시간과 장소에 따라 변화하는 구체적이고 역사적인 구조들과 행위자들로 구성된 국가"로 이해한다. 따라서 녹색국가란 유형 밑에는 다양한 형태의 녹색국가들이 존재할 수 있을 것이라고 가정한다.

2. 녹색적 사유에서의 국가논의

녹색적 사유가 등장한 것은 1970년을 전후한 시점이다. 이 당시 노르웨이의 철학자 안 네스(Arne Naess)는 오늘이 생태위기 시대임을 천명하고 이 위기로부터 벗어나기 위해선 환경관리주의로부터 생태패러다임으로 전환해야 한다고 선언하였다. 또한 이 시기 핵발전소 반대운동을 중심으로 한 환경운동단체들이 녹색명단(green list)이란 방식으로 지방선거에 참여하기 시작하였고, 이 후 서구 녹색적 사유에 터한 녹색정치의 시대가 이론적 측면에서 그리고 현실적 측면에서 열렸다.

약 20여 년이 흐른 시점에서, 구딘17)과 터거슨18) 등은 지난 세월을 되돌아보며 "녹색정치에 근본적인 아이러니가 존재한다"고 지적하고 있는데, 이는 맞는 말이다. 이미 앞에서 지적하였듯이 녹색은 정치의 어원(정치의 내재적 의미)으로 되돌아간다는 상징을 담고 있는 개념이다. 그런데 녹색 사유가 생태중심성을 택하고 인간중심성에 비판적이라는 점에서 그 공동의 기반을 가진다 할지라도, 현 체제 내에서 문제를 해결해야 한다는 (…) 압박감으로 인해 도구적인 정치개념을 강화시켜 왔기 때문이다. 이런 생태중심성 위에서

---

17) Robert Goodin, *The Politics of the Environment*(Cheltenham: Edward Elgar Pub, 1994).
18) Torgerson, 윗책.

도구적 정치개념을 강조할 것인가 내재적 가치로서의 정치를 강조할 것인가는 초기 국가논의에서 생태절대주의 국가 대(對) 생태무정부주의 사회의 긴장으로 존재했었다.

1) 1970년대 논의 특성: 생태절대주의 국가와 생태무정부주의 사회

생태절대주의 국가와 생태무정부주의 사회(국가)는 모두 생태적인 common good(공유재 또는 공동선)에 공통의 관심을 가지고 있다. 이들은 모두 생태위기에서 벗어나기 위해 생태중심성을 강조하지만, common good이 전자에겐 자연자원 및 자정능력과 같은 공유재를 지칭하는 것인 반면 후자에겐 '모두에게 좋은 것'에 대한 생태적 의미를 말한다.

생태절대주의 국가의 주창자들은 생태위기와 인류생존의 불확실성에 직면한 20세기 중·후반기를 근대국가의 탄생기와 동일한 상황으로 해석한다. "만인에 의한 만인의 투쟁 상황"에서 홉스의 리바이던 국가가 의미를 가졌던 것처럼, 생태공유재가 만인의 욕망으로 인해 파괴되는 상황에서 이를 관리할 유일한 방법은 생태적으로 엄격한 절대주의 국가, 즉 생태리바이던 국가라는 것이다. 반면, 생태무정부주의 사회의 주창자들은 생태원리에 따라 개인의 자질에 맞게 사는 것을 생태적 공동선으로 보았다. 그래서 이들은 자율·자유를 추구하는 개인의 좋은 삶을 억압하는 기제로 기존 국가를 해석하였고, 생태친화적인 대안사회에선 이 국가에 그 존재의미를 부여하지 않았다. 물론 이 입장에서 자율적인 개인은 관계적 자아이면서 동시에 자기-통제력이 있는 개인이다. 그래서 이 개인은 자기 조직하는 우주에서 하나의 소우주일 수 있고 공동선을 자신의 선으로 스스로 선택·체화·구현할 수 있다.

전자의 주창자들에는 오플즈(Opuls), 하일브로너(Heibroner) 등의 신홉스주의가 속해 있고, 후자의 주창자들엔 북친(Bookchin)으로 대표되는 사회생태론자들이 속해 있다.

2) 1980년대 논의특성: 생태사회주의의 국가

1980년대를 전후하기까지 생태무정부 계열의 국가이해가 녹색적 사유에서 근간을 이루었다. 왜냐하면 1. 1)에서 드러나듯이 녹색의 정치이해는 도구적 관점이 아니라 목적 그 자체란 내재적 관점에 기반하고 있기 때문이다. 그래서 참여민주주의와 맥을 같이하는 생태공동체에 터한 자치사회가 환경·생태운동의 이념적 지표가 되었으며, 녹색정치는 여전히 시민사회 내에서 확장된(되고 있는) 녹색 공영역에 머물렀다. 그러나 현실적으로 모든 개인들이 전체와의 조화 속에서 스스로의 삶을 선택하고 규제·조정할 수 있는가? 현 사회체제의 불평등 구조는 초기조건에서 이미 개인들에게 삶의 자유로운 선택을 균등하게 보장하지 않는다.

1980년대는 녹색운동이 정당의 형태[19]를 구성하고 중앙(연방)선거에 참여하면서 열렸다. 이 시기 국가에 대한 관심과 논의는 정당구성 및 선거를 통한 국가진입이란 현실적 상황에서 자연스런 것이었다. 정당구성과 국가경영에의 참여란 사안에서 서구 녹색사유의 정치적 표현태는 현실주의와 원칙주의로 분리되고, 현실주의 계열의 논의들은 생태위기 극복에서의 국가역할을 강조하고 기존 국가이해를 재해석하였다. 이들에게 전통적 환경정책—환경부로 한정된 환경정책 혹은 사후처방적 환경정책—을 넘어선 녹색국가의 존재의미는 다음과 같은 물음에서 시작되었다. 자본주의 시대를 살아온 개인들의 내재화된 특정 가치가 공공재와 타자의 삶을 파괴할 때 어떻게 할 것인가? 환경에 부정적인 결과를 지속적으로 가져온 자본축적을 확대하려는 시도들을 누가 제어할 것인가? 서구의 녹색적 사유에서 이 물음을 중심으로 녹색국가를 논의한 집단이 생태사회주의자들이었다.

---

[19] 물론 녹색당이 말하는 정당은 그 목적 및 구성에서 기존 정당과 다르다. 기존정당이 정권장악을 목적으로 하였다면, 녹색당은 협의의 정치권인 의회에 현존 사회의 구성원들의 목소리를 대변하는 것을 목적으로 한다. 기존정당이 사회운동과 명확한 분리를 추구하였다면 녹색당은 사회운동단체이면서 정치단체로서의 구성을 추구한다.

우선 1980년대 초반경 고르20)의 국가해석은 생태무정부주의의 국가논의와 생태사회주의의 현실참여자들 그 중간에 위치해 있었다. 그에게 후기산업사회의 국가는 선하지도 악하지도 않은 것이었다. 그래서 후기산업사회를 거쳐 간 녹색국가는 더 이상 최상의 선과 동일시(자유주의적 다원주의 입장)되지 않으며 마르크스주의자들처럼 강제력을 그 내용적 핵심으로 갖지 않는다. 국가란 "객관적인 필연성을 법과 규범의 영역으로 성문화하고 그의 적용을 보장할 수 있는 능력을 가지고 있는 조직체", "법이 만들어지는 장소이며 동시에 사회적 필요기능을 객관화하기 위해 필요한 규정을 작성하도록 위임받은 장소"이다.21) 따라서 자유주의의 전제처럼 국가와 시민사회의 분리를 전제로 한다 할지라도, 국가는 시민사회 및 개인의 관계에서 시민사회의 자율성뿐만 아니라 개인의 의지에 의거한 생활방식 및 협동방식 등의 불가피한 전제조건이 된다. 그래서 국가는 선하지도 악하지도 않지만, 특정 개인들에게 억압적일 수 있다. 고르의 이 국가에 대한 관심은, 사회생태론과 유사하게도, 시민사회의 자율적 영역을 확장시키기 위해 타율영역인 국가를 축소시키는 것으로 표출되었다. 그러나 신공공관리주의자들의 주장처럼 국가의 크기를 축소하는 것만으론 시민사회가 자율영역을 확장할 수 없다. 국가의 축소가 다른 모든 사회기구들(경제·기업)의 축소와 함께 진행될 때 시민사회는 자율영역을 확장시킬 수 있기 때문이며, 이런 맥락에서 선하지도 악하지도 않은 국가는 거대한 기구의 지배로부터 시민사회를 해방시킬 수 있는 잠재적 장소로 활용될 의미가 생긴다. 이런 고르의 국가해석은 녹색운동에게 국가에 관심을 가질 수 있는 근거를 마련해 주었다.

또 다른 생태사회주의자 라일22)에게 녹색국가의 필요성은 중앙집권화된 자본주의적 금융·생산체제를 해체하기 위해 그리고 경제를 생태친화적으로 재구조화하기 위해 등장한다. 그는 생태권위주의 국가를 주창하였던 오플

---

20) Andre Gorz, *Abschied vom Proletaria*(Berlin: Roroo Buch, 1983).
21) 윗책, 102쪽.
22) Martin Ryle, *Ecology and Socialism*(London: Radius, 1987).

즈23)에 동의하여 "약한 국가에서는 에너지에 노예화된 경제를 제어할 수 없다"고 생각했다. 이로부터 그는 생태적인 재구조화—계획화와 경제에 대한 정치적인 통제—의 임무24)를 강한 국가에 위임코자 하였다. 물론 기존 케인즈 국가에서도 국가개입의 필요성을 강조했었지만 라일의 강한 국가는 이와는 그 역할에서 다른 것이다. 전자가 시장이 충족시켜줄 수 없는 사회적인 필요를 대신 충족시키기 위한 것(재분배적인 복지조항)에 국한된 것25)이었다면, 라일의 강한 국가는 환경파괴적인 자본주의 경제의 통제를 주된 역할로 한다. 왜냐하면 국가는 대단위 계획 및 재정정책의 형성·집행에 적합한 중앙집중화된 조직체이고, 복지국가처럼 재분배 복지조항을 도입하여 최소한의 소득을 보장해줄 수 있는 힘을 가지고 있으며, 환경문제와 자원문제를 통제할 수 있는 강력한 법률제정 및 강화의 역할을 담당할 수 있기 때문이다.26) 문제는 이 국가를 어떻게 녹색세력이 장악할 수 있는가에 있는데, 이와 관련 그는 노동운동(정당)과 녹색운동(정당)의 녹-적동맹을 제안한다.27)

이외에도 1980년대 말로 접어들면 헌법에 자연보호 원칙을 삽입하려는 시도가 등장한다. 이 시도는 자연국가란 이름으로 불렸다. 1987년 서독 한스-요헨-포겔(Hans-Jochen-Vogel)이 "우리 스스로의 의지에 따라 자연국가의 원칙인 자연보호 원칙을 (독일의) 사회국가 원칙에 부가시키자"는 제안을 하게 되고, 이 제안에 따라 마이어-아비히28)가 "총체적 윤리의 가치질서를 헌법에 구체화하고, 이와 더불어 자연과의 평화를 상정하는 국가"로 자연국가

---

23) William Ophuls, *Ecology and the Politics of Scarcity Revisited*(N.Y.: Freeman and Company, 1992). 이 책은 1973년에 나온 것이 개작된 것이다.
24) Ryle, 윗책, 63쪽.
25) 윗책, 65쪽.
26) 윗책, 66-7쪽.
27) 필자는 녹색국가군을 구성하는 여러 국가유형들 중 이 유형이 정당형 녹색국가라고 본다.
28) 마이어 아비히, 『자연을 위한 항거』, 박명선 옮김(서울: 도요새, 2001). 원제는 Claus Michael Mayer-Abich, *Aufstant fuer die Nature*(Munchen: Carl Hanser Verlag, 1989), 161쪽.

란 개념을 주조하였다. 이 자연국가는 구체성이 결여된 발아기 수준의 추상개념으로, 자연철학적 사고로부터 자연공생계의 고유한 가치에 대한 헌법적 결론을 도출해내고 동시에 이에 상응하는 일반 시민의식이 성장한 다음에야 기대할 수 있는 국가형태이다. 이 국가에서 자연은 인간에 대한 유용성 가치와는 상관없는 나름의 고유한 가치를 지니며, (…) 본연적으로 정치적 존재인 인간은 전체 자연에 의거하여 새로운 형태의 생명체 연계, 즉 정치적인 연계를 형성해야 한다.

3) 1990년대 논의의 방향

권위주의형 국가와 무정부형 반국가주의 그 사이 어디에서 1980년대의 녹색국가 논의는 1990년대의 새로운 상황으로 접어들었다. 즉 녹색국가 논의는 1980년대 말 사회주의권의 붕괴 이후 다시 맞고 있는 민주주의 논의의 르네상스와 조우하게 되고, 1992년 리우회의의 기본정신인 경제와 환경의 통합 및 해결자로서의 국가·경제·시민사회의 3자 파트너십 논의를 수용하게 된다.

이 녹색국가에 대한 1990년대의 관심은 네 개의 경로를 통해 드러나고 있다. 그 첫 경로는 성공적 환경정책이란 맥락에서 "엄격한 환경규범을 제공하고 이를 효율적으로 실행하는 권위체"로서의 국가역할(개입주의국가＋생태이슈)을 강조하는 흐름이다. 드 제우스[29]의 논의와 네덜란드 사회민주당(PvdA)과 급진환경단체인 지구의 친구들 네덜란드 지부(Milieudefensie)의 프로그램은 이 흐름의 대표적인 예이다. 드 제우스는 지난 환경논쟁사가 내리는 보편적인 결론이 "국가의 사회개입은 절대적으로 증대될 필요가 있다는 것"이라고 말한다. 이 권위체로서의 국가역할이 요구되는 것은 네 가지 이유 때문이다. 우선 자원고갈과 환경악화의 경우 공동의 집합재와

---

[29] Marius de Geus, "the Ecological Restructuring of the State", Brian Doherty·Marius de Geus(엮음). *Democracy and Green Political Thought*(London: Routledge, 1996).

무임승차자(free-rider) 물음이 국가의 역할을 요구한다는 것이다. 둘째로 개인들은 합리적으로 계산하는 존재로 이들은 유효한 집단재화를 이용하려고 하지만 자신의 행동에 의해 야기된 오염제거에는 기여할 준비가 되어 있지 않다는 것이다. 셋째로 현대 자유민주주의 사회에서 권력의 중심에 있는 산업자본주의는 그 내적 속성상 자발적으로 오염을 감소시키지는 않는다는 것이다. 그리고 넷째로 국가는 지탱가능한 발전을 위한 경계조건을 구성해줄 수 있고 무편파적이고 공정하게 작동하는 조직체이기 때문이라는 것이다.

녹색국가 논의의 둘째 경로는 리우회의의 결과물인 지탱가능한 발전을 국가발전전략으로 선택하는 과정에서 등장한다. 리우회의 의제 21은 정부의 역할을 〈표 2-3〉과 같이 제시하고 있다. 〈표 2-3〉의 1항에서 나타나 있듯이, 이 정부는 경제성장과 환경보호의 결합을 고민하여야 한다. 즉 경제성장과 물질소비 증가 및 쓰레기방출 증가를 탈연계화하는 것을 자신의 과제로 한다. 그리고 4항에서 제시되어 있듯이 시장, 국가, 시민사회 3자 협력이란 기치 하에 제도의 자기학습과정을 국가개혁의 프로그램으로 받아들인다(거버넌스형 녹색국가). 이런 논의와 사례는 생태근대화론과 독일, 노르웨이 등에서 찾아볼 수 있다.[30]

녹색국가에 대한 셋째 경로는 대안민주주의 논의[31]를 거치면서 위의 녹색국가론과 결합한 것이다. 1990년대 초·중반 서구 녹색적 사유는 대안민주주

---

[30] 이와 관련 문순홍 편역, 『지탱가능한 사회를 향한 생태전략』(서울: 나라사랑, 1995). 그리고 Christian Hurnold·John Dryzek, "Greening the State: Ecological Modernization between State and Movement in the USA, UK, Germany and Norway", Grenoble, 6-11. April. 2001, Workshop on the Nation-State and the Ecological Crisis: Sovereignty, Economy and Ecology를 참조하라.

[31] 1970년대로부터 이어지는 사회의 정치화 과정은 대안민주주의 논의를 촉발시켰다. 기존민주주의 논의가 국가의 민주화를 특징으로 한다면, 이 대안민주주의 논의는 민주주의의 민주화와 민주주의의 급진화를 특징으로 한다. 민주주의의 민주화는 시민사회 내 공적영역을 기반으로 한 숙의민주주의(deliberative democracy)와 결사체민주주의(associative democracy)의 흐름이 있고, 민주주의 급진화에는 급진민주주의(radical democracy), 소통할 수 있는 민주주의(communicative democracy)등이 있다. 이와 관련 이 책의 1장을 참조하라.

<표 2-3> 지탱가능한 발전을 위한 정부의 역할[32]

1. 정부는 정책, 계획, 재정운용의 결과가 경제적으로뿐만 아니라 환경적으로도 지탱가능한 발전을 가져올 수 있도록 책임지고 일할 수 있는 전국적 관리기구, 경제기구 그리고 부문별 기구를 만들어야 한다.
2. 정부는 환경보호와 자원관리 기구의 역할·능력을 강화해야 한다.
3. 정부는 세계공동체의 생존·안보·복지에 위협을 정확하게 파악·평가·보고할 수 있는 능력을 강화해야 한다
4. 정부는 발전계획·정책·실행에 대한 대중·NGO·과학공동체·산업계의 폭넓은 지지·참여를 끌어내야 한다.
5. 정부는 환경문제와 관련된 국내법과 국제법의 격차를 메우고, 현재와 미래세대가 건강과 복지를 누릴 수 있는 환경권을 보유하고 있음을 인정하고 이러한 권리를 보호할 수 있는 방도를 찾아야 한다.

의 논의와 생태론의 결합을 특성으로 하고 있었다. 이런 맥락에서 1990년대말 터거슨[33]은 녹색국가 논의의 부활을 1990년대 초반 불붙은 녹색민주주의 논의의 대응물로 파악하고 있다. "녹색민주화란 잠재력을 그 핵심으로 하는 녹색국가 개념이 다시 주목을 받고 있다." 그 이유로 그는 오직 "민주주의적 국가유형만이 환경문제에 의해 노정된 복잡성과 불확실성에 대처하기 위해 필요한 공개성, 유연성, 응집성 그리고 정당성을 잠재적으로 소유하고 있기 때문"이라고 말한다. 이런 맥락에 1997년 에커슬리[34]가 논의한 녹색민주국가 논의를 놓을 수 있다.

녹색국가의 넷째 경로는 환경이슈와 복지이슈의 결합으로 나타났다. 이 녹색복지국가 유형은 국가를 국가이성, 국가주권 그리고 공동선의 구현으로 간주하는 전통(공화주의 전통)에서 기원한다. 이들에게 "국가는 책임성 있는 시민권을 구성해주는 매개물이다." 이 녹색복지국가 논의에는 두 가지 계열이 있다. 그 한 계열은 기존 케인즈형 복지국가와 환경이슈를 결합하는 입장(이후

---

[32] WCED, 윗책, 12장.

[33] Torgorson, 윗책, xi쪽.

[34] Robyn Eckersly, "Green Justice, the State and Democracy", presented paper at the Environmental Justice Conference. Oct. 3-4. 1997. http://www.arbld.unimelb.edu.au/envjust/papers/allpapers/eckersley/

에 논의할 미도우크라프트의 생태국가)이고 다른 한 계열은 제3의 길에서 나타나는 복지사회와 녹색민주국가를 결합하는 입장(앞에서 논의한 아비히의 자연국가의 구체화 그리고 에커슬리의 2001년도 논의)이다.

4) 21세기로 넘어가며

기존 노동문제에서 사회주의자들은 혁명을 통해—질적 도약을 통해—사회주의국가가 등장한다고 생각했었다. 그러나 이상으로서의 사회주의 국가의 실험은 약 반세기가 지난 20세기 말 실패한 것으로 막을 내렸다. 또한 자유주의 사회 내 복지국가를 연구한 학자들은 이 국가의 등장과 형성 그리고 다양한 유형으로의 분화과정이 지난 100여 년 동안 진행되었다고 말한다. 이로부터 이상(理想)으로서의 녹색국가는 어느 한 순간에 세워지는 것도 아니며 그 성공이 보장된 것도 아니라는 생각은 자연스러운 것이다. 그리고 이 녹색국가는 빈 공백의 사회 속에서 등장·형성·발전해가는 것이 아니라 해당 사회의 정치·경제·문화적 조건 속에서 진행해가는 것이며, 특히 시민사회의 녹색적 역량에 의해 그 모양새와 성공이 달라질 수 있다.

20세기를 넘어서는 길목에서 녹색적 사유의 길을 걷는 학자들은 (신자유주의적) 세계화란 조건 속에서 녹색국가의 구성요건들을 논의하기 시작하였다. 또한 지난 30여 년 동안 서구 사회에서 자리 잡은 녹색국가의 형태들이 어떤 조건 속에서 어떤 형태로 구체화되어 나타났으며 이 구체화를 결정하는 요인은 무엇인가에 대한 연구들도 나오고 있다. 이런 연구에 드라이젝(Hurnold·Dryzek), 에커슬리(Eckersly), 라퍼티(Lafferty), 베리(Barry) 등이 참여하고 있다.

3. 구조로서의 녹색국가 논의

1) 녹색국가의 정의시도에 형태부여하기

지금까지의 녹색국가 논의들은 최소한의 정의(약한 녹색국가)로부터 최대한의 정의(강한 녹색국가)로 나누어 정리될 수 있을 것이다. 최소한의 정의에서 녹색국가는 '환경부담의 관리를 진지하게 떠맡은 국가'이면서 기존 국가체계에 어떤 형식으로든 '환경주의자들'을 참여시킨 국가이다. 녹색국가에 대한 최대한의 정의는 이해당사자들이 참여할 수 있는 민주적 과정과 절차를 시민사회 내에 마련하고 이에 터해 스스로를 변형시키는 국가로, 이 변형의 지향점은 이념형으로서의 자연국가와 생태자치연방이다.

이 최소한의 정의 외곽에 생태권위주의 국가가 있고 최대한의 정의 외곽에 생태자치연방이 있다. 이 양 축으로 이어진 녹색국가 스펙트럼 위에 녹색국가의 대표적인 정의들을 배열하면 다음과 같다.

미도우크라프트[35]는 "환경부담의 관리를 진지하게 떠맡은 국가, 인간활동이 경제·사회적 복지의 토대를 침식하는 환경충격을 야기하지 않도록 구조와 프로그램을 확립한 국가"로 생태국가를 주목한다. 이 생태국가는 단순히 생태위기를 회피한다는 차원에서만 개념화되는 것은 아니다. 오히려 보다 바람직할 수 있는 대안적 미래를 향해 사회가 발전할 수 있도록 공적 제도들을 재배치하는 국가이다. 필자가 보기에 이런 생태국가 정의는 생태권위주의와 최소한의 녹색국가 정의를 혼합해 놓은 것으로 보인다. 이를 필자는 생태권위형 국가라고 부르고자 한다. 생태권위형 국가는 사회가 환경적으로 지탱가능한 발전궤도로 정향화되도록 디자인된 일련의 공적제도들이며, 특히 행정부에 최소한의 환경주의자들이 참여한 국가로 개념화될 수 있다. 생태권위형

---

[35] James Meadowcroft. "From Welfarestate to Ecostate?" Grenoble, 6-11. April. 2001. Workshop on the Nation-State and the Ecological Crisis: Sovereignty, Economy and Ecology, 2-3쪽.

국가는 환경가치와 자연 생태계 보존의 방어를 정치프로젝트의 제1순위로 올려놓는 철저한 '생태중심적' 정향을 함축하고 있을 필요는 없다. 만일 이 생태권위형 국가가 자유민주주의 틀 내에서 제도변형을 추구한다면, 이는 생태관리주의형 국가이거나 환경거버넌스틀을 행정부에 받아들이는 정도가 될 것이다.

허날드와 드라이젝36)의 녹색국가 논의는 환경문제의 집단적 표출과 환경운동으로 인한 근대국가의 핵심과제 변형 과정을 연구·분석하는 가운데 도출된다. 근대의 권위주의형 국가의 핵심과제는 내적인 질서를 유지하는 것(첫 번째 과제로 국내질서), 국제적으로 경쟁하는 것(두 번째 과제로 생존), 이 두 과제를 금전적으로 지원하기 위해 자원을 동원하는 것(세 번째 과제로 세금징수과제)37)이었다. 그런데 자본주의 국가의 등장은 네 번째 과제로 경제성장 지원(혹은 자본축적과제)을 첨가하였고, 복지국가의 등장은 다섯 번째 과제인 정당성확보와 관련된다. 허날드와 드라이젝에 따르면, 환경운동은 환경보호란 과제를 근대국가의 여섯 번째 핵심과제로 첨가했고 이 과제를 중심으로 녹색국가가 등장할 것이다. "환경보호란 국가과제의 등장은 국가의 핵심에 환경주의자들을 포함함에 의해 국가를 더욱 민주화할 것이다. 이것이 녹색국가이다."38) 이에서 드러나듯이 이들의 녹색국가는 환경보호란 국가과제 그리고 국가체계 내 환경주의의 수용을 정의구성의 요건으로 하고 있다. 여기서 국가가 어떤 국가인지에 대한 언급은 없다. 나는 이 두 가지 정의요건이 자유주의체계 하에서 충족 가능한 것이라고 보아, 이를 자유주의형 녹색국가 형태라 명명하였다.

에커슬리39)는 우선 고르의 맥락에 서 있다. 그래서 국가는 선하지도 악하지도 않으며, 다만 경합하는 이해관계를 조정하고 공동선(common good)을

---

36) Hunold·Dryzek, 윗책.
37) Skocpol, 윗책, 29쪽.
38) Hunold·Dryzek, 윗글, 2쪽.
39) Eckersly, 1997, 윗글.

결정하기 때문에 환경문제 해결에서 해방적 잠재력을 중·단기적으로 가지고 있다. "녹색국가는 정의(the right)를 특수한 선(the good)으로부터 보호하기 위해 필요하다. 여기에서 특수한 선은 자본의 것이다. (…) 누가 공동선을 정의하는가에 따라 국가는 환경관리의 측면에서 파괴적이기도 하고 보호적이기도 하다." 에커슬리에게 이 녹색국가는 시민사회 내 포럼을 제공함으로써 야생초지, 생태계의 통합성, 위협받는 종들, 인간의 건강, 지구적 환경과 같은 공공재를 보호하고 제공하는 역할에 대한 지지를 받아야만 한다. 그 이유로 그녀는 두 가지를 지적한다. 그 하나는 자유민주주의 하에서 현실화된 녹색국가 유형들이 자유민주주의 국가 하에서 도달될 수 있는 민주적인 의사형성의 절차를 전제로 하고 있고, 이 상황에서 보편이익보다는 사적·분파적 이익을 보호하는 경향이 있기 때문이라는 것[40]이다. 동시에 자유민주주의 국가 틀에서 만일 급진적인 녹색이 국가권력을 장악한다 할지라도 생태권위형 국가로 빠져버릴 것이기 때문이다. 이런 입장에서 그녀의 녹색국가는 국가에 대한 두 대립적인 입장, 즉 국가주의 녹색(정확히 생태사회주의자들의 국가)과 생태무정부주의(정확히 사회생태론의 입장)를 "대화적 정의란 녹색이론"으로 함께 묶으려고 시도하였다. 그래서 그녀에게 녹색국가는 환경보호를 과제로 한 국가일 뿐만 아니라 좀더 민주화된 국가를 의미한다. 녹색국가는 "환경수용력을 강화하고, 녹색경쟁전략을 개발하는 것"은 물론 "생태적으로 민감한 민주주의로의 전환"을 촉진하는 과제를 담당한다. 이런 그녀의 녹색국가 논의에 베리,[41] 라퍼티,[42] 슐로스버그[43] 등이 동조하고 있다. 이를 나는

---

40) 윗글, 9쪽.

41) John Barry, "Greener, Leaner and Meaner? Ecological Modernization and the Ecological Restructuring of the Nation-State" Speech to the CBI/Green Conference on Environment, 24th October 2000.

42) William Lafferty, "Democracy and Regional Sustainable Develipment: Probing the Need for a New Demos with a New Rationality" Grenoble, 6-11. April 2001, Workshop on the Nation-State and the Ecological Crisis: Sovereignty, Economy and Ecology.

43) David Schlosberg, "Three Dimensions of Environmental Justice: Implications for the Ecological Democracy" Grenoble, 6-11, April 2001, Workshop on the Nation-State and

자유주의형 녹색국가가 생태민주화 과정44)을 통해 (점진적으로) 변형·해체된 형태라고 보아, 이를 녹색사회국가라 명명하였다.

더욱이 이 녹색사회국가는 세계화란 맥락에서 녹색국가가 경쟁국가와의 경쟁에서 살아남기 위해 "생태적으로 지탱가능한 세계질서를 창조하기 위해 초국가 환경NGO들과 함께 일하는 데 주저하지 않는다." 이렇게 될 때 녹색사회국가는 근대국가란 단위의 외연을 넘어서게 되고 궁극적으로 '생태자치연방'으로 나아가게 될 것이다. 이런 녹색사회국가의 경향성이 마이어-아비히의 자연국가논의와 맞물린다면 그 가능성은 더욱 커질 수 있다.

에커슬리45)는 다시 이 녹색사회국가에 최근 논의되고 있는 복지사회 논의를 결합하고 있다. 이 국가는 생태적인 덕목을 지지하는 방식으로 자신과 시민사회를 훈육하고 시민사회 내에 이 생태덕목들을 배양·강화하는 과제를 이행하는 국가이다. 나아가 이 국가는 자신의 강제력을 시민사회에 이양하여 '환경보호서비스(예로 환경민병대)'를 사회가 담당토록 하기도 한다. 이 국가에서 기존 복지국가의 "강제적인 온정주의"는 여전히 남아있게 되는데, 이는 공유재로서의 환경보호란 이념으로 정당화된다. 이런 국가를 나는 녹색복지사회국가 형태라 명명할 것이다.

2) 녹색국가의 형태들과 논의의 층위들(구조)

이렇게 최소정의와 최대정의를 축으로 배열된 녹색국가 정의에 따른 국가 형태들을 1절의 〈표 2-2〉 국가논의의 층위들—메타수준, 거시수준, 중위수준, 미시수준—에 따라 배열하면 〈표 2-4〉와 같다.

유형으로서의 녹색국가는 이전의 자본주의 국가와는 그 국가의 존재조건, 국가의 본질 및 과제 그리고 계급갈등의 양상에서 다르다. 국가 존재의

---

the Ecological Crisis: Sovereignty, Economy and Ecology.
44) 이 책의 1장 참조.
45) Eckersly, 2001, 윗글.

<표 2-4> 국가논의의 층위에 따라 배열된 녹색국가 형태들

			생태권위주의 국가 대(對) 생태절대주의 국가		
생태국가유형	생태권위형 혹 생태관리주의형	국가기구	경제성장 보호와 환경보호의 과제 결합	개발·성장기구 대 관리·보존기구의 균형	b
				경제의 생태적 재구조화	
			강제억압기구보다는 이데올로기(통합)기구가 우위 구성 (green governmentality)		c
			국가기구 내적 통합성 유지 방식으로서 hierachy vs. coordination 균형		d/e
		정부형태	환경전문가(과학자 포함)들에 의존하는 행정국가 지향		
		정치체제	형식적인 자유민주주의 체제를 유지		
녹색국가유형	녹색국가형태		생태관리주의형 국가		
		자유민주주의 보완 (녹색국가의 약한 정의)	녹색 거버넌스 국가	1. 행정국가와 녹색 공영역의 삼투기능 보완 2. 각 부처간 조정기능의 보완 3. 예로 부처 위의 환경관련 장관회의, 실질적 권한과 기능을 가진 CSD, 녹색위원회 등	f
					g
			녹색 정당국가	1. 의회국가에 녹색 공영영역이 삼투되도록 보완 2. 녹색의원과 녹색당의 현존	h
		자유민주주의 대체 (녹색국가의 강한 정의)	녹색(복지) 사회국가	1. 녹색 공영역의 확장 2. 환경관련업무 중 일부를 시민사회에 이양 3. green governmentality형성의 중심이동: 국가→시민사회/공동체 4. 대안경제적 실험에의 공적지원	j/k
					i
	생태자치연방		생태가치와 급진민주주의의 결합		k

조건에서 녹색국가는 그 사회적 토대를 인간사회에서 자연환경으로 확장한 국가이며, 국가의 본질 및 과제로 '환경보호'와 '생태적 공유재 관리'가 자리잡은 국가이며, 이 녹색국가 일반 유형에서 녹색국가의 구체적인 형태들은 탈물질적 생태가치를 지향하는 생태론자들과 물질적 가치를 지향하는 성장론자들의 갈등에 의해 결정된다. 그래서 이 녹색국가 유형에는 생태권위형 국가, 자유민주주의형 녹색국가, 녹색사회국가 그리고 녹색복지사회국가의 형태가 있을 수 있다. 생태권위형 국가로부터 녹색국가의 최소정의 그 외곽에

생태권위주의형 국가와 생태절대주의 국가가 있다. 자유민주주의형 녹색국가에는 자유민주주의 국가체제의 어느 기구로 환경주의자들이 참여하기 시작하는가에 따라 거버넌스형 녹색국가와 정당형 녹색국가 등이 있을 것이다. 녹색사회국가 및 녹색복지사회국가로부터 녹색국가의 최대정의 바로 그 언저리에 추상태로서의 자연국가가 그리고 최대정의 외곽에 무정부주의적인 생태자치연방이 놓인다.

4. 과정으로서의 녹색국가 논의: 국가의 녹색화 단계

최소정의에서 최대정의로 이르는 녹색국가 스펙트럼과 그 논의의 층위들은 녹색국가를 연구하는 학자들에게 다음과 같은 두 가지 사항을 알려준다. 그 하나는 녹색국가에 대한 논의가 국가의 녹색화 과정에 관한 논의를 자신의 한 부분으로 한다는 것이고, 이 과정의 단계들마다 다양한 형태의 녹색국가들이 형태변형을 한다는 것이다. 두 번째는 이 형태 변형에서 변형을 결정하는 변수는 현실적인 사회조건들과 관련성이 있다는 것이다.

1) 단계변화를 결정하는 유인들: 협의적 국가의 역량과 시민사회역량

녹색국가의 형태와 그 형태변화—국가의 녹색화 단계 이동—는 협의적 국가(정부)의 역량, 국가와 시민사회의 관계 그리고 시민사회의 역량에 달려 있다. 여기서 협의적 국가역량(state capacity)이란 국가의 정책입안 및 집행능력을 뜻하는데, 이 국가역량에 대한 물음은 "국가가 특정 프로그램과 관련하여 적어도 다음의 네 영역에서 능력이 있는가"를 묻는다. 이 물음에는 다시 다음과 같은 하위물음들이 있을 수 있다.

① 계획하고 관리하는 능력이 있는가?

② 정보체계를 세우고 관리하는 능력을 가지고 있는가?
③ 접근과 사용을 용이하게 하는 서비스들을 통합하고 조정할 수 있는 능력이 있는가?
④ NGO, NPO, 지방정부, 기업 그리고 국가기구 외적인 서비스 제공자들과 함께·통해서 일할 수 있는 능력이 있는가?46)

필자는 협의적 국가의 역량 측정과 관련 욥케(Joppke, 1992)의 연구가 유의미하다고 본다. 그는 국가역량을 두 개의 차원, 즉 국가 내적 구성의 견도(①, ②, ③)와 국가와 시민사회의 관계(④)로 나누고, 이에 따라 강한 국가와 약한 국가를 구분하였다. 그 첫 번째 차원인 국가 내적 구성의 견도는 국가주권과 민주주의의 축에 의해 결정된다고 보았는데, 강한 국가는 국가주권을 중심으로 민주주의를 어느 정도 희생하는 국가인 반면 약한 국가는 민주화 과정에 우선순위를 두는 국가이다. 강한 국가에서 행정센터는 정책형성 및 이행 시 경합하는 기관들, 즉 독립된 의회와 사법부로부터 거의 저항을 받지 않는다고 한다. 두 번째 차원인 국가와 시민사회의 관계는 국가 내 의회와 행정부의 관계로 측정하였는데 강한 국가는 지배적인 중앙집중화된 권력을 가진 (중부유럽형의) 행정국가이고 약한 국가는 행동능력이 제한되어 있는 의회형 국가이다.

그의 강한 국가에선 환경보호란 국가과제가 시민사회로부터보다는 행정부 수반의 의지 및 전문 관료에 의해서 설정될 가능성이 크다. 그리고 과제의 수행도 행정부 중심으로 이루어질 것이다. 이 강한 국가가 환경보호를 행정부 내 환경부의 정책으로만 실행코자 한다면 이는 기존 국가 내 환경관리업무 추진의 수준일 것이고 환경보호를 국가발전의 근간으로 삼고자 한다면 생태권위형 국가로 나타날 것이다. 그의 약한 국가는 시민사회활동가가 의회에 진입하는 문을 열어주어 정당형 녹색국가 혹은 그 전신인 녹색명단(green

---

46) http://rockinst.org/quick_tour/federalism/kellogg-proposal.html, 1-2쪽.

list)으로의 경향성을 열어준다.

욥케가 국가와 시민사회의 관계를 협의의 국가(정부) 유형을 중심으로 분석하였다면, 허날드와 드라이젝[47]은 이 관계를 국가 그 자체가 시민사회운동에 대해 배타적인가 포용적인가를 중심으로 배타적 국가와 포용적 국가로 나눈다. 포용적 국가에선 시민사회가 운동의 목표를 핵심국가과제로 연결시키고 정책결정에의 접근 가능성을 보장받는 반면, 동시에 이런 국가의 시민사회는 전문로비집단으로 비활성화될 위험을 가지고 있다. 배타적 국가는 시민사회가 자신의 운동 목표를 핵심국가과제로 연결할 수 있는 루트를 구조적으로 제한하고 있지만, 이로 인해 시민사회는 행동주의 지향 단체들로 대단히 활성화될 잠재력을 가진다.[48] 이 배타적 국가는 욥케의 강한 국가와의 상관성에서 볼 때, 다시 소극적으로 배타적인 국가와 적극적으로 배타적인 국가로 나뉠 수 있는데, 욥케의 강한 국가는 시민사회에 대해 적극적으로 배타적인 경우이다. 허날드와 드라이젝 논의의 특징은 포용적 국가에서의 환경과제 수용의 형태에 있다. 이 포용적 국가는 시민사회로부터 환경과제를 적극적으로 받아들이고 그 실행도 시민사회 내 전문 자문집단들과 함께 혹은 그들을 통해서 일할 가능성이 많으므로 이런 국가에 접목된 녹색국가는 자유주의형 녹색국가 형태들 모두(거버넌스형 국가, 정당형 녹색국가)와 친화성을 가지지만, 전문자문집단으로의 시민사회 경도경향은 녹색사회국가로의 이동에 한계로 작용할 수 있다.

국가가 무슨 일을 하도록 과제를 발의·설정해주는 것은 시민사회의 몫이다. 시민사회의 역량은 시민운동이 자신의 정의 이해관심(defining interest)을 국가핵심과제로 연결시킬 수 있는 능력을 말한다. 이 능력을 환경이슈와 연결해 세분화하면, 다음과 같다.

- 환경이슈를 사회의제화할 수 있는가?

---

[47] Hunold·Dryzek, 2001, 윗글.
[48] 윗글, 4쪽.

- 이를 정당화시킬 수 있는가?
- 이를 입증할 수 있는 자료를 제시할 수 있는가?
- 입증 가능한 자료 그 자체를 스스로 정의할 수 있는가?
- 환경위험과 피해를 규제·통제하기 위해 미래의 적합한 대안을 제시할 수 있는가?

이런 능력을 가지고 있다 할지라도 시민사회는 다시 활성화된 시민사회와 전문자문단체 중심의 정태적 시민사회로 나뉠 수 있다.

2) 국가의 녹색화 1단계:
   생태관리주의 국가, 정당형 녹색국가, 거버넌스형 녹색국가

1970년대까지 환경논의는 경제와의 제로-섬게임에 갇혀 있었다. 녹색국가의 1단계는 이 제로-섬게임에서 벗어나는 것으로, 이는 앞에서 기술한 바 있는 최소한으로 정의된 녹색국가에 해당된다. 따라서 1단계 녹색국가는 일종의 자연보호와 건강으로 정향화된 통제조치들은 물론 경제성장과제와 환경보호과제의 결합을 핵심과제로 삼는다. 즉 환경과 보완적으로 경제를 재구조화하는 것을 국가의 제1과제로 삼는 국가이다. 나아가 1단계 녹색국가는 환경주의자들이 참여할 수 있는 메커니즘을 국가체계에 가지고 있어야 한다. 여기서 경제의 재구조화에만 관심을 가지고 있는 국가는 최소정의 외곽에 놓여 있는 생태권위형 국가와 유사하다. 그러나 이 생태권위형 국가는, 1단계의 녹색국가와 달리, 민주적인 참여의 과정 및 시민사회 내 생활정치·아정치 현상에는 관심이 없다.

필자는 이 국가의 녹색화 1단계 초임에 놓여 있는 국가를 생태관리주의 국가라 명명한다. 대개 생태관리주의 국가는 "전 사회적 문제로서의 환경문제가 시민사회의 자발적 섹터와 시장을 인지하는 데 실패하면서 이에 대한 정치적 반응으로 등장한다." 이 생태관리주의 국가는 기존 복지국가처럼

국가권위를 사회생활의 새로운 영역으로 확장시키고, 개입을 체계화하고 강화하는 국가이다. 이 생태관리주의형 국가의 기본기능은 이 글의 도입부에 쓰인 『우리 공동의 미래』가 지탱가능한 발전에서 정부가 담당해야 하는 과제로 기술하고 있는 것과 동일하다.

① 실질적 환경상태를 모니터링 하는 메커니즘
② 사회와 환경에서 미래발전을 예측하고 잠재적 위험을 평가하는 메커니즘
③ 받아들일 수 있는 위험에 대해 결정하는 메커니즘
④ 적절한 조정전략과 정책도구들
⑤ 이런 활동들을 정당화하는 과정들과 아이디어들[49]

이 생태관리주의형 국가가 1단계 녹색국가로 완성될 가능성은 국가의 역량 확보 여부에 달려 있다. 시민사회와의 관계에서 이 국가형태는 적극적으로 배타적이거나 소극적으로 배타적이다. 적극적으로 배타적이라 함은 환경 관련 발의는 거의 행정부에 의존하고 있기 때문이고 의회는 이 사안에서 닫혀 있어 시민사회의 환경주의자들로부터 차단되어 있는 경우이다. 소극적으로 배타적이라 함은 의회의 루트는 열려져 있지만, 행동형 시민운동에 의한 국가의 변형은 차단되어 있는 경우이다. 소극적으로 배타적인 국가는 국가의 녹색화 두 번째 단계로 넘어가기 직전의 자유민주주의 체제를 보완하는 형태, 즉 정당형 녹색국가나 거버넌스형 녹색국가로 나타날 수 있다. 그러나 만일 시민사회 그 자체가 활성화되어 있지 않다면, 생태관리주의 국가는 생태권위주의형 국가로 후퇴할 가능성도 있다.

---

49) Meadowcroft, 윗글, 3쪽.

3) 국가의 녹색화 2단계와 녹색사회국가

존 베리와 페이트슨[50]은 국가의 녹색화 제1단계를 자유주의-자본주의 국가들에서 가장 지배적으로 채택되는 형태라고 말한다. 그래서 이 국가의 녹색화 전략은 기업환경주의에 터해 환경과 경제 모두에 득이 되는 상생접근법을 취하고, 녹색생산과 녹색소비에 기술적인 개선을 적용하는 '공급측면의 접근법'을 견지하게 된다는 것이다.[51] 이 전략의 최대 약점은 환경질에서 거대한 불평등을 생산함에도 불구하고, 재분배 정책을 요구하는 정의와 불평등 이슈에는 관심을 갖지 않는다는 것이다.[52]

그러나 허날드와 드라이젝[53]은 환경적 관심과 경제적 관심의 상보적 관계가 그렇게 간단히 이루어지는 것은 아니라고 말한다. 특히 이 양자의 충돌은 "위험의 선택, 분배 그리고 개선방식에 시민들의 효과적 참여"를 요구하는 운동(환경정의 운동)으로 폭발되고 이 운동은 정의실현의 새로운 방식으로 새로운 정치형식을 요구하기 때문이다. 이 경우 녹색국가는 기존 국가과제인 정당화 과제에 환경분배갈등을 연결하고자 하고, 국가의 녹색화는 제2단계로 넘어가게 된다. 국가의 녹색화 제2단계는 바로 분배정의로서의 환경정의를 국가 제도, 전략, 정책에 포함시키는 것이다(녹색복지사회국가). 동시에 이

---

[50] John Barry·Matthew Paterson, "Ecology, Political Economy, New Labour", European Consortium for Political Research, Grenoble, 6-11, April, 2001, Workshop on the Nation-State and the Ecological Crisis: Sovereignty, Economy and Ecology.

[51] 이와 관련 바람과물연구소 녹색국가연구모임에서 함께 발표한 구도완의 글이 발전국가에서 녹색국가로의 이전과정에서 환경정책은 공급중심에서 수요중심으로 이동해야 한다고 주장하는 것은 타당성을 갖는다. 구도완 "국가의 녹색화전략: 한국의 경우", 바람과물연구소 녹색국가 연구모임 월례발표회(2001년 5월 14일).

[52] 토니 블레어, 쉬뢰더, 클린턴 등 중도-좌 정당에게 이 전략은 매력적이다. 그리고 자유시장을 지구화하고 국가의 전지구적 경쟁을 개선하려는 자들에게 매력적이다. 왜냐하면 이들에게 국가는 전통적 복지국가의 '제공자'(provider)가 아니라 '촉진자·중재자'(enabler·arbitrater)이기 때문이다. 더구나 이런 국가가 정부와 기업 간 파트너십을 강조하면서 이를 재구조화한다면, 이 전략은 재분배전략이 아닌 '탈-복지 국가'로 빠질 것이다.

[53] Hunold·Dryzek, 윗글.

녹색국가는 분배를 논의할 새로운 정치구조를 만들어내라는 압력을 국가 자체 내에 실현하거나 시민사회 내에 대안제도들—국가와 책임성을 공유하는 공적 영역, 제3섹터로 불리는 자활노동 기반 경제영역—을 지원하는 법과 제도를 만들게 된다(녹색사회국가). 여기에서의 관건은 국가가 시민사회를 적극 포용하면서, 동시에 시민사회의 단체들은 국가를 '민주화 촉진자'로서의 역할을 담지할 수 있도록 자신의 정치기능을 전문적 자문으로 환원시키지 않으려는 태도를 취해야 한다는 것이다.

4) 국가의 녹색화 3단계: 생태자치연방

이러한 국가의 녹색화 2단계가 신자유주의의 세계화에 대응하면서 가속화되면 이념으로서의 생태자치연방에 다가가게 될 것이다. 이것이 국가의 녹색화 세 번째 단계이다.

5. 한국국가의 녹색화를 측정하기 위한 분석변수들

지금까지 녹색국가에 대한 논의를 녹색국가 논의의 층위(구조) 만들기와 국가의 녹색화 단계(과정) 설정하기로 살펴보았다.

1) 한국국가의 녹색화 정도를 분석하는 변수들

녹색국가 논의의 구조는 한국국가의 녹색화를 현상태에서 진단할 때 '녹색화가 어느 정도까지 진행되었는가'의 물음에 답하는데 유의미성을 가질 수 있을 것이다. 〈표 2-5〉는 3절에서 살펴본 녹색국가 유형화와 녹색국가의 층위구조에서 도출된 분석차원을 물음으로 가공한 것이다.

<표 2-5> 녹색화 정도를 분석하는 범주들

분석물음 a	대한민국의 헌법분석: 인간중심성 또는 생태중심성? 헌법 33조 환경보전법 1조에 명시된 환경권을 어떻게 해석할 것인가?
분석물음 b	개발·성장기구 대 관리·보존(전)기구의 비중이 후자 쪽으로 변화하고 있는가?(행정기구별 인력, 예산규모, 조직상의 변화)
분석물음 c	강제·집행기구 대 합의·통합기구의 비중이 후자 쪽으로 변화하고 있는가?
분석물음 d	국가집행기구 내 균질성 여부에 대한 물음으로, 위계형구조에서 거버넌스형 구조로 변화하고 있는가?
분석물음 e	환경이슈로 인한 국가기구의 내적 파열을 어떻게 볼 것인가?
분석물음 f	행정국가와 녹색 공영역의 상호침투현상이 어떻게 나타나는가?
분석물음 g	각 부처간 조정은 어떻게 나타나는가? 부처간 거래비용/시간
분석물음 h	의회와 녹색 공영역의 상호침투 정도와 그 양상은?
분석물음 i	환경관련 국가과제가 시민사회로 이양되는 정도와 그 양상은? (환경경찰대, green governmentality의 중심 이동)
분석물음 j	녹색 공영역의 확장과 공영역 녹색화의 진행 정도는?
분석물음 k	개인의 변화, 생태감수성의 정도는?

2) 한국국가의 녹색화, 어디까지 왔나?

4절의 녹색국가의 과정에 대한 논의는 한국국가의 녹색화가 진행될 방향을 진단함에 있어서 유의미할 것이다. 이를 염두에 두고 필자는 한국국가의 녹색화 단계를 다음과 같이 진단하고자 한다.

한국국가는 1995년 OECD에 평가를 신청하였고 1997년 29개 회원국들 중 19번째로 환경성 평가를 마쳤다. 이 환경평가들 중 한국국가의 녹색화와 관련하여 주목해야 할 부분은 각 부처에 분산되어 있는 자연보전분야 업무의 제도적 합리화, 지속가능하고 환경친화적인 산림·농업·수산분야 정책의 수립, 에너지·교통·농업·재정 정책에의 환경정책 통합을 권고하고 있다는 점이다.[54] 이 권고는 경제구조 및 사회 인프라 전반을 생태친화적으로 재구조화하는 것을 의미하는 것이고 이로써 한국국가의 녹색화가 그 1단계로 들어갈

---

54) 환경부, 『환경백서』(서울: 1998), 533-37쪽 참조.

가능성을 조심스럽게 타진케 한다. 그러나 이런 가능성 타진에는 여러 가지 장애요인이 있다. 그 중 하나는 경제의 재구조화가 현재 환경부 수준에서의 Eco-2 프로젝트 및 그린 GDP로 표현되고 있다는 것이다. 이 발언이 국가의 녹색화에서 결정적인 의미를 갖기 위해선 정부의 최고결정권자나 부총리급에서 나와야 하는데 정부부처 중 힘없는 부처로 꼽히는 환경부에서 나왔다는 것이 한국국가의 녹색화 1단계로의 진입을 확신할 수 없게 만든다. 두 번째로 과거로부터 이어져온 한국국가의 진행경로가 발전국가란 점에 있다. 이 발전국가에서 국가는 발전의 촉진을 자신의 제1과제로 하고 기업의 도덕적 해이와 이로 인한 불안정한 경제구조를 국가가 다시 공적 재정으로 지원해야 한다는 거대한 후유증을 남기고 있기 때문이다. 그래서 한국국가의 녹색화가 그 1단계로 진입할 수 있는지의 여부는 국가의 의지 및 재원 확보 등에 달려 있다.

또한 1995, 96년을 지나면서 강조되기 시작한 정부와 민간 파트너십 그리고 이를 더욱 구체화한 환경거버넌스(녹색시민위원회·지방의제 21 실천단) 등의 도입을 주목해 보아야 한다. 이 거버넌스 개념엔 여러 가지 정의와 시도들이 있지만, 그 핵심에는 정부와 민간이 공동의 정책결정자가 됨이 깔려있기 때문이다. 그러나 이 실험의 성공 여부는 정보의 공유 및 여러 행·정 인프라 개혁과 문화변화에 달려 있으므로, 이 또한 열려진 과정이라 하겠다.

이렇게 열려진 과정에서 한국국가의 녹색화는 시민사회의 녹색화 역량에 달려 있게 된다. 그런데 1992, 93년까지 한국국가와 시민사회의 관계는 적극적으로 배타적인 관계였다. 이 배타적 관계는 발전국가가 시민사회에 견지하는 전형적인 성격들 중 하나인데, 이로 인해 한국 시민사회 내에 비타협적이고 행동으로 정향화된 시민사회운동의 지속적 존립이 가능하였고, 이는 빠른 시일에 한국국가의 주요과제로 환경보호를 강하게 밀어 넣는 배경이 되었다. 그러나 2000년 민간단체진흥법 통과 이후 한국국가의 대(對)시민사회 태도는 소극적으로 포용적인 관계로 변화하고 있다. 이런 변화과정은 시민사회 내에 자문형 시민운동과 행동형 시민운동의 분화를 야기하고 있다. 이런 상황은 미래를 두 가지 가능성으로 열어둔다. 그 한 길은 자문형 시민운동의 강화를 통해 시민사회의 녹색화 역량이 국가로 빨려들어 감으로써 한국국가의 발전과정이 발전국가 및 경쟁국가라는 기존 경로로 고착되고 환경보호 과제도 위기회피의 수준으로 되먹히게 되는 길이다. 이 시나리오에서 한국국가의 녹색화는 제1단계의 성공 여부도 그 미래가 불투명할 수밖에 없다. 반면 만일 시민사회가 국가의 녹색화에 전문적인 자문기능을 제시하고, 동시에 행동형 운동을 지속함으로써 끊임없이 시민사회를 활성화할 수 있다면 한국국가의 녹색화는 가능할 것이다.

참고문헌

마이어 아비히. 『자연을 위한 항거』. 박명선 옮김. 서울: 도요새, 2001.
문순홍 편역. 『지탱가능한 사회를 향한 생태전략』. 서울: 나라사랑, 1995.
봅 제솝. 『자본주의와 국가』. 이양구·이선용 옮김. 서울: 돌베개, 1988.
손호철. "국가자율성문제를 둘러싼 제문제들." 『한국정치학회보』 23집 2호. 1989.
울리히 벡. 『정치의 재발견』. 문순홍 옮김. 서울: 거름, 1998.
이국영. "관료적 권위주의이론의 논쟁에 대한 재평가." 『한국정치학회보』 23집 2호. 1989.
환경부. 『환경백서』. 서울: 1998.

Barry, John. "Greener, Leaner and Meaner? Ecological Modernization and the Ecological Restructuring of the Nation-State" Speech to the CBI/Green Conference on Environment, 24th October 2000.
Barry, John · Paterson, Matthew. "Ecology, Political Economy, New Labour", European Consortium for Political Research, Grenoble, 6-11, April, 2001, Workshop on the Nation-State and the Ecological Crisis: Sovereignty, Economy and Ecology.
Beck, Ulrich. *Die Erfindung des Politischen*. Frankfurt: Suhrkampf, 1994.
Bookchin, Murray. "Deep Ecology versus Social Ecology." *Socialist Register*. 1988, July-Sep.
Capra, Frijof · Spretnak, Charlene. *Green Politics*. New Mexico: Bear & Company, 1984.
Claus Michael Mayer-Abich, *Aufstant fuer die Nature*. Munchen: Carl Hanser Verlag, 1989.
de Geus, Marius. "the Ecological Restructuring of the State." *Democracy and Green Political Thought* by Brian Doherty · Marius de Geus. London: Routledge, 1996.
Eckersly, Robyn. "The Global Ecological Crisis and the Nation-State: Sovereignty, Economy and Ecology." Speech on the CBI/Green Conference on Environment, 24th October 2000. http://essex.au.uk/ecpr/publications/ecprnews/winter2000/feature.
_____. "Green Justice, the State and Democracy", presented paper at the Environmental Justice Conference. Oct. 3-4. 1997.
http://www.arbld.unimelb.edu.au/envjust/papers/ allpapers/eckersley/
Goodin, Robert. *The Politics of the Environment*. Cheltenham: Edward Elgar Pub, 1994.
Gorz, Andre. *Abschied vom Proletaria*. Berlin: Roroo Buch, 1983.
Hurnold, Christian · Dryzek, John. "Greening the State: Ecological Modernization between State and Movement in the USA, UK, Germany and Norway", Grenoble, 6-11. April. 2001, Workshop on the Nation-State and the Ecological Crisis: Sovereignty, Economy and Ecology.
Jessop, Bob. *The Capitalist State*. New York: New York University Press, 1982.
Joppke, Christian(ed.), *Challenge to the Nation-State: Immigration in Western Europe and the United States*, Oxford: Oxford University Press. 1998.
Lafferty, William. "Democracy and Regional Sustainable Development: Probing the Need

for a New Demos with a New Rationality" Grenoble, 6-11. April 2001, Workshop on the Nation-State and the Ecological Crisis: Sovereignty, Economy and Ecology.

Meadowcroft, James. "From Welfarestate to Ecostate?" Grenoble, 6-11. April. 2001. Workshop on the Nation-State and the Ecological Crisis: Sovereignty, Economy and Ecology.

Offe, Claus. *Modernity & The State*. London: Polity Press, 1995.

Ophuls, William. *Ecology and the Politics of Scarcity Revisited*. N.Y.: Freeman and Company, 1992.

Poulantzas, Nicos. *Fascism and Dictatorship*. London: Verso, 1980.

Ryle, Martin. *Ecology and Socialism*. London: Radius, 1987.

Schlosberg, David. "Three Dimensions of Environmental Justice: Implications for the Ecological Democracy" Grenoble, 6-11, April 2001, Workshop on the Nation-State and the Ecological Crisis: Sovereignty, Economy and Ecology.

Skocpol, Teda. *States & Social Revolutions*. Cambridge: Cambridge University press, 1979.

WCED, Our Common Future(Oxford: Oxford University Press, 1987)

Torgerson, Douglas. *The Promise of Green Politics*. Durham: Duke University Press, 1999.

http://rockinst.org/quick_tour/federalism/kellogg-proposal.html

제3장
성찰적 재귀성과 생태근·현대화론

한국에서 환경논의가 본격적으로 시작된 지도 10여 년이 지났다. 이 시점에서 향후 10년 동안 한국사회 환경담론의 주요 아젠다들은 무엇인가? 이 글은 1980년대 말에 한국사회에 도입되기 시작한 근·현대와 탈근·현대[1] 논쟁과 생태담론의 상호 얽힘이 더욱 심화되고 사회변혁적인 기획으로 구체화될 것이란 예측 속에서 기술되었다. (탈)근·현대 논쟁은 1980년대 후반을 넘어서면서 이 논쟁을 유발시킨 근대의 그늘이 위기적 요인으로 실재하며, 새로운 시대적 경향성의 사회표출이 실재한다는 점에는 동의하는 것 같다. 그러나 이 새로운 시대적 경향성이 근대성 내에 공존가능한 것인가 아니면 근대성을 넘어서는 것인가에선 이견이 있다. 전자를 통칭하여 성찰적 재귀성에 기반한 근·현대화(reflexive modernization)로 부른다면, 후자를 탈근대기획(postmodern project)으로 부를 수 있을 것이다. 필자는 향후 10년 동안 한국사회의 생태담론이 구체적인 사회제도 전반의 개혁과 맞물리는 경향성을 강화해 갈 것으로 예측한다. 그 이유는 1990년대에 확장된 환경운동이 현재 질적

---

[1] 필자는 아직 modern을 어떻게 번역하는 것이 옳은 것인지 확신할 수 없다. 그래서 이 글에선 근(현)대로 사용하고자 한다.

전환의 단계에 들어와 있기 때문이다. 이 질적 전환은 구 제도권으로의 진입을 통한 개혁으로 가시화되거나, 새로운 생활양식에 대한 실험이 새로운 제도 창출의 실험으로 이어질 것이다. 이 양 방향 질적 전환이란 차원에서 성찰적 재귀성에 기반한 근대화론과 생태담론의 얽힘은 좀더 구체화될 것으로 예측한다. 이런 예측의 근거는 또한 한국환경운동에 대한 평가2)와 1990년대 후반에 이루어진 한국사회의 OECD 진입 및 도시발전정책 전반의 지탱가능성을 체크할 지방의제 21의 정착에 있다.

1. (탈)근·현대 논쟁과 생태학

근(현)대는 유럽사의 경험이 세계사적인 맥락으로 일반화·보편화된 시대구분을 지칭하는 용어이다. 근대를 이전 시대(중세 혹은 전통사회)와 단절·구분케 하는 특성 곧 근(현)대성은 무엇인가? 근대성 곧 인간 사고와 행동에서 전통적인 방식이 아닌 '근대적' 방식 또는 전통사회가 아닌 '근대' 사회의 정치·경제적 삶의 조직에서의 급진적 변화의 핵심은 무엇인가? 이 질문에 사회과학으로 정향화된 학자들은 계몽주의 및 이와 연관된 일련의 특성들, 즉 전통·신화 세계와의 단절, 인간 이성 및 계몽에의 확신(성찰성), 과학기술과 절대 진리에 대한 신념 등을 답하지만, 생태적 사유자들은 탈전일성과 분할(이원론), 탈맥락성과 추상, 탈주술성과 도구적 합리성 그리고 확실성과 무오류에의 신념 등으로 답한다.

근대성와 근대적 제도들이 완성되는 근대화 과정, 이 양자 중 논의의 출발을 어디에서 시작할 것인가는 학자마다 각기 다르다. 순수생태론자로 분류되는 근본생태론과 사회생태론은 근대성이 제도로 체화된 과정을 근대화

---

2) 필자가 구체적으로 연구·조사한 한국환경운동에 대한 평가는 정확히 한국여성환경운동에 대한 평가를 말한다. 문순홍 편, 『한국의 여성환경운동: 그 역사, 주체, 그리고 운동유형들』(아르케, 2001).

로 보고, 위험사회론자들은 근대화 과정에서 형성된 것이 근대성으로 본다.
　근대가 언제 시작하였는가란 물음에 대한 답도 양자에 따라 각기 다르다. 대다수 생태적 사유자들(예로 카프라, 머챈트)은 세계를 보는 근대의 눈이 철학과 자연과학의 영역에서 형성된 16세기 말경에 논의를 맞춘다. 반면 구 이데올로기와 결합한 생태담론과 위험사회론자들은 이 근대화 기획이 19세기 초·중엽경 구체적인 모습을 드러내기 시작하였다고 지적한다. 이 시기 근대의 사회체계들, 즉 국민국가 체제, 자본주의적 시장체제, 산업주의적 생산체계 그리고 군국주의적인 감시체제가 형성되었다.3) 이 과정에서 사회공간도 변형되는데 이는 도시화 과정으로 나타났다. 이 시기 한국도 제국주의 열강의 압력에 의해 문호가 열리면서 서구의 시대구분인 근대로 편입된다(1876년 강화도 조약).4) 이 근대화가 서구지역에서 벗어나 전세계적인 기획으로 확산된 것은 1945년 제2차 세계대전의 종식과 함께였다. 서구의 눈에 제3세계는 미개한 야만의 사회였고, 빈곤의 사회였다. 이 빈곤과 야만에서 벗어나는 길은 전통사회와 단절하고 합리적인 과학기술에 터한 사회체제를 확립하는 것에 달려 있었다(이는 1949년 유엔총회에서 행한 트루만 미 대통령 발언의 요지이다). 물론 이 체제는 바로 19세기 서구에서 시작되고 완성된 근대체제를 사회발전·진보의 모델로 설정하였다. 정의해보면, 근대화란 "전통사회 혹은 저발전사회를 해체하고 이에 보편적 발전원칙들을 적용하는 것을 본질적인 특성"으로 하는데, 한국을 포함한 제3세계에게 이는 "서구형 제도를 도입하고 기술·경제 원조를 통해 물질적으로 잘사는 것"을 의미하였다. 한국의 근대화 기획의 시작인 1960년대 중반 한국을 방문한 로스토우가 제시한 전통에서 근대로의 이행 단계설(낙후된 신념과 기술의 전통사회 → 근대기술이 도입되는 단계 → 근대화로의 비약 → 대량소비가 이루어지는 단계)이 이를 단적으로 드러내 준다.

---

3) 안토니 기든스, 『포스트모더니티』, 이윤희 옮김(민영사: 1991); David Goldlatt, *Social Theory and Environment*, London: Routledge, 1996.
4) 물론 근대로 편입되는 시기와 관련하여 여러 이견들이 있다.

그러나 바로 이 시기 서구에서 출발한 근대화 기획—특히 기술진보·경제성장·도시화로 해석된 근대화—은 한계를 드러내기 시작하였다. 이 한계성은 1970년대 진입을 전후한 서구사회에서 자본주의 위기 논쟁으로, 탈근(현)대성 논쟁으로, 생태패러다임에 대한 선언으로 표출되었다. 이들 논쟁은 개별화되어 진행된 것이 아니라 일종의 지퍼처럼 얽혀 있는 것이고, 그래서 상호영향을 주고받았다. 특히 (탈)근·현대 논쟁이 생태담론 내에 영향을 미친 방식과 관련하여 두 가지 경향이 지적될 수 있다. 그 하나는 탈근·현대 기획이고 다른 하나는 위험사회와 새로운 근대화 모델 계열이다.[5]

2. 근대의 그늘에서 벗어나는 방식1: 탈근·현대 기획

1) 탈근·현대성과 생태가치들

『근본생태학과 포스트-모더니즘』(1994)을 쓴 마이클 짐머만은, 근·현대성과 탈근·현대성의 차이로, 전자가 인간이 무엇인가에 대한 보편적 개념을 주장하는 반면 후자는 이런 보편적이고 고정불변의 인간 개념을 거부한다는 점에 있다고 지적한다. 이런 맥락에서 탈근·현대론자들은 인간중심주의를 거부하고, 성차별주의와 인종중심주의를 거부한다. 또한 근·현대론자들이 뉴튼 물리학에 터한 하나의 합리성으로 세계를 설명하려 하였다면, 탈근·현대론자들은 유일한 한 종류의 합리성만이 존재한다는 주장 그 자체를 거부한다. 이런 맥락에서 19세기 구체화된 서구 근대화기획의 사회발전 방향과 특정 정책에 절대적인 근거(토대)가 있다는 신념을 거부한다. 그래서 대개의 탈근·현대주의자들은 담론과 권력의 전일적인 유형들에 대항하고, 다양성·관용·차이·파편화·자기구현 등을 찬양하는데, 이것이 탈근·현대

---

5) John Barry, *Environment and Social Theory*(London: Routledge, 1999), p. 155.

주의와 생태론자들이 만나는 근거이다.

특히 안 네스, 카프라 등의 근본생태론자들은 생태파괴의 원인을 인간중심적·기계론적 세계관과 환원론적(국소론적) 설명방식에서 찾고, 이의 시작으로 근대의 눈을 형성해준 자연과학 및 철학의 탄생을 분석한다. 이런 논의들은 생태위기가 근대성에 의해 야기된 유산이라면 이 생태위기에서 벗어나기 위한 방향은 근대와는 대립·반대되는 어떤 것이고 생태사회는 이 반(反)근대성이 구체적인 삶의 방식과 제도로 드러난 곳이란 발상으로 연결된다. 즉 생태사회=반근대성, 반근대성=탈근대성에 기반하고 이것이 구현된 사회란 등식으로 성립하게 된다. 이것이 탈근·현대 기획과 생태론이 만나게 되는 이유이다. 그래서 "녹색정치는 인본주의의 인간중심적 가정뿐만 아니라 근대성을 구성하고 있는 광범위한 가치군을 넘어가는 것이다."

이런 만남을 구체적으로 나열해보면 다음과 같다. 우선 탈근·현대론자들의 세계인식의 근거로서의 이성에 대한 거부는 근본생태론의 인식근거로서의 이성 비판과 공존하고 새로운 세계인식의 근거로서의 직관 혹은 생태적 감수성을 철학적으로 정당화시켜 준다. 탈근·현대론의 근대과학 패러다임 및 과학적 합리성 비판은 근본생태론자들의 뉴턴 자연과학이 자연을 탈마술화시키고 자연=자원들의 집합소로 변형시킨 과정에 대한 비판적 분석, 그리고 자연의 존재의미 및 가치부여를 인간목적을 위한 수단 및 유용성이란 차원에서만 부여하는 근·현대적 삶의 방식에 대한 거부와 겹쳐지게 된다. 세계를 하나의 시각에서 설명하려는 거대담론들을 거부하는 탈근·현대적인 관점에서 볼 때, 근대화의 핵심인 서구식 발전모델은 비서구적인 발전모델들보다 좀더 낫거나 선진적인 것이라고 말할 수 없다. 이 근대의 가치·원칙·사회경제적 모델=발전이란 단순론적인 등식에 대한 거부를 우리들은 근본생태론 및 사회생태론자들에게서, 생태여성주의에서 그리고 지탱가능한 발전에 대한 가장 급진적인 해석에서 발견하게 된다.

2) 생태담론 내 탈근·현대 사회기획

탈근·현대적 기획이 고정된 인간 정체성 및 주체성을 해체하듯이, 사회이론으로서 이들의 관심은 사회정치적 의제의 선정 및 그 해결방안의 채택이 과연 보편성과 객관성을 담보하는 것인가란 물음으로 재현된다. 물론 이런 사회구성주의적인 입장의 극단에서 환경'문제'는 대중매체에 의해 창조되는 것이고 위험사회는 곧 위험문화를 의미하므로, 이들에게 객관적으로 존재하는 환경문제는 존재하지 않으며 위험사회는 사회적 실체가 아니다. 이런 극단적인 입장은 물론 생태론과 공존할 수 없다. 그러나 이 입장을 뒷받침하기 위한 분석방법, 즉 담론분석은 특정 의제 및 개념들 내의 권력관계를 드러내줌으로써 경제성장 및 개발을 추진하려는 근대기획의 정당성에 이의를 제기하는 생태론의 문화전략과 공존할 수 있다.

탈근·현대의 사회이론들은 현 사회상태를 문화적 관점에서 "탈근·현대적"일 뿐만 아니라 경제체제란 관점에서 "탈(혹은 후기)-산업적(post-industrial)"이라고 말한다.6) 보리스 프랑켈7)은 사회생태주의자인 앙드레 고르(Andre Gorz)와 사회생태주의자인 루돌프 바로(Rudolf Bahro) 및 머레이 북친(Murray Bookchin)의 사회이론을 분석하면서 이들을 후기-산업사회의 이상주의자들이라고 불렀다. 후기산업사회의 가설을 개략적으로 이해하면, 한 사회의 부창출이 산업사회 내에서 거대규모의 제조산업으로부터 고기술 기반 첨단산업 및 문화산업에서 창출되는 사회로 이동하는 것과 관련된다. 이 사회가 생태사회와 가지는 친화성은 자연환경을 덜 착취적으로 사용한다는 것이다. 즉 원료보다는 정보가 핵심 경제자원이 되는 서비스기반 경제에서 경제활동이 생태계를 좀더 지속가능하게 할 수 있다는 것이다. 그런데 후기-산업사회가 아니라 탈-산업사회의 가설은 산업사회를 넘어선 사회로의 이동에 관한 것으로, 프랑켈이 고르, 바로, 북친을 지칭하기 위해 사용한 두

---

6) John Barry, ibid,. p. 170.
7) Boris Frankel, *Post-Industrial Utopianists*, Madison: Uni. of Wisconsin Press, 1987.

번째 용어인 이상주의자란 바로 이 탈산업적 성향을 함축한 것이다. 이들에게 생태위기의 근원에는 노동=돈벌이(타율노동)란 근대형 노동, 사회발전=타율노동에 의한 식민화 과정, 상품생산=이윤창출, 합리성=경제적 합리성이란 등식이 있다. 이들에게 생태위기를 극복하는 것은 곧 산업사회를 넘어가는 것이고, 곧 자율노동의 회복이며 경제합리성에서의 해방이며 생태합리성의 구현이다. 그래서 탈근·현대적 사회관이 탈(후기)포스트-산업주의인 한에서, 녹색정치가 탈산업사회의 비전을 가지는 한에서, 탈근·현대 사회이론과 생태론은 공존할 수 있다.

3) 탈근·현대 기획의 한계

이 탈근·현대논의와 기획이 생태위기 등 근대사회의 어두운 이면을 드러내고 분석하는 데 기여하였음에도 불구하고, 생태론과 탈근·현대론자의 만남은 다음과 같은 비판과 한계를 가지고 있다.

머레이 북친의 『사회생태론의 철학』(1995)은 미국사회에서 지난 1987년을 전후하여 전개된 근본생태론과의 논쟁과정을 담고 있다. 이를 통해 그는 탈근·현대담론과 생태담론 결합의 부당함을 지적하는데, 근본생태론을 생태담론 내 가장 전형적인 탈근·현대 담론이라고 본다.[8] 그가 비판하는 것은 근본생태론에서 나타난 탈근·현대의 이성에 대한 비판이 왜 이성에 대한 전면거부로 이어지는가, 인간중심성에 대한 비판이 왜 인간=생물이란 등식에 터한 생물중심성으로 전락하는가 그리고 지나친 상대주의화 과정이 과연 정치적으로 해결능력을 가지고 있는가란 물음을 중심으로 한 것이다.

물론 이와 관련하여 이런 맥락에서, 환경파괴란 관심에 의해 동기화되고 생태학에 기반하고 있는 비판적 사회이론은 탈근·현대적 기획과 결합한 생태담론이 현재 진행 중인 환경파괴에서 주된 원인군인 정치경제를 분석하

---

8) 물론 이와 관련하여, 근본생태론이 과연 탈근·현대담론 그 자체인가는 또 다른 물음이다. 이와 관련 Arne Naess(1997)를 참조하라.

는 데 취약하고, 지나치게 철학·이론적 논쟁에 빠지거나 지나치게 해체주의 경향을 보임으로써 '무 정치적'이거나 '반-정치적'이라고 말한다. "탈근·현대의 문화가 정치를 광대극으로 만들고 있으며 합리적 비판과 저항을 불가능하게 만든다."9) 나아가 이들은 반드시 근대화 기획의 부정적 측면에 대한 비판이 근대성 그 자체의 포기로 연결될 필요는 없다는 것이다. 하버마스, 기든스, 벡 등은 근대성이 생태적 상처를 치유할 수 있다고 주장한다. 이들에게 생태적인 관점 및 정치 그리고 탈근·현대의 기획 그 사이에 필연적인 연관관계가 있는 것은 아니다.

3. 근대의 그늘에서 벗어나는 방식 2: 성찰적 재귀성에 기반한 근대화

벡의 '위험사회론'은 근대성의 관점에서 근대성을 내재적으로 비판하고 재구성한다. 엄밀히 말해 그가 견지하는 근대성은 '새로운 근대성'이다.10) 이 새로운 근대성은 곧 새로운 근대화 모델을 말한다. 벡의 위험사회는 낡은 근대성이 파국적으로 자신을 드러낸 사회이고, 동시에 새로운 근대성으로 근대의 낡음을 혁신해가는 성찰적 재귀성에 기반한 근대화 과정이 잠재되어 있는 사회이다. 그래서 파국적인 환경위기의 등장이란 관점에서 근대성은 자신이 생산한 문제를 해결할 능력을 그 자체 안에 가지고 있다고 제안한다. 생태위기는 근대성을 보다 급진화함으로써 극복될 수 있다.

1) 단순근대화의 그늘: 위험사회

벡과 기든스는 근대를 일차근대(혹은 단순근대)와 이차근대로 나눈다. 위험사회란 단순근대화·산업화(이것은 을 의미한다) 과정에서 만들어진 위협과

---

9) Alan Gare, *Postmodernism and Environmental Ethics*, London: Routledge, 1995. p. 34.
10) 그에게 근대성, 근대화모델 그리고 근대사회의 원칙 등은 혼돈스럽게 사용되고 있다.

위험에 노출되어 있는 사회로 이 사회에서 사람들은 환경재난과 관련된 파국성을 일상생활로 안고 살아간다. 19세기 중반경 시작한 단순근대화 과정은 벡에게 서구적 진보 및 발전모델에 터한 사회변화 및 제도화과정으로, 이 제도들의 특징은 이미 기술한 바 있다.

이 위험사회의 특징은 파국적 생태재난으로 인해 폭발한 새로운 정치에서 시작한다. 이 새로운 정치는 기존의 국가 중심의 정치를 시민사회와 개인 수준에서 정치화·급진화시킨다는 점에서 아정치(subpolitics)이다. 이 위험사회의 산업사회의 정치의제인 부(goods)의 재분배가 아니라, 사회·생태적 '해악'(bads)의 재분배와 관련된 것이다. '산업사회'를 특성화하는 정치는 부, 소득 그리고 공식적 고용과 같은 재화의 생산 및 분배를 중심으로 하지만, 위험사회를 특성화하는 생태정치는 상실, 파괴, 위협등을 소재 한다.11) 이런 의미에서 위험사회의 정치는 산업사회의 노동과 자본 간 갈등에서 벗어나게 되고 '좌도 우도 아니게' 된다. 이런 좌우이념 대립을 넘어선 정치지형은 곧 녹색당의 슬로건 "우리는 좌도 우도 아니다. 다만 전면(the front)일 뿐이다" 이기도 하다.

산업사회 정치논쟁의 해결이 과학기술에 대한 신뢰와 단 하나의 합리성에 터하고 있었다면, 그런 의미에서 단기적 전망 가운데 수습 가능한 것이었다면, 위험사회의 정치논쟁은 과학기술 그 자체에 대해 회의한다. 그래서 벡의 위험사회에서 과학기술의 발전=사회진보란 단선적 등식은 파기되고, 근대 과학기술에 대한 두려움, 불신 등이 팽배해지고, 확실성보다는 불확실성이 지배하게 된다. 그렇다고 이 사회가 과학에 대한 단순한 거부로만 끝나는 것은 아니다. 공적 위험의식과 위험갈등은 과학에 대한 저항을 또 다른 과학(시민과학)의 등장으로 이끈다. 이 위험사회에서 과학적 지식은 더 이상 통합된 지식체가 아니라 파편화된 지식체임이 드러나고, 과학의 동질성은 사라지게 되며, 복수의 과학이 공존하게 된다.

---

11) 울리히 벡, 『정치의 재발견』, 문순홍 옮김(서울: 거름, 1998) 참조.

2) 성찰적 재귀성에 기반한 근대화

이 위험사회를 어떻게 넘어갈 것인가? 벡이 제시하는 것은 탈근대가 아니라 새로운 근대화 모델로 그는 이를 '성찰적 재귀성에 기반한 근대화'(reflexive modernization)라고 불렀다. 이 성찰적 재귀성에 기반한 근대화는 "산업사회의 과정 내 근대화가 산업사회의 원칙들의 근대화로 대체된다는 것"[12]을 의미한다.

벡에게 근대성의 핵심은 자기-회의이다. 이 자기회의는 근대철학의 아버지인 데카르트의 방법론적 회의주의에서 시작하고 몽테뉴에게서 가장 극명하게 드러난다고 본다. 새로운 근대화 모델은 다름 아닌 이 자기회의의 제도화를 의미한다. 그래서 그에게 근대화는 자기-회의(성찰성)를 제도화하는 것이고 "자의식화된 혁신과정"이다. 그래서 성찰적 재귀성이란 형용사를 근대화 앞에 첨가한다는 것은 사실 동어반복인 샘이다.

'성찰적 재귀성'에 기반한 근대화는 세 차원에서 진행된다. 개인 차원에서의 성찰적 재귀성은 개성화와 내적 민주화 과정으로 체화되는 과정을 의미한다. 제도 차원에선 "발전을 실현·진작시키는 전체 사회 그 자신의 제도들을 성찰하는 것이다." 위험사회에서 정치적 결정의 근거인 과학적 합리성이 깨어지고, 이런 과학기술에 대한 회의·불신은 기존 제도의 문제해결 능력에 대한 불신·회의로 이어지게 되고, 동시에 기존 제도는 자신의 무책임성을 노정시키게 된다. 이 위험사회에서 제도적 차원에 성찰적 재귀성을 적용하는 것은 기존 제도의 살해를 의미하고 동시에 시민사회 내 새로운 정치를 가동시키는 것을 의미한다. 비정치의 차원이던 시민사회에 성찰적 재귀성을 대입하는 것은 곧 사회가 민주적으로 자신의 발전 노선을 결정한다는 것, 민주적으로 사회진보를 조절하는 것을 말한다. 그래서 성찰적 재귀성에 기반한 근대화는 기실 정치의 근대화를 전제로 하거나 그 자체를 지칭하는 것이다. 정치적인

---

12) Ulrich Beck, *Risk Society*. 1992. p. 10.

측면에서 제도화된 자기비판은 "개인들이 스스로 숙고하는" 기회를 증가시키고, 산업적 진보에 대한 민주적 통제와 공적 책임성을 고양시키는 방향에서 제도를 혁신시킬 수 있는 기회를 만들어내는 것이다.

4. 성찰적 재귀성과 생태근·현대화론

이 성찰적 재귀성에 기반한 근대화 개념은 1985, 86년을 전후하여 형성되었다(울리히 벡은 이 개념을 1980년경에 사용하기 시작하였다고 말한다). 이 개념은 1980년을 넘어서면서 환경운동이 녹색당이나 녹색명단(green list)의 형식으로 의회 혹은 행정에 진출하고 구체적인 제도변혁에 관여하기 시작하면서 생태혁신론과 결합하게 되고, 이것이 생태담론 내 생태근·현대화론으로 자리 잡게 되었다.

1) 등장배경 및 내용

생태근·현대화론[13]은 1980년대 독일, 네덜란드, 영국을 중심으로 한 서유럽 선진국가들을 중심으로 등장하여 80년대 환경정책을 지배하는 이론이자 정책분석의 준거틀로 자리 잡게 되었다.

이 개념의 등장 당시, 서구 선진국가들은 관리적이고 사후적인 환경정책이 가지고 있는 고비용과 저효율성의 문제를 인식하면서 환경친화적이고 자원절약적인 기술혁신을 통해 경제적 효율성과 생태적 효율성을 동시적으로 추구하는 방안을 모색하고 있었다. 이들 국가들은 민주주의적이고 개방적인

---

13) 생태근·현대화론에 참여하고 있는 대표적인 학자들은 조셉 후버(Josep Huber)를 필두로 한 독일 학계, 예로 마틴 에니케(Martin Jaenicke), 우도 시모니즈(Udo Simonis), 호르스트 찔레슨(Horst Zillessen)의 1세대가 있고, 이후 2세대 젊은 학자층으로 마아틴 하이어(Maaten Hajer), 피터 크리스토퍼(Peter Christoff)등이 있다. 특히 독일을 중심으로 하는 논의는 문순홍, 『지속가능한 사회를 향한 생태전략』(나라사랑, 1995)을 참조하라.

정치체제와 좀더 발달하고 분화된 사회-환경적 하부구조를 갖추고 있으며, 국민들의 환경의식이 널리 확산되어 있고, 잘 조직화된 환경단체들이 활동하고 있음으로 해서 보다 급진적인 생태적 개선을 통해 환경문제 해결을 도모할 수 있는 조건들을 갖추었던 점 또한 이 개념의 등장과정에 중요한 기여를 한 것으로 평가된다.14)

생태근·현대화론은 환경문제의 구조적 특성을 인정하면서, 제기된 환경이슈를 기존의 정치·경제·사회제도의 틀 내부로 수용하여 환경보전과 경제성장의 조화를 도모한다는 점에 특징이 있는데, 이는 1990년대 환경정책의 변화에 좋은 시사점을 주었다. 특히 1992년 리우회의를 정점으로 '지속가능한 발전', '생태적 효과성'과 '생태적 효율성'(자원이용의 효율성, 폐기물 및 오염물질 배출의 최소화), 규제의 과부하 제거 및 행정효율의 극대화, 정책형성 과정에서의 과학기술과 새로운 행위자들(환경운동과 주민조직)의 역할에 대한 새로운 인식 등은 생태근·현대화론이 환경정책을 분석, 평가하는 중요한 이론적 자원으로 주목받게 하는 데 상당한 영향을 주었다.

이 생태근·현대화론 개념은 1982년경 예니케(Jaenicke)에 의해 처음 제기되어 1984년경 정치·행정적 분야에 적용된 이래 이 개념을 중심으로 한 사례연구들이 폭발적으로 등장하고 있다. 즉 1980년대 중반 이후 생태근·현대화론을 기반으로 독일, 네덜란드, 미국, 스웨덴, 덴마크, 일본 등의 선진국가들을 대상으로 한 경험연구들이 나오기 시작했으며, 1990년대 말부터는 아시아와 같은 개발도상국들을 대상으로 한 연구도 나오기 시작했다. 한편, 1997년 환경청의 회의에서는 생태근·현대화론을 21세기에 가장 주목해볼 개념들 중 하나로 지목하였다.

이러한 생태근·현대화론이 가지는 공통의 특징을 살펴보면, 첫째 환경파괴를 현실 제도적 구조하에서의 피할 수 없는 결과로 받아들이기보다는 사회-기

---

14) Sonnenfeld, D.A., 1999, Ecological modernization in East and Southeast Asian high performance economies, research proposal in the framework of the International Human Dimensions Program on Industrial Transformation.

술적, 경제적 개혁을 요구하는 도전 요소로 받아들이고 있으며, 둘째 환경적 개선을 위해 과학과 기술, 국민국가, 정치 및 시장과 같은 근대적 제도들을 변형시킬 것을 강조하고 있다.

2) 환경정책의 발전단계와 목표

환경정책은 "사회가 자연에 영향을 미치는 사회적 행위들을 규제하기 위해 고안된 목표와 수단의 총합이다"(이정전·안문선·김병완). 미야모토 겐이치(1994: 192)는 이를 더 세분화하여 "파괴된 환경을 복구하고 현재의 환경(자정능력, 자원, 종)을 보전하며, 현 세대와 미래세대 인간의 생명과 건강(기본필요와 생존)을 지키고, 삶의 질을 확보하기 위한 종합적 공공정책"으로 정의하였다.

생태근·현대화론은 이런 환경정책 영역들에 사회 전반의 발전 방향이 배태되어 있어야만 한다고 전제한다. 따라서 지속가능한 방향으로 나아가기 위한 환경정책도 약한 지속가능성에 터한 정책,15) 즉 기술혁신과 생태적 효율성의 제고를 지향하는 정책으로부터 강한 지속가능성, 즉 자연성·미래성·형평성에 근거한 사회 전체의 구조변화를 지향하는 정책에 이르기 까지 그 수준이 다양하다.

이 다양한 수준을 프리비츠(Prittwitz, 1990: 53)는 환경정책의 다섯 가지 발전단계로 유형화하였다. 그에 따르면 환경정책의 제1단계 목표는 파괴된 환경과 건강에 대한 보상 및 청결을 자신의 과제로 삼는다. 이 경우 국가는 직접적인 개입방식(국유화, 공유화, 청결시설 설치, 보상금 지급 등)의 정책적 도구를 택하는 경향이 크다. 제2단계는 쾌적한 환경의 질 확보를 목표로 하는 치유적 환경정책을 택하고, 제3단계에선 자원사용량과 오염물질 배출 사이에 상관성이 있음에 초점을 맞추어 오염부담을 분배하고 전체적인 자원사용량을 억제하는 데 역점을 둔다. 제4단계에선 경제크기 자체를 조절하기

---

15) 이 약한 지속가능성 개념은 신고전주의 경제학을 이론적 근거로 한다.

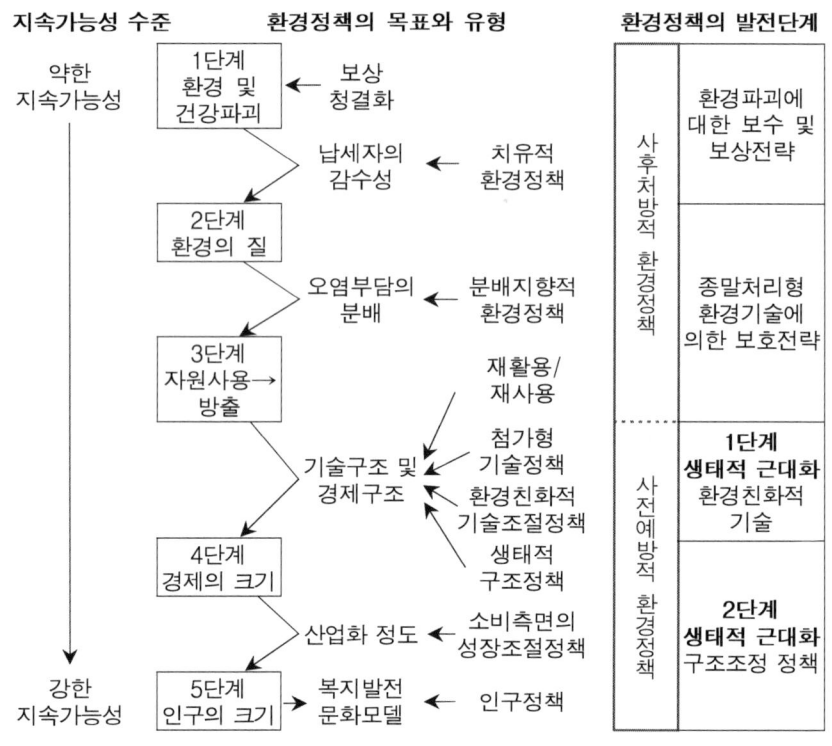

<그림 3-1> 지속가능성 수준별 환경정책 유형

위해 산업화의 방향조정과 동시에 성장위주의 문화에서 탈 물질적 문화로의 변동을 논제로 삼는다. 제5단계에서는 자연의 수용력과 인구규모가 보여주는 반비례관계에 초점을 두어 인구크기 자체를 조절하는 인구정책 그리고 이를 복지와 연결시키는 새로운 생태복지정책을 추구한다. 이런 목표에 따라 마틴 예니케(Jaenicke, 1988)는 이 사후적 환경정책에서 사전예방적 환경정책으로 이행하는 발전방향을 개념적으로 네 단계로 구분했다(그림 3-1의 우측 참조).

〈그림 3-1〉의 오른쪽을 참조하면, 지속가능한 사회로 가기 위해 환경정책

은 사후적 유형(1, 2 단계)에서 사전예방적 유형(3, 4 단계)으로의 이전 과정이 필요하다. 하지만 생태근·현대화론적 관점에서는 사전예방적 단계에서도 질적인 변환과정(3→4단계)이 좀더 중요하다고 보고 있다.16) 1차적인 이전 과정(즉 1, 2→3단계)은 세계화, 탈규제화, 민영화의 급속한 진행으로 국가의 조절 능력 자체가 약화되고 있는 상황에서 폭넓은 지지를 받고 있다. 왜냐하면 국가의 적극적인 개입을 통한 규제적 환경정책은 실효성이 결여되어 있으며, 사후적 처방에 치우침으로써 환경개선에 대한 효율성 또한 충분치 않음이 드러났기 때문이다. 특히 환경이슈로부터 압력을 경험한 경제계(주로 선진국을 중심으로 한 기업 또는 산업군)는 3단계로의 전환이 환경기술의 개발 및 환경산업 육성, 환경친화적 상품개발 및 생산공정, 자율적 환경개선 등을 통해 경제적 효율성과 생태적 효율성을 동시적으로 달성토록 해준다는 기대 속에서 이를 적극 수용하였다. 이런 3단계로의 이행 전략은 '기술혁신'으로서의 생태근·현대화론으로, 주로 우도 시모니즈(Simonis)와 짐머만(Zimmerman)의 논의를 참조해볼 수 있다.

그러나 '지속가능한 사회'로 가기 위해선 환경정책이 3단계에서 4단계로의 질적 도약을 하여야 한다. 이러한 약한 지속가능성에서 강한 지속가능성으로의 질적 도약은 생태근·현대화론을 친환경적 상품이나 기술의 개량(근대화의 지속)에 한정하지 않고, 기존 제도들의 생태적 재구조화(ecological restructuring)17)로 의미를 변형시킨 것이다.

3) 생태근·현대화론에 근거한 전략적 영역들

생태근·현대화론에 대한 전통적인 연구들은 기존의 프로그램화된 사회적 실천, 제도설계, 사회·정치적 담론들 내에서의 환경개선에 초점을 맞추고 있어, 사회구조적 변환보다는 환경파괴와 물질흐름의 경향을 물리적으로

---

16) 여기에서의 '변환'이란 체제 또는 구조라 불리는 사회의 기본 틀이 바뀌는 것을 말한다.
17) Martin Ryle, *Ecology and Socialism*(London: Radius, 1987).

전환시키는 것에 강조점을 두어왔다. 하지만 1980년대 중·후반 이후 생태근·현대화론을 주장하는 학자군 내에서 물리적 개선보다는 사회적·제도적 전환이 핵심적임을 강조하는 사람들이 늘고 있다.

현재 생태근·현대화론에는 다양한 가치체계들이 존재하고 있으며,18) 그 전략 또한 다양하다. 혹자는 이를 약한 생태근·현대화론 대 강한 생태근·현대화론으로, 혹자는 기술혁신론, 경제재구조화론, 제도학습과정론, 문화정치론의 차원으로 구분하기도 한다. 그러나 이 장에서는 지속가능성의 영역들을 고려하여, 생태친화적 사회발전 전략으로서의 생태근·현대화론을 다음과 같은 세 가지 영역으로 나누어 설명하고자 한다. 첫째, 성장모델에 대한 검토와 생태친화적 경제에 관한 것(경제 재구조화로서의 생태근·현대화론), 둘째, 정치패러다임의 변형(정치제도의 학습과정으로서의 생태근·현대화론), 셋째, 새로운 가치의 창출을 위한 대안담론들의 구성에 관한 것(문화정치로서의 생태근·현대화론)이다.

(1) 경제적 재구조화로서의 생태근·현대화론

경제적 재구조화로서의 생태근·현대화론에는 두 가지 논의의 흐름이 있다. 이 전략은 산업정책을 통해 경제구조를 친생태적으로 재구조화하는 전략과 새로운 대안경제의 육성전략으로 나누어 볼 수 있다. 그런데 이 전략은 경제관련적이면서 동시에 기술관련적이다. 왜냐하면 경제의 생태적 재구조화란 경제부문 간 조정을 의미하면서 동시에 부문 내 조정을 내용으로 하고, 부문 내 조정은 곧 기술혁신을 의미하기 때문이다. 또한 대안경제도 생태·문화적으로 적합한 기술의 선택을 중시하기 때문이다.

전자의 흐름에서 일련의 학자들의 논의는 생태근·현대화란 개념을 통해

---

18) 생태근·현대화론은 현대 산업사회들이 환경위기를 어떻게 다루고 있는지를 분석하는 데 초점을 맞추고 있는 만큼 산업구조의 변화를 다루는 산업생태학(Industrial Ecology)과 산업메타볼리즘(Industrial Metabolism)은 물론 기술 및 사회의 변화를 다루는 이론, 국가조절양식과 전략의 변화 및 신사회운동의 등장을 다루는 이론, 제도경제학 이론, 담론이론 등 다양한 분야의 학문들이 함께 결합되어 있다.

환경조정과 경제성장간 관계를 재개념화하는 것에 우선적 관심을 두었다. 그래서 생태근·현대화론은 가장 높은 환경기준이 시장적인 기제를 통해 발전될 수 있음을 강조하는 것, 환경의 외재성으로 인해 발생하는 실질적인 비용을 경제계획에 포함시키는 것, '무공해 녹색상품'에 대한 소비자 선호도를 강화하는 것으로 구성된 경제정책을 의미하였다.

이후 예니케와 그의 동료들은 경제의 생태적 수용력을 측정하기 위해 환경에 과부담을 주는 변수들, 즉 '원료 집중도'(특히 재생불가능한 자원), '에너지 집중도', '물 집중도', '토지사용 집중도', '수송 집중도', '방출 집중도', '쓰레기 집중도', '위험 집중도'를 선정하고, 오염다발 및 자원집중도가 높은 대표적인 산업인 전력산업, 시멘트산업, 철강산업, 비료산업, 제지산업, 알루미늄산업, 염소생산산업, 농약산업, 수송산업을 중심으로 동서구 32개국의 경제가 생태적으로 재구조화되는 과정을 측정하였다.

(2) 정치제도의 학습과정으로서의 생태근·현대화론

정치제도의 학습과정으로서의 생태근·현대화 논의는 정치 영역에서 '국가와 사회가 탈연계화되는 경향이 강화되고 있음을 전제로 한 것이다. 이 논의의 전략은 국가에 초점을 맞추어 정치발전을 이해하려는 논의 축과 국가가 아닌 사회적 행위자 측면에서 기존 정치근대화를 넘어서려는 논의 축으로 구성되어 있다. 특히 전자 전략의 기본 가정은 "지배적인 제도가 학습될 수 있다"는 것으로 이 학습은 의미 있는 변화를 야기할 수 있다는 것에 있다. 제도적 학습과정으로서의 생태근·현대화론은 "자연을 사회의 한 하위체계"로 인지하고, "생태적 합리성을 사회적 결정과정의 열쇠"로 간주한다.

이런 학습도는 환경정보의 개방성, 정책결정 과정의 투명성, 장기적 전망의 견지가능성, 정책결정 과정에의 참여가능성, 새로운 참여적 실천의 창출 가능성 등을 중심으로 측정되었다. 이 영역의 논의는 아래에서 논할 문화정치로서의 생태근·현대화론 중에서 새로이 등장·확산되고 있는 "담론의 제도화가능성"에 대한 것이다.19) 그런데 제도적 학습의 관점은 "소통을 개선하고 생태적 관점을 사고의 통합적인 부분으로 만들기 위해선 규모와 조직에서의 변화도 만들어내게 된다." 이 제도적 학습과정의 실재화 가능성은 문화정치로서의 생태근·현대화와 대안정치(포럼과 시민법정)의 실험에 달려 있다.

(3) 문화정치로서의 생태근·현대화론

문화정치로서의 생태근·현대화론에선 "생태근·현대화의 실천적 행위들이 상황지어져 있음(맥락화)"에 그 전략적 초점을 맞추고 있다. 여기에서 생태근·현대화는 "문화가 실질적으로 무엇인가"를 규정하거나 혹은 "무엇이어야 한다"고 요구되는 일련의 과정으로 나타난다. 그래서 이 문화정치적 접근법은 "몇몇 주요 환경정치의 이슈들과 이 이슈를 풀어가는 담론적 구성물 속에 숨겨져 있는 이해관계"를 드러내는 것이며, "특정한 발전시나리오가 선택될 때 그 근거가 객관적이지 않음"을 드러내 보여주는 것이다. 이런 시각에서 환경담론은 "다양한 행위자들이 언급한 '역사적으로 구성된 일련의 요구들'"로 구성된 것으로 파악된다. 이런 문화 프로젝트로서의 생태근·현대화론은 담론동맹을 연구함으로써 생태근·현대화 담론 뒤에 숨겨진 사회세력들을 밝히는 것이다. 그래서 문화정치로서의 생태근·현대화론은 환경정책의 과정에서 배제되거나 선택되는 사회과정을 재구성하는 것이며, 이런 배열을 역사·문화적으로 이해하는 것에 분석적 목표를 둔다. 이런 목표 하에서 문화정치로서의 생태근·현대화론에서 다루는 영역으로는 첫째, 정책적 논쟁 중에 있는 주요 사회집단들의 윤곽을 그리는 것(Discourse Coalition), 둘째, 지배적인 이야기-노선을 드러내고 이를 중심으로 한 정책적 논쟁의 차이를 대별시켜 보는 것(Story Line), 셋째, 각 집단들이 자신의 주장을 드러내는 전략적 방법론들을 살펴보는 것으로 구분할 수 있다.

---

19) 담론이 성공적일 경우, 이 담론은 사회에 뿌리를 내리기 시작한다. 행위자, 전통적인 합리화 방식, 제도, 조직적 행동방식, 이 담론의 제도화는 특정 담론의 재생산을 용이하게 해준다(Hajer, 1993: 46).

<표 3-1> 영역별 생태근·현대화론의 내용

영역들	생태근·현대화론의 내용
기술·경제	• 전통적인 치유적 해결방법에서 보다 사전예방적인 사회-기술적 접근으로 대체함 • 설계 단계에서 부터 환경적 관심을 반영시켜 기술과 조직을 혁신시킴 • 생태적 재구조화를 위한 사회적 담지체로서 경제적 행위자들(생산자, 소비자)의 역할을 증대시킴
정치·행정	• 하향적이고 위계적이며 명령과 통제를 통한 규제중심에서 분권화되고 유연하며 합의적인 방식으로의 국가관리체계를 변화시킴 • 사회내 공론의 장 활성화와 국가과제의 공동수행자라는 역할 지원 • 비정부부문 행위자들에게 보다 많은 참여기회를 제공하도록 제도를 설계함
사회·문화	• 생태적인 전환의 과정으로서 사회운동의 지위와 역할을 강조함 • 담화적 실천의 변화와 정치, 사회영역에서 새로운 이념의 등장을 강조

지금까지 나누어 설명한 생태근·현대화론을 영역별로 간략화한 것이 〈표 3-1〉이다.

5. 한국에서 생태근·현대화론 도입의 상황 및 필요성

한국에서 탈근·현대 논쟁은 1980년대 후반경 영문학자들 및 철학자들을 중심으로 수입·논의되기 시작하였다. 생태론으로 투영된 탈근·현대 논쟁은 환경위기 극복의 주체·행위자로서의 인간을 어떻게 해석할 것인가, 유기체적이고 연관적인 세계인식의 근거로 이성을 어떻게 받아들일 것인가 등의 물음에 대한 논의로 1995년 전후까지 지속되었다. 이 논쟁은 상호 파괴적이라기보다는 오히려 한국적인 성찰적 재귀성 논쟁으로 귀결되는 경향을 보여주었다. 이후 생태론과 탈근·현대 논쟁의 결합은 환경친화적 사회(마을만들기)에서 지방 대 중앙의 이분법, 국가(정부) 대 반국가(반정부)의 이분법의 자생적 극복 과정에 반영되었다.

제도 차원에서 이 생태근·현대화 논의는 지방자치단체들의 지방의제 21

수용·확산과정 그리고 OECD에의 한국 가입과 더불어 가속화될 전망이다. 1992년 OECD는 회원국들에게 환경성 평가를 의무화하였고, 이 차원에서 회원국인 한국은 1995년 OECD에 평가를 신청하였고 1997년 29개 회원국들 중 19번째로 환경성 평가를 마쳤다. OECD는 평가를 통해 여러 가지 지적을 하였다. 이중 주목해야 할 부분은 각 부처에 분산되어 있는 자연보전분야 업무의 제도적 합리화, 지속가능하고 환경친화적인 산림·농업·수산분야 정책의 수립, 에너지·교통·농업·재정 정책에의 환경정책 통합에 대한 권고이다.[20] 이 권고가 의미하는 것은 경제구조 및 사회 인프라 전반을 생태친화적으로 재구조화하는 것이다. 이런 재구조화는 현재 환경부 정책 방향에서 Eco-2 프로젝트 및 그린 GDP란 상징어로 표현되고 있다. 문제는 이 표현이 환경부가 아니라 바로 정부의 최고결정자나 부총리 급에서 나와야 한다는 것이다.

1995, 6년을 지나면서 정부와 민간의 파트너십이 강조되고, 이런 강조는 최근 몇 년 사이에 거버넌스(governance)란 개념으로 나타났다. 이 거버넌스 개념엔 여러 가지 정의와 시도들이 있지만, 그 핵심에는 정부와 민간이 공동의 정책결정자가 됨을 의미한다. 이의 전제는 정보의 공유 및 여러 행·정 인프라 개혁 그리고 문화의 변화이다.

이 문화변화에서 무엇을 우리에게 가장 중요하고 긴급한 환경문제로 정의할 것인가? 해결방향을 어디로 결정할 것인가? 국가의 발전방향을 어디로 정할 것이며 이를 누가 정당화할 것인가? 이런 물음에 객관적 정당성을 부여해주는 것이 이른바 과학담론인데, 이 과학담론 분화 현상이 한국사회에서도 나타나고 있다. 그 분화의 유형은 두 가지인데, 하나는 시민사회 내 기존과학자 집단에서 판단 근거가 되는 사실(fact)에서 나타나고 다른 하나는 서구과학과 민간과학 간 상이성에서 등장한다. 전자의 대표적 예가 수돗물불소화 논쟁과 생명공학기술 논쟁이며, 후자의 한 사례가 새만금 개펄과 관련된 어부들의 지역지식과 공식 학자들의 지식 간 대결이다.

---

20) 환경부, 『환경백서』(1998), 533-37쪽 참조.

참고문헌

문순홍. 『지속가능한 사회를 향한 생태전략』. 나라사랑, 1995.
문순홍 편. 『한국의 여성환경운동: 그 역사, 주체, 그리고 운동유형들』. 아르케, 2001.
안토니 기든스. 『포스트모더니티』. 이윤희 옮김. 민영사, 1991.
울리히 벡. 『정치의 재발견』. 문순홍 옮김. 서울: 거름, 1998.
환경부, 『환경백서』. 1998.

Barry, John. *Environment and Social Theory*. London: Routledge, 1999.
Beck, Ulrich. *Risk Society*. Sage Publications, 1992.
Frankel, Boris. *Post-Industrial Utopianists*. Madison: Uni. of Wisconsin Press.
Gare, Alan. *Postmodernism and Environmental Ethics*. London: Routledge.
Goldlatt, David. *Social Theory and Environment*. London: Routledge, 1996.
Ryle, Martin. *Ecology and Socialism*. London: Radius, 1987.
Sonnenfeld, D. A. 1999. Ecological modernization in East and Southeast Asian high performance economies, resarch proposal in the framework of the International Human Dimensions Program on Industrial Transformation.

제II부 생태정치의 실제

제4장
정부 정책의 지탱가능성 평가: 일회용품 관리정책 사례*

오늘날 일회용품은 소비생활수준의 향상과 외식산업, 여가 및 레저산업 등의 급속한 발달과 함께 생활 속에 깊숙이 자리 잡고 있다. 종이컵, 도시락용기, 기저귀, 나무수저, 면도기, 칫솔, 치약, 접시, 비닐봉투, 쇼핑백 등 대부분 생활 및 소비용품들로 구성되어 있는 일회용품들은 제품의 내구성보다는 소비의 편리함과 폐기의 용이성에 초점이 맞추어져 있다. 더구나 소비주의 문화의 확산과 신소재기술의 발달은 일회용품의 사용을 그 범위와 정도에서 증대시킬 것으로 전망되고 있다.

그런데 일회용품은 반복 사용이 가능한 다회용품과는 달리 상품 주기가 극히 짧아 그 생산과 소비가 확산될 경우 자연자원과 생태계에 대한 부담을 가중시켜 지탱가능한 사회를 형성해 나가는 데 커다란 장애요인으로 작용할 것이다. 따라서 지탱가능한 사회로 가기 위해서는 일회용품 문제를 단순한 폐기물 처리 차원의 문제가 아니라 자원절약의 문제로 접근할 필요가 있다. 일회용품 생산 및 사용의 억제를 통해 사회 전체의 자원관리 및 이용의

---

* 문순홍·정규호, "생태근대화론으로 분석한 우리나라 일회용품 관리정책,"『현상과 인식』 제24권 3호, 2000.

건전성과 효율성을 높이기 위한 사전 예방적이고 통합적인 관리정책이 필요하며, 이러한 정책은 생산이나 유통, 소비영역의 어느 한 주체의 노력만으론 달성 불가능한 사회구조 전체의 질적 전환을 요구한다.

우리가 추구하는 지탱가능한 사회는 인간과 자연 간의 복잡한 상호작용과 생태계 자체가 가지는 기능적인 역동성 그리고 정책대상과 이를 둘러싼 사회제도적인 환경 전반을 종합적으로 고려하여 정책목표와 내용, 과정 자체를 설계하고 이를 실현하기 위한 정책적인 노력 속에서 실현 가능할 것이다. 오늘날 일회용품 사용의 범람은 해당 사회체제의 구성적 산물이다. 일회용품 관련 문제들을 정책대상의 문제로 제한하는 것은 문제의 본질을 보지 못하는 것이다. 지탱가능한 사회를 지향함에 있어 일회용품 관련 문제는 정책대상을 둘러싼 사회체제 전반과 관련된 것으로 일회용품과 관련한 정책목표와 내용 및 과정 등 정책구성논리 전체를 지속가능성의 관점에서 진단해 볼 필요가 있다. 이러한 관점에서 1980년대 이후 서구에서 사전 예방적이고 통합적인 환경정책의 이론적 논거로 주목받고 있는 '생태근대화론'(ecological modernization)은 사회체제 전반의 '생태적 재구조화'(ecological restructuring) 문제를 다루고 있다는 점에서 시사하는 바가 크다고 할 수 있다.

이 글은 생태근대화론이 제시하고 있는 지탱가능한 환경정책의 발전단계와 지탱가능성 원칙을 적용하여 우리나라의 일회용품 관리정책을 분석·평가하고자 한다.

1. 지탱가능성 개념에 대한 검토와 평가기준

1) 지탱가능성 개념의 정의 및 원칙

인류가 현재 당면하고 있는 환경문제는 단순히 생활환경의 오염문제라는 차원을 넘어 지구 생태계의 교란을 가져옴으로써 인류 전체의 생존 자체를 위협하고 있는 문제로 인식되고 있다. 이러한 상황에서 1987년 『우리 공동의 미래』(Our Common Future)[1]를 통해 공식적으로 제안되고 1992년 리우회의를 거쳐 전세계 발전과정을 재정향화하는 역할을 부여받은 '지탱가능성' 개념은 우리에게 시사하는 바가 크다. 이 절에서는 사회발전과 밀접한 정책들의 지탱가능성을 평가할 기준으로서의 원칙들을 이 보고서에 담긴 내용들을 중심으로 분석하여 도출하고자 한다.

『우리 공동의 미래』에서는 지탱가능한 발전을 '인간들 간의 조화 그리고 인간과 자연 간의 조화를 촉진하는 것'(WCED, 1987: 65)으로 보고, "미래 세대의 욕구를 충족시킬 수 있는 능력을 위태롭게 하지 않고 현 세대의 욕구를 충족시키는 발전"(Ibid: 43)으로 정의하고 있다. 이 '지탱가능한 발전' 개념을 좀더 세부적으로 분석해보면 다음과 같은 세 가지 원칙을 담지하고 있음을 알 수 있다. 먼저, 이 보고서에서는 현재의 시점을 살아가는 세계인들 모두가 생존과 삶의 질을 충족시킬 권리를 공평하게 가지고 있음을 분명히 함으로써 '세대내 균형'(형평성)을 강조한다.[2] 이것이 지탱가능성의 첫 번째 원칙이다. 또한 생존·삶의 질에 대한 권리는 현세대에만 머물지 않고 미래세대로까지 확장되어야 하는데 이는 '세대간 균형'(미래성)을 의미한다. 이것이 지탱가능성의 두 번째 원칙이다. 이렇게 형평성이 확장되는 과정에 인간과 자연의 적절한 균형과 조화가 이루어져야 하는데 이는 '생태적 균형'(생태성)에 해당된다.[3] 이것이 지탱가능성의 세 번째 원칙이다. 이들 세 가지는 지탱가능성을 구성하는 핵심 원칙들로서 어느 하나도 소홀히 할 수 없다.[4]

---

1) 이 책은 1986년 일명 「브룬트란트 보고서」(Brundtland Reports)로 WCED에 제출된 바 있다.
2) 세대내 형평성은 특히 레드클리프트(Redclifft)가 지탱능성을 비판하면서 강조하는 원칙이다 (1987).
3) 특히 생태적 형평성은 세계자연보호헌장에서 강조된바 있으며 아담스(Adams, 1991)는 이를 녹색발전의 중요한 영역으로 논하고 있다.
4) 『우리 공동의 미래』에서는 이 세 원칙들을 동시적으로 추구하기 위한 준거로서 '기본 필요'(basic needs)의 문제를 다루고 있다. 즉 현 세대의 평등한 생존과 삶의 질 충족을 위해서는 세계의 가난한 사람들이 가지고 있는 '기본 필요'에 일차적 우선순위를 부여해야 하며, 이러한

지탱가능한 발전이란 지탱가능성 원칙들을 사회발전의 전 영역으로 확장·적용할 때 확보 가능해진다. 이는 지탱가능한 발전이 기존의 현세대·서구·인간 중심의 양적 성장에서 포괄적인 사회의 질적 발전으로 전환되어야 함을 의미한다. 여기서 포괄적이라 함은 '현세대 인간'뿐만 아니라 '미래세대'와 '자연'을 중요하게 고려하면서 경제, 사회, 문화, 정치, 행정, 과학기술 등 사회의 제반 영역을 포함하고 있다.5)

2) 지탱가능성의 수준 및 평가기준

'지탱가능성'은 상충하는 개념으로 인식되었던 '환경보존'과 '경제성장'을 조화한 개념으로 주목받아 왔다. 하지만 이 개념 속에는 앞에서 살펴본 지탱가능성 원칙들을 중심으로 여러 이해관계 및 가치들이 경합·공존하고 있는 만큼,6) 지탱가능성은 엄밀하게 규정될 수 있는 '하나의 개념'이라기보다는 경합적인 입장들로 구성된 '담론'으로 보는 것이 더 정확할 것이다(Dryzek, 1997: 125).7) 따라서 객관화된 '지표' 또는 '지수'의 개발을 통해 지속가능성

기본필요를 넘어서는 생산 및 소비활동은 자연의 한계성과 미래세대의 필요를 해치지 않는 범위에서만 인정되어야 한다는 것이다.
5) 『우리 공동의 미래』에서는 시민들이 결정과정에 효율적으로 참여하는 '정치체제', 자립적이고 지속적인 토대 위에 잉여와 기술적 지식을 생산할 수 있는 '경제체제', 조화롭지 못한 발전에서 야기된 긴장을 해결할 수 있는 '사회체제', 발전을 위해 생태적 기반을 지속시키는 '생산체제', 지속적으로 새로운 해결을 추구하는 '기술체제', 무역과 재정의 지속가능한 패턴을 강화하는 '국제체제', 자기수정 능력을 가지고 있는 융통성 있는 '행정체제' 등 7가지를 지속가능성 영역들로 제시하고 있다(WCED, 1987).
6) 저먼과 제이콥스(Germmen, B. and Jacobs, J.)는 지탱가능성 개념을 둘러싼 이해의 다양성과 갈등적 현상들을 두고 '지탱가능성 딜레마'(sustainability dilemma)로 표현하고 있다(1997: 315).
7) 지탱가능성 개념이 담론적 성격을 가지고 있음은 다른 측면에서도 지적될 수 있다. 그 한 측면은 지탱가능성이 전제하고 있는 시간범주를 해석하거나, 지탱가능성을 측정할 수 있는 기준을 선택함에 있어 학문 분야 및 개별 사회마다 차이를 보일 수밖에 없다는 점이다. 다른 측면은 인간의 자연 개입 정도를 제한하기 위한 생태적 한계의 기준 설정 역시 생태계 자체가 요동치는 항상성을 가지고 있다는 점에서 시기마다 지역마다 끊임없이 변동하고

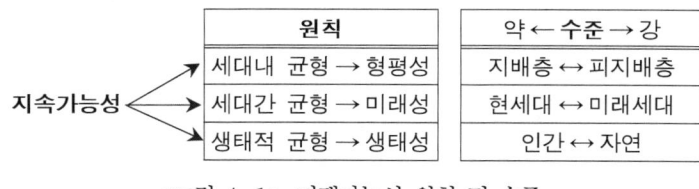

<그림 4-1> 지탱가능성 원칙 및 수준

정도를 측정·평가하고자 한다면 이는 현실의 지나친 단순화를 통한 환원주의적 오류를 범할 가능성이 크다.

'지탱가능성'은 현상유지적이고 체계내적인 '약한 지탱가능성'(weak sustainability)으로부터 미래·생태지향적이고 체제변혁적인 '강한 지탱가능성'(strong sustainability)에 이르는 스펙트럼으로 이해되어야 하며, 여기에도 다양한 수준들이 있는 것으로 보아야 한다(Hediger, 1999: 1122-123). 이런 맥락에서 지탱가능성에 대한 측정 및 평가는 강한 지탱가능성과 약한 지탱가능성 사이에서 현실사회의 조건을 고려하여 그 노력의 수준 및 변화의 방향을 진단하는 것이 더 적절할 것이다. 이는 지탱가능성 평가가 지탱불가능성을 야기한 불균형에서 지탱가능성을 향한 균형점으로 이동하는 과정에 중점을 둠을 의미한다. 이러한 관점에서 이 글은 지탱가능성 개념에 대한 분석을 통해 <그림 4-1>과 같은 지탱가능성 원칙과 수준을 도출하여 평가기준으로 활용하고자 한다.

2. 생태근대화론의 관점에서 본 정책단계화 및 평가영역들

환경정책의 발전단계 및 목표에 대한 검토와 함께 지탱가능성을 위한 정책평가의 전략적 영역들을 구축함 있어, 생태재구조화(ecological restruc-

---

있다는 점이다(Ekins, 1993; Sachs, 1993; Worster, 1993).

turing)를 핵심내용으로 하는 생태근대화론은 시사하는 바가 크다.

이 생태근대화론은 독일, 네덜란드 등 서구 유럽에서 등장하였고 이후 환경정책의 이론이자 정책분석 준거틀로 자리 잡았다(Jaenicke, 1993; Hajer, 1996: 247).[8]

3. 우리나라 일회용품 관리정책에 대한 분석·평가

1) 일회용품 관리정책의 의의와 추진현황

우리나라가 지탱가능한 사회로 나아가는데 있어 일회용품 관리정책은 다음과 같은 점에서 매우 중요한 위치를 차지하고 있다.

먼저, 일회용품으로 인한 폐기물 발생량은 연간 약 38만 톤으로 280억 원 규모의 쓰레기 처리비를 발생시키고 있다. 한편 일회용품의 재활용율은 다른 폐기물에 비해 극히 낮아 매립 및 소각처리 과정에서 토지자원의 낭비가 심하다. 이처럼 부존자원이 빈약하고 자원 대부분을 수입에 의존하고 있는 상황에서 일회용품의 범람은 엄청난 자원낭비를 가져옴으로써 사회 전체의 지탱가능성을 저해하고 있다. 따라서 자원이용의 효율성을 높이는 방향으로 구조전환이 일어나기 위해서는 폐기물 정책의 새로운 변화가 필요하며, 이러한 측면에서 일회용품 관리정책이 차지하는 역할이 크다 할 것이다.

다른 측면에서 일회용품 사용의 일상화는 자원 낭비적인 생활양식의 확산으로 국민 환경의식에 악영향을 주고 있음을 들 수 있다. 현재 고속도로상이나 공공시설 주변에서 발생하는 쓰레기 무단투기의 주요 대상물이 바로 일회용 폐기물이라는 점은 이러한 사실들을 확인시켜 준다. 따라서 지탱가능한 사회를 위한 사회문화적인 기반조성을 위해서는 환경문제에 대한 일상 생활

---

8) 생태근대화론의 자세한 내용에 대해서는 3장 3, 4절을 참조하라.

인들의 도덕·윤리적 불감증을 가져오는 일회용 문화의 확산에 대한 근본적인 대책이 필요하다.

또한 일회용품 사용 및 폐기 과정에서 발생하는 환경문제도 심각한데, 일회용 폐기물에는 비닐봉투, 쇼핑백, 스티로폼 용기 등 재활용이 곤란한 합성수지 재질이 대부분을 차지하고 있어,[9] 사용과정에서 내분비계장애물질(환경호르몬)이 발생하거나 매립 및 소각 처리시 다이옥신 같은 유독성 물질 발생으로 2차 환경오염문제를 일으킨다는 점이다.

이처럼 일회용품 사용 및 폐기로 인해 발생하는 문제에 효과적으로 대응하기 위해 정부는 1994년 3월 '자원절약과 재활용촉진에 관한 법률'(이하 '자촉법')에 일회용품 규제와 관련한 법적 근거를 마련하고 일회용품 사용을 규제하는 정책을 시행해오고 있다. 그러나 일회용품 관련 제조 및 이용업체들은 물론 일회용품에 익숙해진 국민들의 소비양식은 쉽게 변화되지 않은 것으로 나타났다. 1994년 3월부터 시행된 일회용품 규제제도가 적용대상에서 일부사업에 국한되고 이행수단도 미약하여 일회용품 억제에 한계가 있었다. 특히 1995년부터 전국적으로 실시된 쓰레기 종량제는 생활폐기물의 발생량 감소와 재활용률을 높이는 가시적 성과를 거두었으나, 난분해성이고 재활용이 어려운 비닐봉투, 스티로폼 등 합성수지폐기물의 발생량은 오히려 증가시켰다.[10] 이는 폐기물 성상의 질을 환경적으로 개선시키는 데 커다란 장애요소로 작용하였다. 이처럼 배출자 스스로 자신이 배출하는 쓰레기 양을 직접 체험함으로써 쓰레기 감량을 위한 생활양식의 변화를 자발적으로 유도하려는 것이 종량제의 본래 취지인데,[11] 이것이 일회용품의 범람으로 퇴색된 것이다.

---

9) 우리나라의 경우 하루 평균 2,166톤의 합성수지 폐기물이 발생되는데 생활폐기물의 경우 전체의 4.3%를 합성수지 폐기물이 차지하고 있으나, 일회용품 폐기물에서는 56.1%를, 포장폐기물 중에는 18.9%를 차지하고 있다.

10) 당시 매장 등에서 무상으로 제공되던 비닐봉투들이 쓰레기 이중포장의 도구로 활용되어 종량제 쓰레기 봉투속에 평균 7~8개, 많게는 20여 개씩 넣어 버려짐으로써 비닐봉투 사용량이 37% 정도 증가된 결과를 가져왔다.

11) 이번송 등, 「쓰레기 종량제의 평가 및 개선방안」, 서울시정개발연구원(1996), 11-2쪽.

이러한 연유로 쓰레기 처리의 주요 주체인 지방자치단체들은 쓰레기의 증가, 매립 및 소각처리의 어려움을 들어 일회용품 규제강화를 건의하였으며, '쓰레기문제 해결을 위한 시민단체 협의회'(이하 '쓰시협')12)를 비롯한 시민단체들 역시 일회용품 줄이기를 활동의 주요 과제로 선정하여 정부의 강력한 대책을 촉구하였다. 한편 광주의 빅마트 등 일부 민간유통업체에서 정부보다 앞서 비닐봉투 환불제, 쿠폰제 등을 자율적으로 시행하여 큰 성과를 거두고 있는 사례들이 발견되었다.13)

이러한 여건변화는 정부로 하여금 일회용품 관리 문제에 좀더 효과적으로 대응하기 위한 관련법과 제도들을 개선할 필요성을 인식하게 하였으며, 결국 1999년 2월 '자촉법'의 시행규칙을 강화하기에 이르렀다. '자촉법'의 시행규칙 개정을 통한 일회용품 사용규제강화 제도의 특징을 살펴보면, 먼저 규제업종 측면에서 기존의 10평 이상의 음식점을 모든 음식점으로, 60평 이상의 매장을 10평 이상의 매장으로 확대하였다. 또한 규제대상에서도 패스트푸드점을 포함시켰고, 기존의 합성수지 봉투 및 쇼핑백 사용규제를 일회용봉투 및 쇼핑백으로 확대하였으며, 별도 장소에서 쇼핑백을 제공하는 것을 예외로 하던 것을 고객이 원할 경우 유상으로 쇼핑봉투를 판매하도록 하였다. 또한 기존에는 1차 권고에서 2차로 6개월간의 이행명령 기간을 거쳐 3차에서 과태료(3백만 원)를 부과하였는데, 개정된 내용에서는 1차에 3개월간의 이행명령을 거쳐 2차에서 과태료를 부과하도록 함으로써 위반시 제재절차를 단순화하여 제재를 강화하였다.

이러한 정책의 추진 결과에 대해 정부는 10평 이상의 매장에서 봉투와 쇼핑백의 사용량이 62.6% 감소하였으며, 봉투제작비와 쓰레기 처리비용

---

12) '쓰시협'(쓰레기 문제 해결을 위한 시민운동 협의회)은 쓰레기 문제 해결을 목적으로 1997년 10월 창립되어 전국 각 지역의 약 260여개 시민단체들이 참여하여 활동하고 있는 조직이다.
13) 광주 빅마트의 경우 1997년부터 '쇼핑봉투 보증금제도'를 시행하여 98년 한해 쇼핑봉투의 96% 절감효과로 연 2억 상당의 비용을 아껴 이를 사회에 환원함으로써 기업 자발성에 기초한 모범사례로 주목받았다. 이에 대해서는 마석훈, "일회용품 사용 절감운동의 성과와 과제", 환경부, 「국민과 함께 하는 폐기물 행정을 위한 민·관합동연찬회」(2000), 106쪽 참조.

등 연간 920억 원의 절감효과가 나타난 것으로 평가하였다. 또한 패스트푸드점에서는 일회용 용기를 회수, 재활용하여 쓰레기 발생량이 25.1% 감소하였고, 합성수지폐기물의 감소로 쓰레기 성상이 환경친화적으로 변화하였으며, 장바구니 사용의 증대 등 국민의 환경친화적 생활양식이 정착되는 효과를 거둔 것으로 발표하였다.[14]

하지만 정책의 이러한 가시적 효과가 장기적으로 지속되고 지탱가능한 순환형 사회로 나아가는 데 실질적인 역할을 할 수 있는지에 대해서는 좀더 치밀한 연구와 분석이 요구된다. 이는 평가대상 정책이 내용과 과정 측면에서 지탱가능성을 실질적으로 보장하는지를 평가하기 위해서는 정책의 단기적 성과에 대한 평가와는 차원이 다른 영역들, 즉 경제와 기술, 사회, 문화, 제도적 측면들이 정책결정 및 집행과정의 맥락에서 어떻게 작동하고 있는지에 대한 물음들이 제기되어야 하기 때문이다.

2) 일회용품 관리정책에 대한 분석·평가

(1) 정책목표의 지탱가능성 평가

생태근대화론에서 검토한 환경정책 발전단계에 비추어 볼 때, 폐기물관리 정책의 목표는 다음과 같이 구분할 수 있다.

<표 4-1>의 폐기물 관리정책의 단계화는 강한 지탱가능성을 지향점으로 한다. 앞에서 언급하였듯이 강한 지탱가능성은 강한 미래성, 강한 형평성 그리고 강한 생태성을 내용으로 하고 있다. 이에 터해 1992년 자촉법이 제정된 이후 1999년 2월 자촉법 시행규칙을 개정과 그해 6월 일회용품 사용규제를 강화하는 입법예고가 이루어지기까지의 우리나라 일회용품 관리정책의 정책목표들을 분석해보면 다음과 같다.

먼저, 강한 지탱가능성은 사회 전반의 변화를 전제로 하고 있어 단기

---

14) 환경부, 「일회용품 규제정책 추진현황 및 향후대책」(1999ㄱ).

<표 4-1> 폐기물 관리정책의 발전단계 및 목표

발전단계	사후처방적 정책		사전예방적 정책	
	1단계	2단계	3단계	4단계
정책목표	• 매립 및 보상 정책 - 폐기물 발생 및 배출로 인한 위해성 해소	• 소각정책 - 폐기물의 효과적인 처리	• 재활용 및 재사용 정책 - 생산, 유통, 소비과정에서 폐기물의 재이용(재활용 및 재사용) 체계구축	• 감량 및 최소화 정책 - 저소비문화체계 구축 - 생산공정 개선 및 산업구조 전환

시간대보다는 장기 시간대에 더 친화적이다. 따라서 장기적인 전망 하에서 정책목표의 지속성이 확보되는 것이 '미래성'의 원칙에서 볼 때 더욱 바람직하다. 이러한 관점에서 일회용품 관리정책은 폐기물 관리정책 전반이 사후처방에서 사전예방으로 이동하는 데 중심역할을 차지하고 있으며, 일회용품 사용규제 대상영역, 즉 규모나 업종을 확장시키는 방향으로 정책목표치를 상향 이동시켜 옴으로써 높은 수준의 미래성을 내포하고 있다고 볼 수 있다. 이는 특히 일회용품으로 사용된 후 폐기되는 것들 대부분이 자연상태에서의 분해속도가 느리다는 점에서,[15] 일회용품 사용규제 노력은 미래세대의 부담을 덜어준다는 점에서 의미가 크다. 한편 정책목표의 미래성은 구체성과 결합되어야 지탱가능성 원칙들이 실천력을 가지고 발현될 수 있다는 점에서 일회용품 관리정책이 강한 지탱가능성을 담보해내기 위해서는 사회·경제·기술적 여건을 종합적으로 고려하여 정책목표를 더욱 세분화, 구체화할 필요가 있을 것이다.

한편, 정책목표의 '형평성'은 해당 정책의 수용성과 직접 관련이 있는데 우리나라 일회용품 관리정책은 규제 대상에서 예외조항이 많아 형평성 정도

---

[15] 일회용 폐기물들이 자연 상태에서 분해 되는 시간을 살펴보면 나무젓가락이나 일회용 컵의 경우 약 20년, 비닐종이는 30년, 가죽제품은 50년, 종이기저귀나 칫솔은 약 100년 이상 걸리며, 유리병이 재이용되지 않고 폐기될 경우는 자연분해에 약 1000만년이 걸린다고 한다. 환경부, 「1회용품 사용규제 대책: 1회용 봉투·쇼핑백을 중심으로」(1999ㄴ).

가 미약하며, 정책관련 비용부담과 편익 당사자들에 대한 구체적인 파악과 이들 간의 협의 및 조정과정 역시 결여되어 있다. 또한 규제대상으로 주로 소비와 유통과정에 포함된 주체들에 초점을 맞춤으로써 상대적으로 이를 생산하는 업체로부터 소비자들로 그 부담을 전가하는 결과를 낳게 된 점도 문제라 할 수 있다. 그리고 합성수지용기의 사용 규제로 인한 경제압박이 상대적으로 대체기술 개발 능력이 미비한 영세생산업체에 가중되었으며, 유통업체에 대한 규제의 강도 역시 대형할인점에 비해 상대적으로 열악한 소형매점들에 더 강하게 영향을 주는 결과가 나타나게 되었다. 이러한 형평성의 결여는 정책목표 자체가 가지고 있는 취지에 대한 사회적인 합의 형성에 장애요소로 작용하고 있다.

정책목표의 '생태성' 측면에서 일회용품 관리정책은 자연자원과 생태계에 대한 사전예방적 관리라는 차원에서 명목상 강한 지탱가능성을 내포하고 있다. 다만 이러한 정책목표를 달성하기 위해서는 기존 환경부 중심의 협의의 환경정책 체계를 벗어나 경제와 사회영역을 포괄하는 광의의 환경정책 체계가 갖추어져야 할 것이다. 그 필요성은 일회용품 관리정책목표의 변화과정을 세부적으로 살펴볼 때 환경부가 설정하고 있는 정책목표의 단계적인 상향조정이 경제적·정치적 여건에 따라 굴곡과정을 겪고 있다는 점에서 잘 나타난다.16) 그 과정에는 1997년부터 우리나라가 당면한 IMF 관리체계라는 특수한 사정도 작용하였지만 일회용품 관리정책이 소비와 유통부문에 초점을 맞춘 규제의 틀을 크게 벗어나지 못하여 생산영역 전반의 생태재구조화를 정책목표로 적극 고려하지 못한 점도 주요 원인으로 평가된다. 그나마 일회용폐기물 관리정책이 1999년 이후 뿌리를 내리게 된 데는 '쓰시협'과 같은 시민사회의 선도적인 역할이 큰 역할을 한 것으로 평가된다.

---

16) 1995년 2월 '자촉법'에 일회용품 규제관련 내용이 포함된 후 합성수지용기, 특히 합성수지도시락용기 사용제한을 둘러싸고 1998년 6월 환경부가 '자촉법' 시행령 강화안을 제시하기까지 3차례의 연기와 행정규제개혁위원회에 의한 규제완화 요구 등에 직면했으며, 결국 이 시행령 강화안도 1998년 10월 규제개혁위원회를 거치면서 상당부분 완화되어 1999년 2월 '자촉법' 시행규칙이 개정되었다.

(2) 정책내용의 지탱가능성 평가

정책내용에 대한 평가는 선택된 내용들이 과연 지탱가능성을 그 사회에 증대시켰는가를 중심으로 이루어져야 할 것이다. 따라서 만일 생태성, 미래성, 형평성이 과거의 정책에 대비해서 증대되었다면 이는 지탱가능성이 담지된 정책이라 볼 수 있을 것이다. 즉 정책내용의 적용대상이 소비에서 유통과 생산으로 확장되고 각각의 영역을 구성하는 다양한 이해관계 집단들로 확대되었다면, 이는 일단 형평성 원칙의 필요조건을 충족시킨다고 볼 수 있다. 또한 정책내용의 생태성과 미래성은 생태 효과성과 생태 효율성으로 나타나는데, 만일 이 정책내용이 자연의 수용력을 해치지 않고 폐기물의 집중도와 위험집중도를 감소시키는 것이라면 이는 생태성이 담지된 것이라 할 수 있으며, 자연자원을 사용하는 양의 측면에서 원료사용 집중도와 에너지·물 사용집중도 그리고 수송집중도가 감소한다면 이는 미래성이 담지된 것으로 판단할 수 있다.

'미래성'의 관점에서 일회용품 관리정책의 내용을 살펴보면, 현재 정책을 통해 자원의 재이용을 위하여 제품의 재질에 선별분류가 용이하게 적절한 표기가 이루어지고 있으며, 제품 재질의 환경적 위해성 고려와 재질을 재사용과 재활용에 적합하게 단순화하기 위한 노력과 함께, 특히 포장용기의 재사용 여부에 대해서도 정책적 노력들이 이루어지고 있다는 점에서 미래성을 담보하고 있다고 할 수 있다.17) 또한 주 이용계층이 10대 청소년인 패스트푸드점을 규제대상에 포함시킨 점은 일회용품 사용문화를 미래적 관점에서 개선시키는 데 그 의미가 크다고 평가할 수 있다. 하지만 강한 지탱가능성으로 가기 위해서는 생산제품의 구조는 물론 환경친화적인 설계(Design for Environment, DfE) 개념을 도입하여 생산공정 자체의 질적인 개선이 이루어져야 한다.18)

---

17) '자촉법' 제15조에 의한 '제품의 포장방법 및 포장 재질 등의 기준에 관한 규칙' 제7조 제1항에 의하면 '포장용기를 재사용할 수 있는 제품의 생산량이 당해제품 총 생산량의 10~50% 이상이 되도록 노력한다'라고 명기함으로써 포장용기의 재사용, 즉 리필제품의 생산을 권고하고 있다. 물론 이러한 리필제품의 품목이 화장품이나 세제류 용기에 제한적으로 적용되고 있는 점은 해결해야 할 과제로 남아있다.

즉 생산제품의 구조 측면에서 볼 때 제품의 내구성 강화로 제품수명이 증가되어야 하며, 분해 및 조립이 용이하도록 제품이 설계되어야 하고, 재료와 재질 간의 분리가 용이하여 재활용이 수월하도록 해야 한다. 또한 제품의 표준화로 호환성을 높여 수선(repair) 및 재사용(reuse)율을 높일 수 있어야 한다.19) 이러한 관점에서 볼 때 현재의 정책내용 상당부분이 여전히 최종 소비자의 이용행태 변화에 초점을 맞추고 있어 소비영역과 유통영역에서 생산영역으로 단계적 발전을 하지 못하고 있는 실정이다.

한편 정책내용의 '형평성'은 정책 대상자들 모두에게 부담과 혜택이 공평하게 돌아갈 수 있도록 정책내용이 고안되었는가라는 질문을 제기함으로써 평가가 가능하다. 현재 일회용품 관리정책에서 소비행태를 변화시키기 위해 다양한 규제와 경제적인 유인책을 시행하고 있는데, 이것이 정책대상자들에게 차등적으로 영향을 줌으로써 형평성 차원의 문제가 발생하고 있다. 예를 들어 일회용 봉투 무상 제공을 억제하기 위한 '유상판매', '쿠폰제', '환불제' 등의 유료화 방식들은 각각 소비자와 유통업자, 생산자에게 차등적으로 비용부담을 전가시키고 있다. 또한 규제 측면에서도 1999년부터 시행되고 있는 '자촉법'에서 합성수지제를 사용하고 있는 일회용 도시락용기는 규제대상에 포함시키고 있으면서 동일한 재질을 사용하고 있는 장기유통용 밀봉포장 및 분해성 합성수지용기에 대해서는 예외대상으로 지정함으로써 형평성을 해치고 있다. 이러한 정책내용상의 형평성 상실은 일회용품 관련 업계와 정책을 추진하는 정부 간의 심각한 갈등의 원인으로 작용하고 있다. 양측의 주장을 좀더 살펴보면 먼저, 일회용품 관련 영세업계에서는 "대기업의 컵라면이나 즉석밥 용기는 규제대상에서 제외한 점이나 1998년 시행령 강화 안에

---

18) 허탁, "가전제품의 재활용 활성화를 위한 방안", 쓰레기문제 해결을 위한 시민운동협의회 주최, 폐기물 감량화를 위한 자동차·가전 부품의 표준화 및 재활용 활성화를 위한 간담회 자료집(1998).

19) 이호중, "자동차, 가전제품 부품의 표준화 및 재활용 현황과 향후 정책방향", 쓰레기문제 해결을 위한 시민운동협의회 주최, 폐기물 감량화를 위한 자동차·가전 부품의 표준화 및 재활용 활성화를 위한 간담회 자료집(1988).

포함되어 있던 대형약국과 서점의 일회용품 무상제공 억제내용도 1999년 시행령 강화에서 누락시킨 채 영세업체의 합성수지용기만 규제하는 것은 형평성에 어긋나는 처사이다"라고 주장하고 있다. 반면 정부에서는 "매출액 감소를 입게 될 일회용품 제조업체들 대부분이 무허가공장이라는 점에서 환경보호 측면에서 개선이 필요하며 대형업체들의 일회용품 역시 단계적으로 규제할 계획이다"라고 상반된 인식을 나타냄으로써 양측 입장이 팽팽한 긴장을 나타내었다. 이는 양측이 바라보는 정책내용에 대한 인식의 차이와도 밀접한 관련이 있는데, 일회용품 관련업계는 "우선 대체품 개발을 통한 대안을 확보한 후 단계적인 규제강화가 이루어져야 한다"는 입장이라면, 정부는 "규제정책이 일회용품의 대체품인 다회용품의 생산을 촉진하고 생산적이고 건전한 소비문화를 정착해 나가는 발전적인 대안확보의 기회와 가능성을 확장시켜 준다"는 입장이다. 따라서 정책내용에 대한 이러한 이해당사자들 간의 인식차이들을 고려하지 않는다면 정책 자체의 형평성은 물론 정당성마저 손상을 입을 것이다.

정책내용의 '생태성'은 해당 정책이 어느 정도까지 폐기물 발생량과 발생폐기물의 환경적 위해성을 줄일 수 있는지에 대한 물음과 나아가 자원사용의 총량 감축과 함께 특히 희소자원과 재생불가능자원의 사용을 줄일 수 있는지에 대한 물음으로 구성될 수 있다. 이러한 측면에서 일회용품 사용규제의 주요 대상으로 합성수지 폐기물에 초점을 맞춘 점은 일회용품이 가지고 있는 기능적 특성상 주재료로 합성수지가 사용되고 있으며 그 처리 과정에서 환경에 주는 부담이 매우 높다는 점에서 그 의미가 크다고 할 수 있다. 다만 정책내용이 합성수지를 이용한 상품 중에서도 적용대상이 극히 제한되어 있는 점은 한계로 평가되고 있다. 한편, 발생된 폐기물의 재이용을 활성화하기 위한 폐기물 유통정보체계의 구축 및 활용은 자원이용의 효율화를 도모하는 데 긍정적인 영향을 줄 수 있는데, 이는 생산주체들의 경제적 이해관계를 적절히 활용한 방안이라 할 수 있다. '폐기물 유통정보제도'가 그 예라 할 수 있는데, 이는 폐기물 공급업체는 처리비용을 절감하고 이용업체는 값싼 재생원료를 안정적으로 확보할 수 있는 장점이 있다. 하지만 이러한 효율성이 곧 경제계 전체의 자원소비규모를 조절하는 생태 효과성을 대변하지는 못한다는 문제점이 있다. 따라서 일회용품 관리정책의 궁극적 목표 역시 생산영역에서의 생태적인 구조변화를 목표로 두어야 하며 정책내용도 이러한 차원에서 구성될 필요가 있다. 그런 점에서 현재의 정책내용은 주로 자원재활용의 차원에서 경제적인 인센티브를 활용하여 생산 및 소비주체들의 행태 변화를 유도하는 데 초점이 맞추어져 있으며, 결국 일회용품 생산업체를 비롯한 산업체들의 업종전환은 아직 성과를 거두지 못하고 있다.[20] 따라서 지탱가능성 측면에서 앞으로 일회용품 관리정책 내용의 생태성을 높이기 위해서는 무엇보다 생산공정 자체의 개선으로 자원 및 에너지 소모량과 부산물 발생량을 최소화하면서 동시에 생산과정에서 발생하는 부산물을 재활용 또는 재사용이 가능하도록 해야 할 것이다.

(3) 정책과정의 지탱가능성 평가

순환형 사회란 자원과 에너지 흐름의 순환만을 의미하는 것은 아니다. 정책사안과 관련된 당사자들 간의 충분한 의견수렴과 순환과정 또한 활성화되고 제도화되어야 한다. 즉 행정부처 간, 행정부처와 시민사회 간의 의견이 상호 순환되고 의제형성에서 정책결정 및 집행에 이르는 모든 단계마다 지속적으로 피드백 됨으로써 지탱가능성 원칙들이 정책과정에 충분히 반영되어야 할 것이다. 이러한 관점에서 정책과정의 생태성과 미래성은 논의과정에 자연을 대변하는 목소리와 미래세대를 대변하는 목소리가 들어와 있는가를 중심으로, 형평성은 미래세대와 현세대 그리고 자연 목소리와 인간 목소리의 대변 정도에서의 균형감으로 이해될 수 있을 것이다.

---

20) 현재의 재활용 중심의 정책만으로는 지속가능한 사회로 나아가는데 한계가 있는데, 그 이유는 100% 재활용은 불가능하며 재활용과정에서 추가적인 자원과 에너지 소비 및 오염물질 발생이 일어나기 때문이며, 또한 재활용 양과 재활용률이 높아진다고 해서 사회 전체적으로 소각 및 매립 처리되는 폐기물의 양이나 폐기물의 발생량과 직결되는 자원의 소비규모는 결코 줄어들지 않을 수도 있다는 점 때문이다.

먼저 정책과정의 '미래성'은 현재의 단기적인 시간지평 위에서 작동하는 정책결정과정에 어느 정도까지 미래의 시간개념을 반영하고 있는가라는 물음으로 평가할 수 있다. 이는 특히 현재의 지배적인 경제 이해관계들과 상충되는 지탱가능성 논리가 정책결정과정에 반영되어야 할 때 제기되는 중요한 물음이다. 일회용품 관리정책 역시 마찬가지이다. 1999년 자촉법 시행규칙 강화를 통한 일회용품 규제강화정책을 두고 각 주체들은 자신들의 이해관계에 기반하여 상이한 주장들을 제기하고 있다. 즉 '도시락업체', '플라스틱 제조업체', '유통업체', '대한상공회의소'와 같은 경제영역에 기반을 두고 있는 주체들은 일회용품의 사용규제 강화에 대해 강력한 반발을 하고 있으며, 그 주요 이유로 "경제적으로 어려운 상황에서 정부의 일방적인 규제강화 조치는 관련업계의 도산과 실업자 양산이라는 엄청난 경제적인 불안정을 가져온다"는 것이다. 반면, 사용규제의 강화에 대한 찬성론은 주로 정부와 시민사회에서 제기되고 있는데, 폐기물 처리의 책임을 안고 있는 '환경부'와 '지방자치단체' 그리고 환경보호에 주도적인 관심을 가지고 활동을 전개하고 있는 '시민단체'들이 그러하다. 이들은 "자원절약과 환경보호는 반드시 추구해야 할 핵심적인 가치로 미래 후손을 위해서는 개별 단체의 단기적인 이윤추구 논리에 결코 양보되어서는 안 된다"는 입장을 가지고 있으며, "환경보호를 위한 규제강화 조치는 장기적으로 경제발전에도 도움이 된다"는 논리를 전개하고 있다. 이처럼 하나의 정책을 두고 상반된 주장들이 대립되고 있는 가운데 현재 당면하고 있는 경제적인 이해관계보다는 장기적인 전망에서 일회용품 사용을 규제해야 한다는 논리가 정책결정과정에 반영되었다는 점에서 상당정도 미래성이 반영되었다고 평가할 수 있다.

다음 정책과정의 '형평성' 측면을 살펴보면, 하나의 제도와 정책을 두고서도 국가와 시장, 시민사회에 기반한 다양한 주체들이 자신들의 이해관계에 기반한 상이한 주장들을 표출하고 있는 상황에서 정책결정과정에서의 형평성은 정책대상자들로 하여금 자발적인 협력을 이끌어내는 데 매우 중요한 요소라 할 수 있다. 하지만 정책결정과정에서 지탱가능성 원칙인 미래성과 생태성은 또 다른 원칙인 형평성과 상호 갈등을 일으키기도 한다. 일회용품 규제정책 역시 강한 미래성의 반영은 이로 인해 영향 받게 되는 경제주체들로 하여금 강한 반발을 불러일으켰다. 이는 특히 일회용품 사용규제와 관련한 정책결정과정이 정책대상자들은 물론 관련 부처 간 협의를 위한 충분한 시간을 가지지 못할 때 두드러지는데, 일회용품의 경우 규제대상자들 다수가 영세업자들로 이들이 대안을 모색할 때 결정적으로 필요한 기술적·재정적 지원체계의 부족이 갈등을 더욱 심화시키고 있다.[21] 따라서 형평성이 훼손되지 않으면서 정책의 수용성을 높이기 위해서는 정책결정과정에 충분한 시간 자원을 확보하여 이해당사자들이 참여해서 합의를 형성할 수 있도록 설계되어야 할 것이다.

정책과정에서의 '생태성'은 자연의 이해를 대변하는 개인 또는 집단들이 정책결정과정에 어느 정도 참여하고 있는가에 대한 물음으로 평가될 수 있다. 일회용품 규제와 관련하여 생태적인 이해관계를 가지고 정책결정과정에 활발하게 참여한 대표적인 집단으로 시민단체인 '쓰시협'을 들 수 있다. 이들 단체의 활동은 규제정책 초기에 시민들의 관심과 참여를 촉발시키는 데 중요한 역할을 하였다. 하지만 시민사회의 사회·문화 영역에서 일회용 문화를 견제하고 대안을 창출하기 위한 여건은 여전히 미약한 상황이다. 이는 시민사회의 소비생활문화와 인식수준에 대해 일회용품 규제에 대한 찬성입장과 반대 입장의 해석의 차이에서도 잘 나타난다. 일회용품 관련업계들은 "현재 시민들의 인식수준은 선진국형 제도를 도입하기에 미약하며, 따라서 일회용품 규제강화 조치는 소비자들의 구매의욕을 저하시켜 생산활동을 위축시키는 부작용을 가져올 것이다"라고 주장한 반면, 정부 및 시민단체들은 "소비자 대부분이 일회용품 사용규제 강화를 찬성하고 있으며 환경보호에

---

21) 예를 들어 정책수행에 따른 사전준비기간의 충분성에서 일회용품 관련업체들은 "정부가 제시한 기간으로는 적절한 준비에 역부족이며 최소한 2001년까지 2년 이상의 기간이 필요하다"는 입장을 제시한 반면, 정부는 "일회용품 사용규제는 이미 제도적으로 시행되고 있으며 규제강화와 관련한 입법예고를 시행규칙 개정 5개월 전에 이미 공고한바 있어 준비에 충분하다"는 입장을 나타냈다.

동참하기를 원하고 있다"라는 상반된 인식을 나타내고 있다. 결국 시민사회의 사회·문화 영역은 가변적인 특성을 가지고 있어 여건에 따라 표출양식이 달라지는데, 일회용품 규제 초기 상황에 비추어 시간이 지나면서 사람들의 일회용품에 대한 소비행태의 변화 정도가 크지 못한 현상을 나타내고 있다.22) 이는 결국 규제와 단속에만 의존한 정책으로는 한계가 있으며 시민들의 자발적인 참여의지마저 손상시키는 악순환에 빠질 수 있음을 말해주는 것이다. 따라서 정책결정과정에서 이해당사자들의 의견을 폭넓게 수렴하고 이들 상호간의 충분한 공감대가 형성되어 적절한 대안을 모색할 수 있도록 투명성과 개방성 그리고 시간의 폭을 확장시켜야 할 것이다. 즉 강한 지탱가능성으로 나아가기 위한 힘의 동력은 시민사회의 사회·문화영역에서 나온다는 점에서 정책결정과정에 시민사회의 참여의 폭과 수준을 확장하기 위한 사회적 토대형성에 정책적인 노력이 있어야 할 것이다.

4. 맺는말

일회용품은 제품의 내구성보다는 소비의 편리함과 폐기의 용이성에 초점이 맞추어져 있다. 따라서 일회용품은 반복 사용이 가능한 다회용품과는 달리 제품 자체가 한 번 사용 후 폐기를 목적으로 제조된 것으로 상품의 주기가 극히 짧다. 이러한 관점에서 사전 예방적이고 통합적인 방향으로 사회 전체의 자원이용 건전성과 폐기물관리의 효율성을 높이는데 있어 일회용품 사용의 억제를 위한 정책적 노력은 중요하다. 때문에 현재 시행되고 있는 우리나라의 일회용품 관리정책을 지탱가능성 관점에서 평가한 결과 다음과 같은 결론을

---

22) 1999년 2월 '자촉법' 시행령 강화안이 발표된 이후 정부와 시민단체들을 중심으로 일회용품 사용규제에 대한 홍보와 감시활동이 활발하면서 대형유통업체들을 비롯하여 일회용 봉투를 비롯한 일회용품 사용량이 상당부분 감소하는 효과를 거두었으나, 1999년 연말에 이르면서부터 감시가 소홀해진 틈을 타 다시 일회용품 사용량이 증가하는 현상이 나타났다. 「국민일보」 1999년 11월 8일자, 「중앙일보」 1999년 12월 3일자, 「조선일보」 1999년 12월 22일자 등.

얻을 수 있었다.

먼저, 정책목표에 대한 평가결과 일회용품 관리정책은 일회용품 사용규제의 대상 영역을 확장시켜 가면서 사후처방에서 사전예방으로 정책목표를 이동시킴으로써 미래에 발생할 부담을 최소화한다는 점에서 높은 미래성을 담보하고 있었다. 이는 일회용품 사용문화에 익숙한 현세대의 인식수준보다 정책목표가 앞서고 있음을 말해주는 것이기도 하다. 하지만 규제대상에 대한 세부 사항에서 예외조항들이 많고 규제로 인한 비용과 편익이 불공평하게 배분되도록 함으로써 상대적으로 재정과 기술능력이 미비한 경제주체들로부터 강한 반발을 산 점은 형평성 측면에서 고려해야 할 사안으로 평가되었다. 또한 일회용품 규제정책이 지향하는 바가 자연자원과 생태계에 대한 사전예방적인 관리라는 점에서 정책목표의 생태성이 높게 평가되었으나 이러한 목표를 달성하기 위해서는 경제와 사회영역을 포괄하는 광의의 환경정책체계가 필요함을 발견할 수 있었다.

다음으로 정책내용에 대한 평가결과 일회용품 관리정책을 통해 제품의 구조와 재질을 개선하여 환경적 위해성을 최소화하고 재활용과 재사용을 용이하도록 한 점, 그리고 패스트푸드점에 대한 규제 등을 통해 일회용품 사용문화를 개선하려 한 점은 미래성 측면에서 높은 평가를 내릴 수 있었다. 하지만 다양한 규제와 경제적인 유인책들을 활용한 정책내용들이 여전히 최종 소비자의 이용행태 변화에 초점을 맞춤으로써 소비자와 유통업자, 생산자 모두에게 공평하게 부담을 지우기보다는 차등적으로 부담을 전가하고 있는 점은 형평성 측면에서 문제가 있었다. 이는 또한 정책내용이 생산영역에서의 생태적 구조변화에까지 미치지 못하고 있음을 말해주는 것이기도 하다. 한편 일회용품 사용규제의 주요 대상으로 합성수지 폐기물에 초점을 맞춘 점은 이것이 일회용품 생산과 일회용 소비문화의 확산에 차지한 역할에 비추어 생태적인 측면에서 높은 평가를 내릴 수 있으나 그 적용영역이 여전히 제한적이라는 점은 해결해야 할 과제로 남아있다.

한편, 정책과정에 대한 평가결과 일회용품 규제정책을 둘러싸고 현재의

<표 4-2> 일회용품 관리정책의 지속가능성 수준

정책영역	지속가능성 원칙	지속가능성 수준		
		하	중	상
정책목표	미래성			●
	형평성	●		
	생태성		●	
정책내용	미래성		●	
	형평성	●		
	생태성		●	
정책과정	미래성			●
	형평성	●		
	생태성		●	

경제 이익을 주장하는 측과 미래적인 관점에서의 환경 측면을 주장하는 측 간에 긴장과 갈등이 표출되었는데, 그 과정에서 장기적인 전망의 일회용품 사용에 대한 규제가 정책내용에 반영된 점은 미래성 관점에서 높게 평가할 수 있다. 그러나 부처간 협의나 상이한 이해관계들로부터 자발적인 동의를 끌어내기에는 정책결정과정 자체가 충분한 시간 자원을 가지지 못한 채 진행되었으며, 그 결과 규제로 인해 영향 받게 될 경제 이해관계자들, 특히 영세업자들로부터의 강한 반발은 정책결정과정에서의 형평성 고려가 미비했음을 말해준다. 또한 강한 지탱가능성을 바탕으로 하는 순환형 사회의 구축이라는 측면에서 일회용품 관리정책은 생산영역, 즉 생산제품의 구조는 물론 생산공정 자체의 질적인 전환을 가져오는 데 궁극적인 목표를 두어야 하며, 이러한 목표의 달성은 시민사회의 사회·문화영역에서 강한 지탱가능성을 향한 토대가 구축될 때만 가능할 것이다. 그런 점에서 정책결정과정에 생태적인 이해관계를 대변하는 시민사회 집단이 중요한 역할을 하였음은 고무적이라 할 수 있다.

결론적으로 생태근대화론에서 제시한 환경정책의 발전단계에 비추어 일회용품 관리정책의 정책 목표는 미래성 측면에서 가장 강한 지탱가능성 수준으로 설정되어 있는 반면, 정책내용은 환경정책단계의 약한 지탱가능성 수준에 맞추어져 있다. 이 미래성을 기준으로 한 정책목표와 정책내용의 괴리는 일회용품관리 정책의 효과성이 낮다는 것을 의미하므로 향후 정책목표에 걸맞은 정책내용(도구 또는 수단)의 확보가 과제로 남는다. 또한 정책의 목표와 내용, 과정의 세 평가대상 모두에서 세대간 형평성이 아주 약한 지탱가능성의 수준으로 나타난 것은 시민사회와 정부부처 간의 원활한 의사소통 및 이해관계 조정 기제에 문제가 있음을 드러내준다. 따라서 일회용품 관리정책의 향후 과제는 시민사회 내 각 경제 주체간의 이해관계를 조율하고 정부부처들의 원활한 협의를 위하여 상시적인 의견교환 메커니즘을 개발하는 것이 되어야 한다. 또 다른 특이성은 행정부의 지탱가능성 수준을 평가해볼 수 있는 정책내용 분야에서 미래성은 중간 수준을 보이는 반면, 시민사회를 대변해주는 정책결정과정에서의 미래성은 상위 수준을 보여주고 있다는 점이다. 이는 정책입안을 추진한 부처에 비해 시민사회 영역에서 미래를 대변하는 공론의 공간이 강하게 존재하고 있음을 말해준다. 따라서 한국사회가 강한 지탱가능성으로 나아가기 위해서는 현재와 같은 협의의 환경정책 틀에서 벗어나 경제와 사회영역을 포괄하는 광의의 환경정책 체계가 갖추어져야 하며, 특히 정책결정 및 집행과정에서 지탱가능성을 충분히 반영하기 위한 시민사회의 사회·문화적 토대 구축이 중요하다고 볼 수 있다. 즉 생산이 소비를 창출하고 이것이 다시 확대재생산으로 이어지는 일회용품 생산의 악순환 고리를 단절하기 위한 출발점은 곧 시민사회에서의 지탱가능한 소비문화 구축에 있으며, 건전한 소비문화에 터한 구매력의 결집이야말로 정부 중심의 강제적인 규제정책에 따른 부작용을 최소화하면서 생산의 성격을 지탱가능한 방향으로 변화시킬 수 있는 힘이 될 것이다.

참고문헌

노화준. "정책개정과정에 있어서 정책평가의 쟁점과 정책학습." 『행정논총』 제35권 2호, 1997.
마석훈. "일회용품 사용 절감운동의 성과와 과제". 환경부. 『국민과 함께 하는 폐기물 행정을 위한 민·관합동연찬회』. 2000.
문순홍. 『생태위기와 녹색의 대안』. 서울: 나라사랑, 1992.
_____. "생태위기와 국제환경회의사." 이필렬 외 5인, 『교양환경론』, 서울: 따님, 1994.
_____. 편역. 『지속가능한 사회를 향한 생태전략』. 서울: 나라사랑, 1995.
문순홍·정규호. 『현상과 인식』, 2000년 가을.
성현찬·김귀곤. "전략환경평가 모형의 개발과 적용에 관한 연구(1)." 『환경영향평가』, 제6권 제1호, 1997.
에버트비둥 저, 이경옥 역. 『정책평가개론』. 한울아카데미, 1995.
이번송 등. 「쓰레기 종량제의 평가 및 개선방안」. 서울시정개발연구원, 1996.
이호중. "자동차, 가전제품 부품의 표준화 및 재활용 현황과 향후 정책방향", 쓰레기문제 해결을 위한 시민운동협의회 주최, 폐기물 감량화를 위한 자동차·가전 부품의 표준화 및 재활용 활성화를 위한 간담회 자료집. 1988.
정정길 외. 『정책평가: 이론과 적용』. 서울: 박영사, 1996.
차의환. 『정책평가의 이론과 실제: 기관평가제 접근모형과 전략』. 서울: 한울아카데미, 1999.
허탁. "가전제품의 재활용 활성화를 위한 방안". 쓰레기문제 해결을 위한 시민운동협의회 주최, 폐기물 감량화를 위한 자동차·가전 부품의 표준화 및 재활용 활성화를 위한 간담회 자료집. 1998.
환경부. 「일회용품 규제정책 추진현황 및 향후대책」. 1999ㄱ.
_____. 「1회용품 사용규제 대책: 1회용 봉투·쇼핑백을 중심으로」. 1999ㄴ.

Adams, B. *Green Development: Environmental Sustainability in the Third World*, London: Routledge, 1991.
de Geus, M. "the Ecological Restructuring of the State." In *Democracy and Green Political Thought*. Edited by B. Doherty. and M. de Geus. London: Routledge, 1996.
Dryzek, J. *Discursive Democracy*. London: Cambridge. 1990.
_____. *The Politics of the Earth: Environmental Discourses*, Oxford: Oxford University Press, 1997.
Ekins, P. "Making Development Sustainable." In *Global Ecology*. Edited by W. Sachs. London: Zedbook, 1993.
Germmen, B. and J. Jacobs, "Understanding Sustainability." *Man and World* 30, 1997.
Hajer, M. A. "Discourse Coalitions and the Institutionalization of Practice: The Case of Acid Rain in Britain." In *The Argumentative Turn in Policy Analysis and Planning*. Edited by F. Fisher and J. Forester. Durham: Duke University, 1993.

Hajer, M. A. *The Politics of Environmental Discourse*, Oxford: Clarendon, 1995.
_____. "Ecological Modernization as Cultural Politics." In *Risk, Environment, and Modernity*. Edited by S. Lash and B. Szerszynski. London: Sage Publisher, 1996.
Hediger, W. "Reconciling 'Weak' and 'Strong' Sustainability." *International Journal of Social Economics* 26(7/8/9), 1999.
Jaenicke, M. "Okologische Modernisierung: Optionen und Restriktionen preventive Umweltpolitik." In *Praventativer Umweltpolitik*. Edited by U. E. Simonis. Frankfurt: Campus, 1988.
_____. "Erfolgsbedingung von Umweltpolitik im Internationalen Vergleich." *Zeitschrift fuer Umweltpolitik* 3, 1990a.
_____. State Failure: the Impotence of Politics in Industrial Society, London: Polity, 1990b.
_____. "Oekologische und politische Modernisierung in entwickelten Industriegesellschaften." Volker von Prittwitz(hrsg.), *Umweltpolitik als Modernisietungsprozess*, Opladen: Leske+Budrich, 1993.
Mol, A. P. J. and D. A. Sonnenfeld. "Ecological Modernization Around the World: An Introduction." *Environmental Politics* 9(1), 2000.
Prittwitz, V. *Das Katastrophen-Paradox*, Opladen: Leske+Budrich, 1990.
Redclifft, M. , *Sustainable Development*, London: Methuen, 1987.
Ryle, M. *Ecology and Socialism*, London: Radius, 1987.
Sachs, W. "Global Ecology and the Shadow of 'Development'." In *Global Ecology*. Edited by W. Sachs. London: Zedbook, 1993.
Sonnenfeld, D. A. "Ecological modernization in East and Southeast Asian high performance economies." research proposal in the framework of the International Human Dimensions Program on Industrial Transformation, 1999.
Therivel, R. et al. Strategic Environmental Assessment, London: Earthscan, 1992.
WCED. *Our Common Future*, London: Oxford, 1987.
Worster, D. "The Shady Ground of Sustainability." In *Global Ecology*. Edited by W. Sachs. London: Zedbook, 1993.

제5장
세계 환경회의사로 본 생태정치 [1]

 1968년 유엔총회에서 처음 환경파괴 및 자원고갈이 지구공동체의 의제로 논의되었다. 그리고 20여 년이 흘렀다. 1990년대 초 리우회의와 그린라운드는 선진국형 근대화모델과 경제성장에 몰입해온 개도국들에게 그리고 우리나라에게 갑자기 다가왔고 그래서 당혹스런 것이었다. 다시 10년이 흘렀다. 현재 환경문제는 자유무역을 제1원칙으로 하는 신자유주의적 세계화의 흐름에서 다시 부동하고 있다. '신세계경제질서', '기술·재정이전'의 구체적인 시행계획이 현실화되지 않은 상태에서 '환경보호 원칙'(리우「의제 21」)과 '자유무역 원칙'(WTO 협정)의 공존은 개도국들을 개발우선주의로 그리고 자연자원의 고갈과 국토의 폐기물장화란 소용돌이로 끌어들이고 있다.

---

[1] 이 장에서 사용한 몇 가지 중복개념을 미리 밝혀 둔다. 일반적으로 식민지적 경험이 있거나 1945년 이후에야 서구형 발전모델을 추진한 아시아, 아프리카 그리고 라틴 아메리카지역 국가들을 1970년대 이전에는 '제3세계'로, '환경'의제가 세계 차원에서 거론되던 70년대 이후에는 개도국으로 칭하였다. 또한 자연적 한계의 파괴와 이의 원인으로서의 과학기술 및 사회정치 전반을 지적하고자 하는 개념으론 생태위기란 용어를, 이 중 자정능력의 파괴만을 칭할 경우엔 환경으로 그리고 과학기술의 발전에 국한시킨 자정능력파괴와 자원한계를 모두 지칭할 때 '환경'으로 표기하였다.

이 글은 '환경'문제를 중심으로 전개된 세계정치의 역사적 뿌리가 무엇인가라는 문제의식에서 시작되었다. 국제정치 영역에서 '환경'문제는 보편성을 지닌 사안이면서 동시에 그 해결방안의 선정에서 개별국가의 이해관계가 걸려 있는 사안으로 그 해결의 당위성은 강조되지만 동시에 개별적인 이해관계로 인해 합의도출이 쉽지 않다. 이 글의 주제는 전 지구 차원으로까지 확대된 생태위기에 선진국과 개도국이 대처하고 갈등하는 모습을 세계 '환경' 회의사를 중심으로 재구성해 보는 것이다.

이 회의의 장(場)에서 각 국가들은 정치경제적인 실리와 정치생태적인 명분 사이를 오가며 반응하였다. 특히 선진국의 정치경제적인 실리추구는 자연한계의 두 측면 중 특정한 측면을 시기마다 적절히 강조하는 방향에서 추구되었다. 여기서의 자연적 한계의 두 측면이란 인간활동의 폐기물들, 즉 배기가스, 폐수, 쓰레기 등을 깨끗이 처리하여 지구의 항상성을 유지하는 자정능력으로서의 한계(환경오염이란 개념이 취급하는 영역) 그리고 인간의 경제 및 생활활동의 근거로서의 자원저장량이란 한계를 말한다.

1. 생태위기 형성기의 시대적 조건들

전 지구적 규모에서의 생태위기는 몇 가지 시대조건 속에서 등장하였다. 이 등장조건은 세계환경정치와 환경규범체제 정립에서 나타난(나고 있는) 선진국과 개도국 갈등을 이해하게 해준다.

1960년대 말 생태위기에 대한 논의는 다음 세 가지 조건 하에서 진행되었다. 첫 번째 조건은 인구폭발과 지구의 보편적인 한계성 노정으로 이것은 '환경'문제가 지닌 인류사적인 보편성을 강조하는 근거가 되며, 두 번째 조건인 세계적인 경기후퇴의 시작과 세 번째 조건인 제3세계의 세계정치경제로의 진입은 '환경'과 관련하여 전개된 세계정치의 장이 왜 경제적인 이해관계에 의해 얼룩지는가 그리고 남북 갈등의 근거가 되었는가를 이해하도록 도와준다.

1) 인구의 폭발적 증가와 지구의 보편적 한계2)

19세기 산업혁명을 전후하여 인구수는 급증하였고, 이들의 질적 욕구도 비약적으로 확대되었다. 이러한 인간의 양적 팽창과 질적 욕구증대는 자연을 고갈시키는 인간행동을 가속적으로 증폭시켰고, 그 결과 1960년대에 들어서면서 지구가 가진 능력은 한계성을 드러내기 시작하였다. 이 지구의 한계성은 자정능력상의 한계, 즉 이산화탄소의 증가와 대기구성비율의 변화로 인해 거의 무변하던 지구 평균온도가 상승하는 방식으로 나타나거나, 자원의 한계, 즉 석탄, 석유, 구리 등의 사용증대로 가용 매장량이 고갈됨으로써 인간의 삶과 경제성장이 위협받는 것으로 나타났다. 특히 자정능력상의 한계는 인간이 자연에 버리는 폐기물의 총량이 이를 정화할 수 있는 지구 자정능력의 수준을 넘어선다는 측면과 지구가 처음부터 소화능력이 없는 인공 물질을 인간이 생산하고 이를 자연에 폐기함으로써 야기되는 측면을 가지고 있다.

2) 개도국의 세계정치경제로의 진입3)

제2차 세계대전 이후 정치적인 독립을 한 '제3세계'의 국가들은 1950,

---

2) 지구차원의 한계에 대한 일반적 진술은 도넬라 매도우즈·데니스 매도우즈, 『지구의 위기』(한국경제신문사, 1992), 3장; 알렉산더 킹·버트랑 슈나이더, 『제1차 지구혁명』(청림출판사, 1992), 2장; 월드워치 연구소, 『지구환경보고서』(따님, 1990; 1991; 1993; 1994), 아이작 아시모프·프레데릭 폴, 『성난지구』(삼신각, 1992), 69-226쪽, 김원식 외 역, 『지구를 파괴하는 범죄자들』(푸른산, 1991) 등을 참조하라. 특히 전세계 인구는 산업혁명 이후 급속히 증가하여 왔다. 초창기에는 서구를 중심으로 인구 증가가 이루어졌으나, 이차대전 이후에는 제3세계의 인구증가율이 급격히 상승하고 있다. 1987년에 들어서면 세계인구는 1950년에 비하여 두 배에 달하고, 이로부터 20세기 말에는 62억 5천만 명, 2070년에는 현재의 두 배인 100억을 넘어서리라고 예상된다. Mcnamara, robert S., "Time Bomb or Myth? The Global Population Problem", *Foreign Affairs* 1984, No. 62.

3) 이 장과 관련하여선 Robert Mortimer, *The Third World Coalition in International Politics*(Boulder: Westview Pr, 1984)를 참조하라.

60년대 동안 한편으로, 경제 발전(근대화)을 추진하면서, 다른 한편으로 블록화(비동맹그룹 또는 77그룹의 형성)를 시도함으로써, 세계정치에 대한 발언권을 강화하고 강대국으로부터 정치경제적인 자율성을 확보하고자 한다.

사실상 1950, 60년대 좌우 이데올로기의 대치상황에서 '제3세계'를 산업화로 몰아간 발전주의는 동·서간 권력게임의 긴장 속에서 자연스레 등장한 것이었다. 1949년 서방을 대표하는 미국의 대통령 트루먼은 제2차 세계대전 후 정치적 독립을 획득한 전 식민지 국가들을 '저발전국'으로 지칭하고, 이들 국가의 발전을 서방측이 지원하자는 요지의 연설을 유엔총회에서 한 바 있다. 서방선진국들은 '제3세계'의 빈곤을 퇴치하고 동시에 좌파이데올로기의 침투를 근절시킬 수 있는 가장 효과적인 방법이 서구형 근대화 모델이라고 간주하였다. 이 발전모델은 서구의 자본 및 기술도입을 근간으로 한 급속한 경제성장에 목표점을 설정하였다. 물론 이 기술은 정치제도, 생활양식 그리고 서구형 진보관을 동반한 것이다. 소련을 필두로 한 공산주의 발전모델도 이와 동일한 것이었다. 이러한 발상에 따른 제3세계의 산업화 시도는 자연자원에 대한 자체 수요를 가지게 되었고, 이로부터 1960년대 말 70년대 초 세계자원 시장은 거대한 과부하를 받기 시작하였다.

'제3세계'의 연대 및 그들의 정치적인 발언권 강화는 1955년경에 시작하였다. 아시아, 아프리카, 라틴아메리카의 국가들은 1955년 "식민주의 또는 인종주의와 같은 독특한 문제들을 함께 고민하기 위해" 인도네시아의 반둥에서 모임을 가졌다. 1960년대 들어서 냉전체제가 국제사회에서 강화되자, 이 모임은 제3세계 고유의 연대와 자의식을 고취하는 느슨한 정치조직을 지향하였고, 강대국으로부터 제3세계의 자율성을 요구하였으며, 국제체제에서 '제3세계'가 놓여 있는 종속적인 위상에 대해 저항하기 시작하였다. 1964년과 1965년에 들어서면 '제3세계'의 조직적인 움직임이 세 가지 방향—유엔무역 및 개발회의(UN Conference on Trade and Development, 약칭 UNCTAD), 비동맹 이차회의 그리고 77그룹의 결성—으로 분화된다. 특히 중공과 알제리아에 의해 주도된 77그룹은 제3세계에게 새로운 제도와 정치적 도구들을 부여하려 노력하였고, 이후 1972년까지 비동맹국가와 77그룹국가는 제3세계란 협력적인 아이덴티티를 창출하였으며, 나아가 전 지구적 경제구조에서 전개될 위기에 신속히 대응할 수 있는 정치적이고 조직적인 하부구조를 만들어 내었다. 1972년 알제리아와 중공이 유엔 상임이사국으로 진입한 것이 상징하여 주듯이, 1974년대 이후 유엔을 비롯한 국제정치의 장에서 제3세계의 정치적 발언권은 대단히 강화되었다.

3) 전세계적 경기후퇴의 시작[4]

인구증가와 지구의 한계 그리고 개도국의 세계정치경제로의 진입은 1970년대를 전후하여 전세계적인 발전위기를 불러 일으켰다. 제2차 세계대전 이후 1973년에 이르기까지 세계경제는 전례 없는 성장을 경험하였는데, 이 기간 중 전세계 재화 및 용역의 생산고는 3배 팽창하여 3조 8,000억 달러에서 11조 7,000억 달러로 증가하였고, 세계경제의 연간 성장은 평균 5%에 달하였다.

이러한 전세계적 경제호황은 1960년대 중반경 하강세로 접어들고, 1973년부터 전세계 경제는 불황국면에 빠진다. 이러한 경기후퇴의 양상들은 앞의 두 가지 요인들이 상응적으로 반응하면서 야기된 것이다. 우선 인구증가율이 경제성장률을 앞도하기 시작했다는 사실을 지적할 수 있다. 1973년 이후에는 전세계적 인구증가율이 약 1.7%를 지속한 반면, 경제성장 또는 일인당 생산고의 증가는 지속적으로 둔화되었다(1950년 1,500달러 → 1973년 3,000달러 → 1991년 3,500달러). 두 번째로는 석유로 대표될 수 있는 자원에 대한 전세계적 동시수요가 형성되고, 특정자원의 경우 가용매장량이 한계를 보였음을 지적할 수 있다. 이의 결과로 생산요소 가격이 폭등하기 시작하였고, 이것은 선진국 내에서 인플레이션을 동반한 성장정체 현상으로 나타났다.[5]

---

[4] 월드워치 연구소, 윗책(1992), 102-19쪽; 다니엘 벨, 『2000년대의 신세계질서』(디자인 하우스, 1992), 37-58쪽을 참조하라.

2. 세계환경논의 30년사 1: 1970년대

주지하듯이 국제 차원에서 '환경'회의는 1972년 스톡홀름회의에서 시작하였다. 공식적으로 최초의 이 세계'환경'회의는 그 논의의 초점을 지구가 보유하고 있는 자원의 양에 맞추고 있었다. 특히 이 회의는 자원의 한계와 인구의 양적·질적 욕구폭발(특히 제3세계의 인구증가 및 경제개발·성장간 격차의 확대)이 상호 충돌할 것으로 우려하였다. 이 예측된 자원한계는 생태위기 중에서도 당시 선진국이 전 지구 차원에서의 '환경문제'로 강조하고 고민하였던 사안이었다. 세계적인 '환경' 논의의 의제와는 별도로, 선진국들은 대내적으로 그리고 국제적으로 자정능력의 파괴와 관련된 환경오염문제들로 고민하고 있었다. 이 대내외적 상황으로부터 선진국들은 자연자원의 한계에 대처하기 위해 대체자원의 발굴과 인공적 신소재 기술 및 생명공학기술을 개발하였고, 자정능력의 파괴와 관련하여선 환경오염 방지기술의 개발 및 시장의 가격기구를 활용한 환경비용의 내부화 정책을 개발하였다.

따라서 1980년대로 넘어가던 문턱에서 선진국들은 지구 한계와 관련된 두 가지 대응논리를 가지고 있었다. 즉 자원의 한계에선 개도국과의 경제게임에서 신소재 기술과 생명공학기술이란 대응논리를, 지구자정능력이란 측면에선 환경오염방지 기술과 환경산업이란 대응논리를 발견한 것이다.

1) 스톡홀름회의: 남북이 합의한 자원논리[6]

스톡홀름 유엔 인간환경 회의에서는 처음부터 '환경'보호와 경제발전을

---

5) James O'conner, "Capitalism Nature Socialism", CNS(1), 1988; Andre Gorz, Ecology as Politics. Bosion: 1980.
6) 스톡홀름회의 전문 및 원칙은 Mostafa Kamal Tolba, *Evolving Environmental Perceptions: From Stockholm to Nairobi*(London: Butterworths, 1988), 3-8쪽; 외무부, 『지구환경동향과 환경외교』 (1992), 101-14쪽; 국가안전기획부, 『국제환경협약집 상, 하』(1994), 9-15쪽을 참조하라.

둘러싸고 선진국과 개도국 간 의견 차이가 있었다. 특히 '환경'문제의 주된 원인이 선진국의 개도국들에 대한 착취, 이로 인한 경제적·사회적 불평등에 있음을 주장한 국가들은 스웨덴, 필리핀, 인도 그리고 중공이었다. 당시 이들은 '환경'보호가 값비싼 오염통제의 형태로 개도국에게 무역장벽을 강요하는 또 다른 시도들로 구성되어 있다[7]고 지적하였다.

물론 스톡홀름회의는 이러한 반목을 외형상 조화시키려 노력하였다. 결과적으로 "환경이 인류복지에 필수적이다"라는 평범하고 보편적인 견해를 확인하였으며, 나아가 "인간의 자연변형 능력이 그 동안 과연 잘 이용되어 왔는가"라는 문제제기와 더불어 "환경문제에 대한 신중하고 전세계적인 행동"을 촉구하는 선언문, 26개 원칙 그리고 109개로 구성된 권유형 행동지침을 채택하였다. 이 행동지침의 구체적 수행을 위해 제도적으로는 UNEP의 설치를, 재정 및 기술이란 측면에선 환경기금의 조성 및 기술이전을 결의함으로써 "기존 유엔회의와 비교해 볼 때 상당한 성과를 거두었다"[8]는 평을 얻기도 하였다.

이러한 「스톡홀름선언」은 세계'환경'회의 사에서 두드러진 두 가지 특징을 가지고 있다. 특징들 중 하나는 지구 차원의 환경문제 중에서도 자원고갈문제를 강조하였다는 점이다. 이는 동 회의가 천명한 26개 원칙을 구체적으로 살펴보면 좀더 명료해진다. 이 원칙들은 자정능력으로서의 환경파괴(2개 항목, 원칙 6, 7)에 대한 배려보다는 자원에 대한 보호와 관리(9개 항목: 원칙 2-5, 12-13, 17, 21)에 더 많은 초점을 두고 있다. 예로 1970년대에 만들어진 협약은, 폐기물 덤핑에 의한 해양오염을 통제하기 위한 런던 덤핑조약(1972)을 제외하고, 대개가 야생 및 서식지에 관한 협약들—국제적으로 중요한 습지에 대한 람사협약(1971), 세계헤리티지협약(1972), 멸종위기에 놓인 종들의 국제무역에 관한 CITES협약(1973), 이주하는 야생동물 보호에 관한 본협약(1979)—이었다.[9]

---

7) Michael Redclifft, *Development and Environmental Crisis*(London: Methuen, 1984), 49.
8) Lynton Caldwell, *International Environmental Policy*(Durham: Duke Uni. Pr., 1991), Ch.3.

두 번째 특징은 스톡홀름회의의 결과가 외형상 개도국의 주장이 관철된 양상을 지니고 있지만, 실질적으로 개도국은 얻은 것이 없다는 점이다. 왜냐하면 이 회의의 26개 원칙은 개도국의 발전을 인정하고 이를 위한 몇 가지 조치들—공동재정마련과 환경친화적인 기술이전—에 합의하였지만, 이를 뒷받침할 실천력 있는 결정이 뒤따르지 못하였기 때문이다.

2) 개도국의 UNEP 장악 및 자원논의의 차용

1970년대는 '제3세계'로 불리던 개도국들이 국제정치의 장에서 하나의 세력으로 부상하였다. 이러한 개도국의 세력화는 세계 '환경'정치의 장에서도 두드러졌다. 스톡홀름회의는 국제규범체제 확립을 위한 제도적 장치로 유엔 전문기구인 유엔환경프로그램 UNEP 설치를 결의하고, 1973년 설립하였다. 1973년에서 74년에 이르는 기간 동안 이 기구는 사실상 개도국에 의해 장악되는데, 이러한 장악은 UNEP의 본부가 제네바에서 아프리카의 나이로비로 이전되고, 이사국 수의 분배도 개도국이 다수(56석 중 38석)를 구성하게 된다는 사실에서 확인할 수 있다.[10]

또한 스톡홀름회의에서 남·북 합의 하에 받아들인 자원한계와 이로 인한 위기경고는 선진국의 경제성장과 개도국의 개발에 대한 욕구를 저지하는 데 기여하기보다는 오히려 자원의 무기화로 활용된 측면도 있다. 물론 자원이 국가의 이해관계를 관철시키기 위한 무기로 사용된 사례는 이전에도 있었다 (미국의 식량원조). 그러나 스톡홀름회의 이후 자원무기화의 전형적 사례는 1973년 OPEC이 만들어낸 석유위기였다. OPEC은 1960년 미국회사들이 18개월에 걸쳐 일방적으로 석유가격을 하락시키자, 이에 대응하여 산유국들의 이해관계를 보호하고자 만든 기구였다. 1970년경 이 기구는 조직적 규모와

---

9) Bill Lang, International Environmental Issues and the OECD 1950-2000(OECD, 2000), 14.
10) Caldwell, Ibid.

힘이 확대되어 전세계 수출석유의 90%를 차지하고 있었으며, 이러한 거대화는 이 기구에 정치적 영향력 행사 가능성을 부여하였다. 1970년 테헤란 협정과 더불어 회원국들은 자국의 석유회사의 상당부분을 국유화 조치하였고, 1972년 10월경에는 미 달러의 가치하락으로 인한 피해액을 상쇄하기 위해 석유가격을 올리기 시작하였다. 이로써 등장한 석유파동은 가상의 에너지 위기를 인류로 하여금 경험하게 하였으며, 전세계적 경기불황을 가속화하였다. 물론 자원 무기화에서 선진국도 예외는 아니었다. 동·서갈등에서 사용된 곡물금수조치에서 알 수 있듯이 선진국들은 식량을 무기로 사용하였다.

3) 선진국형 환경논의의 유형화 과정

(1) 세계라는 무대로부터 지역문제로

선진국들은 개도국들과는 달리 이미 1960년대 이래로 지역적 규모의 환경문제(대기오염, 산성비, 폐수방출로 인한 강의 죽음, 쓰레기 등)로 고민하고 있었다.[11] 1972년 세계 차원에서의 합의 도출 실패는 선진국들의 관심을 상대적으로 지역간 협력으로 더 많이 돌리도록 하였다. 이렇듯 관심대상에서의 변화는 세계기구인 UNEP을 통해서가 아니라 지역지구인 북대서양조약기구(NATO)회의 그리고 유럽공동체회의에서 합의된 공동연구조사 활동으로 이어졌고, 여기서 개발된 환경문제의 해결방법이 1980년대에 들어서면서 지구 차원에서 확대·해석되고 적용되었다.

지역문제 수준에선 지역적 자정능력의 파괴문제, 즉 오염문제에 주로 초점을 맞추었다. 내용적으론 "자국영역에서 실시되는 활동이 타국의 환경을

---

11) 선진국들이 환경문제에 대처하기 위한 노력은 환경법, 환경부처, 환경연구소, 국가환경보고서의 설립 및 발행을 통해 부분적으로 드러나게 되는데, 이러한 장치들은 1960년대 후반 경부터 1970년대에 걸쳐 마련되었다. 문순홍, "서구녹색운동과 환경문제의 제도화", 『환경과 생명』(창간호, 1994).

악화시키지 않을 것",12) "환경문제에 대한 정보 및 분석방법 등을 상호 교환할 것" 그리고 오염정화기술을 개발함에 있어서 협력할 것 등이 논의되었다. 우선 군사동맹인 NATO의 환경에 대한 논의는 환경방위 개념 하에 1969년부터 시작하였는데, 당시 NATO는 「현대사회의 도전에 대한 위원회(OCMS)」를 설치하여 자정능력 부분인 수질 및 대기오염, 도시공동체의 환경문제를 다루었다. OECD 내 환경활동은 서유럽 역내의 환경오염과 에너지 자원부족으로 인한 경제둔화에 초점을 두고 있다. 1975년 OECD가 채택한 환경활동 4개 부문을 자세히 살펴보면 이는 더 명료해진다. 당시의 관심은 주로 환경과 에너지, 환경과 산업, 도시환경, 농토의 적절한 이용에 놓여 있었다.13) 같은 해에 열린 CSCE 헬싱키 의정서도 동일한 관심 속에서 대기오염 규제, 수질오염 규제, 해양환경 보호, 토지이용, 희귀동식물의 유전자 보호 등을 협력해야 할 영역으로 설정하였다.14) 또한 서구국가 간 관계에선 관세 및 무역에 관한 일반협정(General Agreement on Tariffs and Trade, 약칭 GATT)과 OECD를 중심으로 무역과 환경이 연계되기 시작하였다.15)

(2) 환경비용의 내부화와 신기술의 개발

1970년대 서구가 놓여 있던 정치·경제적 상황은 환경정책의 방향을 국가주도보다는 시장주도로 설정하는 데 결정적인 역할을 하였다. 당시 서구국가가 봉착해 있던 문제들은 국가재정의 고갈과 경제성장의 둔화였다. 서구지역에선 1945년 이후 확대된 사회보장프로그램의 수행으로 국가 행정기구의 확대와 공공지출의 폭이 급속히 증가되었으며 이러한 확대는 국가재정에 압박을 가하고 있었다. 또한 과학기술혁명에 의거해 후기산업사회로의 경제구조

---

12) 이는 책임성에 대한 명시로 이후 오염사고 배상원칙으로 확립되었다.
13) Caldwell, Ibid. Ch.5.
14) 국가안전기획부, 윗책, 115-20쪽.
15) 한택환·고동수, "신통상질서와 무역-환경관계", 김준한 외 5인, 『그린라운드와 한국경제』(웅진, 1994), 120쪽.

개편을 눈앞에 두고 있었다.

따라서 서구국가는 일면에선 시민들의 고용유지 및 지속적인 실질소득의 유지, 사회적 서비스와 시민의 증가하는 질적 욕구(삶의 질과 환경적 욕구)도 충족시켜 주어야 했고, 동시에 자국의 자본형성과 성장을 지원하여야 하는 두 개의 과제를 가지고 있었다. 동시에 국가는 사회지출비용의 증대로 인하여 재정적인 압박감에 시달리고 있었으므로, 이 모든 일들을 국가 밖의 영역에서 가능하게 하여야 했다. 그래서 서구국가가 택할 수 있는 '환경문제의 해결방안'은 처음부터 정해져 있었다. 우선 시민들의 환경권과 삶의 질에 대한 욕구는 충족시키되, 이것이 경제와 환경을 첨예하게 대립시킴으로써 시장경제의 위축을 야기하여선 안 되고, 동시에 국가부문이 받는 압박감도 최대한으로 줄여야 한다는 것이었다. 이러한 조건하에 등장한 환경정책의 기본 틀은 최소국가이론과 신고전주의 원리—"희소자원은 대체자원의 개발을 유도한다", "시장에 대한 자연한계란 존재하지 않는다" 그리고 "외부경제는 가격기구의 보완을 통해 시장으로 내부화할 수 있다"—에 충실한 것이었다.16) 이 원칙에 충실한 환경정책의 방향은 조세부과 및 보조금 등을 통한 외부 불경제의 내부화 그리고 희소자원을 대체하는 기술의 개발이었다. 이 결과로 환경오염기술이 개발되었고, 환경산업이 육성되었으며, 에너지와 자원절약적인 산업으로 경제적인 재구조화가 진행되었고, 대체자원 기술(신소재 기술 및 생명공학 기술)이 의욕적으로 개발되었다. 이러한 국내 상황은 개도국의 욕구와 맞물려 재래형 산업기술 및 시설들을 개도국으로 이전하게 된다.

따라서 1980년대로 넘어가던 문턱에서 선진국들은 지구한계의 두 가지 측면, 즉 자정능력 파괴와 자원고갈에 대처할 수 있는 두 가지 대응논리를 가지고 있었다. 즉 개도국과의 경제게임에선 자원과 연루된 신소재 기술 및 생명공학기술로 대응논리를 발견한 것이고, 지구자정능력이란 측면에선

---

16) F. J. Dietz & J. Straaten, "Sustainable Development and the Necessary Integration of Ecological Insights into Economic Theory," in F. J. Dietz·U. E. Simonis·J. Straaten ed., *Sustainability and Environmental Policy*(Berlin:edition Sigma, 1992), 21-55.

환경오염 방지기술과 환경산업이란 대응논리를 발견한 것이다.

4) 개도국의 '잃어버린 1970년대'

1970년대 말경에 이르면 70년대 초의 외형, 즉 개도국이 세계환경논의의 장인 UNEP을 장악함으로써 주도적 위치에 놓여 있는 듯한 외형은 그대로 유지되나 실질적인 내용은 선진국들이 장악함으로써, '생태위기'를 둘러싼 세계'환경'정치의 해법은 선진국이 방향 잡은 미래전망으로 움직이고 있었다. 그 원인으로 개도국의 환경문제에 대한 무관심 그리고 선진국 주도의 유엔에서 개도국 주도의 기구가 봉착할 수밖에 없었던 한계점을 지적할 수 있다.

(1) 개도국 관심사로서의 경제성장 그리고 '환경'이란 보편적 명제의 상실

당시 개도국의 주된 관심사는 산업화를 통한 경제성장과 새로운 국제무역 질서를 확립함으로써 전세계적 부를 재분배하는 것에 있었다.

개도국이 가지고 있는 경제성장에 대한 열망은 1975년 라마의 유엔산업개발기구(UN Industrial Development Organisation, 약칭 UNIDO)가 택한 선언 및 산업개발협력에 관한 행동강령 그리고 1976년 유엔(UNCTAD)의 선언문에서 전형적으로 드러난다. 이 선언문에서 개도국들은 서기 2000년까지 세계 산업생산에서 최소한 25%의 할당율을 그리고 생산량으로는 6만 5,000억 달러를 달성해야 한다는 개발목표를 설정하였다. 또한 1976년 UNCTAD의 나이로비회의는 이러한 목표를 '환경'이 가장 많이 파괴되는 제조업 부문으로만 국한하였다. 이러한 결정은 선진국의 의도와 잘 맞아떨어진 것이었다. 이미 윗 절에서 지적하였듯이, 선진국은 가장 환경 파괴적인 산업을 다른 지역으로 이전하고자 하였기 때문이다.

또한 개도국이나 최빈국의 대변기관인 아프리카 통합기구(Organisation of African Unity, 약칭 OAU)와 아메리카 국가기구(Organisation of American States, 약칭 OAS)는 생태위기에 거의 관심을 가지고 있지 않았다. 다만 이들은

자신의 경제 소득원이 야생자원으로 인한 관광산업에 있으므로 야생동식물 보호에 주로 관심을 집중시키고 있었을 뿐이다. OAU가 채택한 라고스 행동강령 1980-2000은 환경적인 관점을 사회경제 계획에 직접적으로 도입하였다. 이 강령에서는 8개의 우선순위 영역이 주시되는데, 이 가운데 1-3차 우선순위는 발전 및 식량, 물, 주거, 건강, 고용 등의 인간에게 일차적으로 중요한 문제에 대한 것이고, 오염의 문제는 우선순위에서 뒤쳐져 있다.17)

(2) UNEP의 무능력과 개도국의 주도권 상실

1973년에 설치된 UNEP은 1차 회의로부터 3차 회의에 이르는 기간 동안 개도국의 입장('환경'보다는 개발이 우선'이라는 입장)이 반영될 수 있는 외형적 조건을 갖춘다. 이와 관련 UNEP의 역할을 알아보자. UNEP은 환경과 관련하여 국제사회에 문제를 제기하여 국제정치적 결정과정이 이를 다룰 수 있도록 의제화하며 나아가 해결을 위한 일종의 가이드라인을 작성하는 기능을 한다. 이외에도 UNEP이 하는 일은 UN내 여러 기관들의 환경관련 업무를 조정하거나, 다른 UN기관이 프로젝트를 입안할 때 환경요소를 배려하도록 개입하는 기능을 한다. 특히 의제화 과정은 58개 국가로 구성된 관리이사회의 결정으로부터 영향을 받는데, 58개 이사회 중에서 개도국은 39개 국가에 이르고 있었다.

그러나 UNEP이 개도국의 입장을 강력히 대변하기에도 자체 내에 몇 가지 문제점을 가지고 있었다. 첫 번째로 지적할 수 있는 것은 미국이 가장 많은 출연기금을 내기 때문에 이사국과 이사회에 커다란 영향력을 행사하고 있다는 점이다. 두 번째로 UNEP은 환경문제를 제기하고 정의할 수 있는 능력은 갖추고 있었으나, 이를 국제적 규범체제 구성으로 연결할 수 있는 협상능력 및 교섭능력을 갖질 못하였다. 이의 대표적 예로, 우리들은 1975년 UNEP이 오존층파괴를 국제사회에 최초로 문제제기하고 이에 대처할 행동지

---

17) 다니엘 벨, 윗책; Caldwell, Ibid. Ch.5.

침을 마련하기 위해 오존층 조정위원회를 설치하였음에도 불구하고 미국을 위시한 4대 프레온 생산 국가들에 의해 1986년까지 의정서 조인이 거부되었음을 상기할 필요가 있다.18) 세 번째로 UNEP은 환경관련 부서간 역할 조정/통합 그리고 지도라는 주기능을 가지고 있었음19)에도 불구하고, 다른 유엔전문기관들에 비해 규모(직원과 예산)가 작고 지위가 낮아 자연히 이들 기관으로부터 동등한 전문기관으로 대접을 받지 못하고 있으며, 종종 개입이 무시되었고, 나아가서는 전문기관간 책임분담을 둘러싸고 서로 대립하기까지도 하였다. 따라서 실질적으로 UNEP은 유엔 산하 환경관련기구들을 조정해낼 수 있는 힘을 갖지 못하였다. 네 번째로 유엔의 환경관련활동은 경제사회이사회의 감독이나 후원을 받도록 되어 있으며, 나아가 부서간 갈등은 1986년 이전까지 경제사회이사회에 설치된 행정조정위원회에서 조정하도록 되어 있었다. 예를 들면 UNEP은 UNDP와 밀접한 관계를 가지고 일을 하여야 하는데, 이 기구조차도 자신이 기금을 제공하는 발전 프로젝트의 환경영향 평가에 거의 관심을 갖지 않았다.20)

비록 UNEP이 유엔체제하의 전세계에서 가장 중요한 환경전문기구일지언정, 1970년대에 환경문제를 관장함에 있어서 주도권을 갖지 못했음은 이러한 이유에서 비롯된 것이다. 이런 이유들로 인해 1970년대 이후 세계정치의 장에서 개도국의 입장이 강화되었음에도 불구하고, '환경'논의에서는 1972년 스톡홀름회의에서 거론된 선진국들의 실질적 책임 및 보상에 대한 공감대가 광범위하게 형성되지 못하였고, 재정지원 및 기술이전이 이행되지 못하였다. 이 시기 선진국은 개도국과 관련된 '환경'논의는 세계은행과 국제통화기금을 통해 관장하였고, 지역환경문제 논의의 장으론 OECD와 EC를 활용하였다.

---

18) 개러드 포터, 『세계환경정치』, 이해찬 역(돌베개, 1991), 116-21쪽.
19) Caldwell, Ibid, Ch.3; A. Hurrell & B. Kingsbury, The International Politics of the Environment(Oxford: Clarendon Pr., 1992), Ch.7.
20) Beitraege zur Umweltgestaltung—Umweltperspektive der Vereinten Nationen(1987).

5) 평가

스톡홀름에서 합의한 원칙들에 따르면 개도국의 발전(원칙 10: 물가안정 및 최저생계비의 보장)을 위해 필요한 기본적인 재정지원 및 기술원조의 필요성(원칙 9: 소극적 지적으로는 23-25)을 지적하였다. 이 원칙은 실천적인 뒷받침이 결여되어 있어 거의 실효를 거두지 못하였다. 레드클리프트[21])는 "스톡홀름회의에서 가결된 26개의 원칙적 해결방안과 109개 권고 안에도 불구하고 지난 10년 동안의 국제적 사건들을 분석해보면, 실패한 것이 명료하게 드러난다"고 지적하였다. 일례로 이 기간 동안 인구가 거의 8억이 증가하였고, 빈국과 부국 간 불균형은 심화되었으며, 군사비에 대한 전세계적 지출은 연간 5억 미달러에 달하고, 먹이사슬에 미치는 극독물의 수와 강도도 증가되어 왔다. 따라서 외형적으로만 보아도 국제적인 보호노력은 개도국에서의 환경위기를 근절시키는 것과 거의 상관성을 가지고 있지 않았다.

이 1970년대는 80년대를 준비한다는 의미에서 제3세계에게 '잃어버린 10년의 기간'이었던 반면, 제1세계에겐 환경문제와 경제침체를 극복할 수 있는 기회의 시작이었다. 이 시기 동안 선진국들은 자국내 환경오염을 근절할 종말처리기술과 청정기술을 개발하였고, 경제적 재구조화를 이룩할 기술혁신 및 투자를 통한 경제도약의 기회(이 기간을 학자들은 제3의 물결 또는 후기산업사회 또는 포스트포디즘으로 진입한 시기라고 지적)를 가질 수 있었다.

3. 세계환경논의 30년사 2: 1980년대

1980년대 지구 차원에서의 '환경'논의는 선진국들에 의해 주도되었다. 이것은 1970년대의 유산으로 인한 당연한 결과였다. 이 시기 선진국들은

---

21) Redclifft, Ibid, 1984: 48.

국제적인 규범체제들을 제도화할 수 있는 조건들—문제제기 능력, 과학적 조사능력, 규범체제 형성을 위한 협상능력 및 교섭능력—을 가지게 되었다.22)

세계환경회의사에서 1980년대가 가지고 있던 특징은 '지탱가능한 발전'의 이념 밑에 선진국과 개도국이 합의할 수밖에 없는 과정, 이러한 합의 속에서 1970년대 말에 발견해낸 선진국형 해답—기술개발에 의한 한계극복, 기술개발의 최적 조건으로서의 사(私)부문 육성 그리고 세금 및 보조금 등을 통한 외부비용의 시장내부화—이 전세계적인 해답으로 공인받는 과정 그리고 구체적인 환경분야에서 선진국가들 사이에 경제적인 이해관계가 갈등하는 과정에 놓여 있다.

1982년 채택된「나이로비선언」은 이제 지구 차원에서 인류가 공동대처해야 하는 문제로 지구자정능력 파손을 정식 거론하고 그 해결방안으로 최소한의 정부규제와 환경비용의 내부화를 통한 시장기구의 활용을 지적하였다. 반면 같은 해 공표된「자연보호헌장」은 지구 차원에서 환경보호의 일차적인 책임이 선진국에 있음을 확인시켰다. 이 1980년대 초의「선언」및「헌장」은「브란트보고서」와「브룬트란트보고서」를 거치면서 하나의 입장, 즉『우리 공동의 미래』로 집약되었다. 그러나 이 일원화된 입장의 정립은 쉬운 것이 아니었다. 1980년대 말 90년대 초까지도 개도국과 선진국 간 갈등은 지속되었는데, 개도국은 개도국각료회의를 통해 자신들 공통의 입장을 도출·표명하려 노력한 반면 선진국들은 G-7 정상회담을 통해 자신들이 얻은 해답을 지속적으로 천명하였다.

1) 1970년대 논의의 두 가지 결산:『나이로비선언』과『세계자연헌장』

1980년대 환경 논의의 방향은 그 벽두에서부터 두 개의 선언문이 알리고

---

22) 개러드 포터, 윗책, 79, 109-12쪽.

있었다. 이 두 선언문은 1982년 세계국가 위원회가 채택한 「나이로비선언문」과 유엔 총회가 채택한 「세계자연헌장」이다. 전자의 선언문은 선진국 시각을 반영한 반면, 후자의 헌장은 개도국의 시각을 좀더 반영한 것이다.

「나이로비선언」[23]은 세계국가공동체(World Community of States)의 명의로 채택된 것이다. 나이로비선언의 특징은 논의의 초점을 전반적으로 자원보호보다는 지구자정능력의 파괴로 이행시킨 것 그리고 그 해결방안에 더 많은 부분을 할애한 것(10항 중 6 개항)에서 찾을 수 있다. 첫 번째 지적과 관련하여 이 선언문은 무분별하고 무계획적인 인간활동이 열대림 파괴, 토양유실, 사막화, 기후변화 그리고 해양오염 등을 야기하였다고 지적한다. 두 번째 특징과 관련하여 이 「선언문」은 (일국 차원에서) 사전예방적인 행위로서 환경관리와 환경영향평가 도입의 필요성을 명시하고, 환경적으로 건전하고 사회경제적으로 지탱가능한 발전을 언급하였으며(3항), 이에 근거하여 지역적으로 통합된 방법론의 필요성을 제기하였다. 또한 환경문제의 성격이 국제적임을 다시 한번 인식하고, 국가 간 자문을 통한 국제행동의 강화, 이의 연장선상에서 환경법의 촉진 그리고 과학적인 연구와 환경관리의 결합을 권고하고 있다. 전반적으로 이 선언의 내용은 1970년대 OECD가 도달한 결론을 시기적으로 뒤늦게 국제 차원에서 담고 있음을 알 수 있다. 이미 지적하였듯이, 1980년 이전 OECD는 환경과 지역적 자정능력을 연관지어 환경평가와 예방 차원에서의 환경관리에 초점을 두고 있었다.

1982년 유엔총회에서 채택한 「세계자연헌장」[24]은 자신의 이념을 1975년 자연 및 자연자원보호를 위한 국제연맹(International Union for Conservation of Nature and Natural Resources, 약칭 IUCN) 자이레 회의에서 작성한 초안에 두고 있다. 의장 모부투는 "자연자원의 보호 그리고 자연의 질과 안정성

---

[23] 이 선언문과 관련하여서는 Tolba, Ibid, 9-11, 국가안전기획부, 윗책, 18-21쪽을 참조하라.
[24] 이 헌장은 외무부, 윗책, 125-134쪽 그리고 국가안전기획부, 윗책, 22-7쪽을 참조하고, 평가와 관련하여서는 Bill Adams, *Green Development*(Cambridge:Cambridge Uni. Pr., 1992)을 참조하라.

유지가 긴박하다"는 상황판단과 "자연에 미치는 모든 인간들의 행위는 지도되고 평가되어야 한다"는 전제에 근거하여 자연헌장을 발전시킬 것을 제안하였다. 이것이 자이레 대표에 의해 1980년 유엔총회에 제안되었고, 1981년 총회는 이에 대한 각국의 견해를 듣기 위해 회원국들을 소집하였다. 그 동안 1980년 10월 비동맹회의 대표회의는 이 헌장을 유엔총회가 다루어야 할 일차적인 안건이라고 주장하였으며, 1981년 OAU는 이 헌장의 채택을 강력히 권고하였다.

이 헌장이 가지고 있는 특징은 두 가지이다. 첫째로 자연보호 원칙으로 제시된 24개 항목은 인간의 도덕적 의무와 그 당위성에 호소한 것이다. 즉 이 헌장은 인간이 자연의 한 부분임을 밝히고, 문명은 자연에 뿌리를 두고 있음을 선언하면서, 인간 이외 모든 형태의 생명은 독특하며 존중되어야 하고, 인간은 이러한 인식에 합당한 도덕적인 행위규범에 의해 지도되어야 한다고 선언한다. 두 번째로 이 선언문은 자연세계의 파괴 및 악화의 원인을 일면 지나친 소비와 자연 자원의 오용에서, 타면 적절한 경제질서 수립의 실패에서 찾고 있다. 후자의 지적이 지금까지의 선언문들과는 상이한 특징으로 보인다. 이 헌장은 자연에 영향을 미치는 인간의 행동이 지도되고 판단되는 근거로서 5개 보호원칙을 채택하였다.

① 자연존중
② 지구상 모든 종들의 배타적 생존가능성
③ 이 두 원칙에서 배제되는 지역은 없어야 함
④ 생태계와 유기체들은 최적의 지탱가능한 생산성을 유지하도록 관리되어야 함
⑤ 전쟁으로 인한 파괴로부터 자연은 보호되어야 함

이 5개 원칙이 개별 국가들에게 법률 및 정책으로 반영되도록 촉구되었다. 이 결의안에 111개 국가들이 찬성하였고, 미국은 당시 유일한 반대자였다.

이렇게 두 개의 선언문을 통해 상이하게 나타난 선진국과 개도국의 의견은, 물론 기술이전과 재정지원이란 두 문제에서의 논란이 남아있긴 하였으나 발전을 위해 환경을 희생했다는 비판을 동반하고 있는 '지탱가능한 발전'이란 개념으로 수렴되었다. 이러한 수렴은 1980년대 개도국의 경제상황 악화가 배경이 된 것이다.

2) 1980년대의 세계정치경제: 선진국의 경제성장 대 후진국의 채무위기

1970년대 중반 이후 80년대 말까지 선진국들은 지역 차원에서 환경에 대한 투자와 기술개발을 하였음에도 불구하고, 전세계 경제는 지속적으로 성장하였고 선진국들도 상대적 경제성장을 이루었다. 다만 1980년대 동안 개도국들은 채무위기로 인해 경제상황의 악화를 경험하고 있었다. 이것은 외형적으로 경제성장과 환경보호가 반비례관계가 아니라 정비례관계일 수 있다는 선진국들의 주장을 뒷받침해 주었다. 선진국이 경제성장과 환경보호란 두 마리 토끼사냥에서 성공할 수 있었던 까닭은 선진국들이 부의 창출구를 새롭게 찾았기 때문만이 아니라 개도국 자본이 선진국으로 역류했기 때문이기도 하다.

선진국들은 어떻게 경제적 산업구조를 변경하였는가? 이들 국가들은 환경과 경제의 상관성 속에서 전반적으로 에너지 문제와 기후변화 등에 초점을 맞추어 산업구조를 고에너지 산업체계에서 저에너지 산업체계로 바꾸었다. 따라서 경제활동의 에너지 집약도(GDP에 대한 에너지 소비량 비)는 꾸준히 감소되었으며, 산업구조는 정보산업 등의 첨단 산업 쪽으로 이동하였다. 이 경우 기술혁신 및 신소재 개발 등이 큰 역할을 하였다. 이외에도 에너지를 다양화하여 대체에너지[25]를 개발하였으며, 석탄에너지의 액화 또는 기화 기술을 개발하였다. 또한 에너지 시스템의 신축성을 증가시켰다. 전통적인

---

[25] 전체 에너지 사용량 중 대체에너지는 10%를 차지하며, 이중 원자력이 8% 그리고 나머지는 태양열, 지열, 풍력, 바이오매스 등이 차지한다.

경제는 대량생산을 하는 대규모 시스템인데, 이 구조 조정된 새로운 경제는 제조업을 축소하고 새로운 기술과 유연해진 노동시장을 기반으로 한 것이었다.

이러한 선진국의 전반적 산업구조의 재조정에도 불구하고 1980년대 10년 동안의 세계생산량은 인류문명 이후 1950년까지 누적된 총량보다 많았다. 물론 1980년대 초반 선진제국의 경제여건은 약간 침체되었으나, 후반기에 들어서면서 또 다른 회복기에 들어섰다. 미국경제의 상대적 침체(1960년대에 세계GNP의 45% → 1980년대 말 26.4%로 감소, 세계교역의 비중도 같은 기간 중 17.2% → 11.8%로 감소)를 예외로 하면, 일본(3.8% → 13.7%; 3.4% → 8.6%)과 EC(30.5% → 33.4%)는 같은 기간 중에 상대적인 경제회복과 성장을 경험하였다. 전반적으로 선진국들의 일인당 소득은 11,000달러에서 13,000달러로 상승하였다.

반면 지구상의 가장 빈곤한 지역인 아프리카 국가들은 일인당 소득이 560달러에서 1980년대 말 450달러로 떨어졌다. 몇몇 신흥공업국을 제외한 나머지 개도국들에게 1980년대의 상황은 더욱 악화된 것이었다. 제3세계의 최빈국들[26]은 경제면에서 농업, 광업, 금속업 등의 1차상품을 생산하는 수준을 벗어나지 못하고 있었다. 더구나 세계 1차상품 가격은 지속적으로 하락하였다. 이들 국가들이 세계상품 무역에서 차지하는 무역량도 1970년대의 1.3%에서 1980년대 말에는 0.3%로 떨어졌다. 이 기간 동안 선진국과 개도국의 소득분배 격차는 더욱 심해졌는데, 가장 부유한 국가들에 살고 있는 인류의 1/5의 평균소득이 가장 가난한 국가들에 살고 있는 1/5의 15배에서 30배에 달했다. 같은 시기 개도국의 외채는 더욱 증가하였다. 1980년 6,390달러이던 외채는 1987년에는 1조 3,000억 달러까지 치솟았다.[27]

---

[26] 약 4,200만 명의 인구를 가진 40개국으로 대부분 아프리카와 동남아시아 지역으로 차드, 에디오피아, 모잠비크, 말리, 부르키나파소, 말라위, 적도기니, 우간다, 부룬디, 탄자니아, 나이지리아, 중앙아프리카공화국, 소말리아, 르완다, 잠비아, 베냉아시아, 캄푸치아, 라오스, 베트남, 방글라데시, 미얀마, 동티모르 등이다.

[27] 다니엘 벨, 윗책; 월드워치, 윗책(1992).

이러한 개도국의 상황은 1983년 설치된 「브란트보고서」를 통해 현 환경파괴에 대한 선진국 책임론을 강력히 제기하도록 하였고, 동년 설치된 세계환경과발전위원회(World Committee of Environment and Development, 약칭 WCED)로 하여금 개도국에 대한 배려조항 및 구체적인 조치들을 고안토록 하였다.

3) 입장의 통합:『우리 공동의 미래』

1983년 노르웨이 정부는 1972년의 스톡홀름정신을 계승하면서 지구 차원의 '환경'문제를 더욱 전문적이고 효율적으로 다룰 수 있는 환경위원회를 유엔 내에 설치할 것을 요구하였다. 이런 요구 속에서 제38차 유엔총회는 다시 한번 더 지구환경보전과 개발을 논의하기 위해 환경과 개발에 관한 세계환경과발전위원회(WCED) 창설을 결의하였다. 이 위원회는 각국의 각료급 인사 21명으로 구성되었으며, 일명 '브룬트란트'(Brundtland)위원회라고 칭하기도 한다. 이 위원회의 자금은 OECD국가들로부터 나온 것이다.28)

WCED는 1986년 공식적 활동을 종결하면서 법원칙을 채택하고, 1987년에는 「우리 공동의 미래」라는 보고서를 제출하였다. 이 보고서는 일명 「브룬트란트보고서」라고 불리기도 하는데, 1970년대 이후 지속된 선진국과 개도국의 이해관계를 조화시키기 위해 전지구적인 협력과 대화라는 일반원칙에서 환경문제에 접근하려 노력하였다. 바로 이 점에서 동 보고서는 1983년 남북문제 위원회의 의장이었던 브란트가 제출한 보고서에 상당부분 의존하고 있는데, 「브란트보고서」는 "'환경'문제를 국제관계 및 세계경제란 관점에서 접근함으로써 개도국들을 위한 새로운 지평을 열었다"29)고 평가 받은 보고서이다.

「브룬트란트보고서」는 개도국이 '환경'적으로 건전한 정책을 채택할 수 없는 이유로 빈곤, 채무 그리고 인구성장에 주목하고 이를 세계무역구조

---

28) Ernst U. v. Weizaeker, *Erdpolitik*(Darmstadt: Wissenschaftliche Buchgesellschaft, 1992), 119-21.

29) Adams, Ibid, p. 62.

속에서 조명한다. 동 보고서는 선진국들의 보호무역주의가 세계경제 문제의 근본적인 뿌리이고 동시에 개도국의 느린 경제성장의 원인이라고 지적하고 있다. 특히 관세장벽 및 쿼터제 등이 개도국 시장의 위축과 더불어 선진국 경제의 정체를 야기하고 있다[30]는 것이다. 나아가 이 보고서는 개도국의 견해를 대변하는 차원에서 1985년까지 매년 약 4,000만 달러가 개도국으로부터 선진 국가들로 흘러들어 갔다는 사실을 밝혀냈다. 이 돈들은 대부분 채무개도국들이 선진국들에게 부채에 대한 이자로 지불한 돈이었다.

1980년대 초 두 개의 선언문과의 관계에서 이 보고서는 「나이로비선언」 3항에서 거론된 '지탱가능한 발전'을 "생태적으로 건전하고 지탱가능한 발전"(Environmental Sound and Sustainable Development, 약칭 ESSD)으로 채택하여 이 발전이 가능할 수 있는 조건으로 국제 정치경제적인 맥락을 강조하였다.[31] 사실 지탱가능한 발전을 위한 정치경제적인 맥락은 그 동안 '환경'논의의 장에서 소홀히 되어왔던 것들이다. 이 ESSD 전략은 인간들 간의 조화 그리고 인간과 자연 간의 조화를 촉진하는 것[32]인데, 정확히 정의하면 두 가지 개념에 의거한다. 그 하나는 기본욕구와 가난한 자들을 위한 발전의 우위성이고, 다른 하나는 지구의 한계라는 이념이다. 그러나 「브룬트란트보고서」는 지구의 한계가 기술과 사회조직체에 의해 구성되는 것으로 정의해 버림으로써, 향후 리우회의의 상징적 이념으로 집약될 ESSD 이념은 세계경제의 유지와 활성화에 그 우선순위를 부여하여 버렸다.[33]

이러한 ESSD 이념을 실행에 옮기기 위해 「브룬트란트보고서」가 제시한 전략들은 다음과 같다.

① 시민들이 결정과정에 효율적으로 참여하는 정치체계

---

30) WCED, Our Common Future(Oxford: Oxford Uni. Pr., 1986), 63-4.
31) Op. cit., p. xi.
32) Op. cit., p. 65.
33) Op. cit., p. 89.

② 자립적이고 지탱가능한 토대 위에 잉여와 기술적 지식을 생산할 수 있는 경제체제
③ 조화롭지 못한 발전에서 야기된 긴장을 해결할 수 있는 사회체제
④ 발전을 위해 생태적 기반을 지속시키는 생산체제
⑤ 지속적으로 새로운 해결을 추구하는 기술체제
⑥ 무역과 재정의 지속가능한 패턴을 강화하는 국제체제
⑦ 자기수정 능력을 가지고 있는 융통성 있는 행정체제[34]

이 보고서는 긍정적인 기여에도 불구하고 다음과 같은 한계를 가지고 있다. 첫째, 지탱가능발전 개념을 축소시켰다. 레드클리프트에 의하면, 지탱가능 발전관은 생태적인 한계에 일차적인 강조점을 부여하여 인간의 기본필요, 즉 생존욕구, 문화욕구 그리고 정치욕구를 생태적인 조건 하에서 충족시키는 것을 의미한다.[35] 그러나 WCED가 받아들인 ESSD는 "생태적으로 지지된 개념을 미묘하게 변형시켰다. 즉 물리적인 지탱가능성 개념을 벗어나 발전의 사회경제적인 가능성을 강조한 것이다."[36] 둘째, 이 보고서는 국제규모에서의 환경보호행동이 개도국 특히 빈국들에게 혜택이 돌아갈 것으로 가정하였으나 이들은 개도국에서의 정치경제적인 구조의 문제를 간과하였다. 세번째로 환경보호 및 경제성장의 조화가 힘든 것은 빈곤문제(개도국), 소비지향적 생활양식(선진국)으로 인한 것인데, 이 보고서에는 생활양식을 변화시키는 문제가 지적되지 않았다(이 지적은 이후 전세계 비정부민간단체들에 의해 이루어지고, 향후 리우회의에서 채택된 「의제 21」에 삽입된다).

전반적으로 개도국의 개발욕구와 선진국 콤플렉스에 비추어 볼 때 개도국에 대한 배려가 적었고, 이른바 녹색발전론자들의 시각에서 볼 때 발전에 대한 우선순위로 인해 생태적인 한계를 축소 해석하였다. 더 나아가 이

---

34) *Op. cit.*, p. 65.
35) Michael Redclifft, *Sustainable Development*(London: Methuen, 1987).
36) Adams, Ibid p. 59.

보고서의 전지구적인 자유무역주의의 확대 주장37)과 ⑥항의 "상품무역의 새로운 거래"에 관한 주장은 1990년대 '환경'규제와 무역연계(그린라운드)가 등장한 배경이 되었으며, WTO의 서막을 연 것이다.

4) 개도국들의 대응: '환경과 개발에 관한 개도국 각료회의'38)

이 보고서에 연이어 1988년 유엔 총회는 유엔환경개발회의의 개최 필요성과 배경 그리고 회의 개최준비에 필요한 사항들을 채택하였다. 1989년 제44차 UN총회는 1992년 브라질 리우에서 유엔환경개발회의(UN Conference on Environment and Development, 약칭 UNCED), 일명 지구정상회담의 개최를 결정하였다. 이 회의의 과제는 지난 20여 년 동안 미뤄왔던 환경과 조화된 발전을 구체적으로 실행하기 위한 행동프로그램을 만들어내는 것이다.

이러한 1989년 유엔총회의 결정에 개도국들은 사전준비를 위한 개도국들만의 회의 구성을 결정하였다. 개도국 공동의 입장을 효과적으로 반영하기 위한 협의회가 1990년 4월 인도 뉴델리, 1991년 6월 북경(제1차 "환경과 개발에 관한 개도국 각료회의"), 1992년 4월 말레이시아 쿠알라룸푸르에서 세 차례에 걸쳐 이루어졌다.

이 일련의 회의를 통해 개도국들이 1970년대와 달리 보여준 대응태도는 전지구적인 '환경' 프로그램이 가지고 있는 보편적인 명분에 동의하되, 이

---

37) 특히 「브룬트란트보고서」의 7개 전략 중 ⑥항과 관련하여, 동 보고서는 ⓐ 개도국에 대한 자본유입을 증가시킴으로써 '지탱가능발전' 프로젝트를 추진시키도록 개도국을 재정활화하자고 제안한다. 왜냐하면 외부로부터의 자본유입 결여는 개도국의 생활수준 개선을 방해하기 때문이다. ⓑ 상품무역에 대한 새로운 거래(개도국에서 산업과정에 숨겨져 있는 오염비용에 주의)를 제안한다. ⓒ 보호주의를 종식시키고 '책임성'을 보장하도록 초국가적인 투자의 개혁을 제안한다. 궁극적으로 「브룬트란트보고서」는 세계경제를 개방하는 것이고, 무역을 진작시키기 위해 개도국에 자본과 기술원조를 제공하는 것이며, 선진국에서 경제적 재구조화를 받아들이는 것이다. *Op. cit.*, ch.3을 참조하라.

38) 이 개도국 각료회의 선언문과 관련하여선 외무부, 윗책, 115-24쪽 그리고 국가안전기획부, 윗책, 37-56쪽을 참조하라.

프로그램의 이면에 놓여 있는 선진국 중심주의에서 벗어나고자 한 점이다. 개도국들은 현 생태위기에 대한 선진국 책임론을 분명히 하였고, 전지구적인 '환경'보호 조치들이 개도국들의 개발주권 및 국내정책 결정과정을 침해할 것을 우려하였으며, 이를 방지하기 위해 실천력 있고 구체적인 선진국의 기술지원 및 재정지원 약속을 촉구하였다.

제1차 환경과 개발을 위한 개도국 각료회의 결과물인 「북경선언문」은 개도국의 지속적인 발전을 위해 10개 원칙을 채택하였다. 전반적으로 이 선언문은 선진국 중심의 환경논의에서 어떻게 개도국의 개발권을 확보할 것인가에 초점을 두고 있다. 원칙 1에 따르면, "환경변화는 경제·사회적 활동과 밀접히 관련되어 있으므로, … 발전과정과 통합되어서 언급될 필요가 있다(면서) … 개도국의 개발권리가 충분히 숙지되어야 하며, 전지구적 환경보호조치들은 개도국의 경제성장과 발전을 지지해 주어야만 하고, 이를 위한 제도적·기술적 능력의 강화를 지원해 주어야 한다"(원칙 3항). 이의 근거로 이 선언은 "환경보호는 국제공동체의 공동의 관심사이지만, 지구 차원의 환경파괴에 대한 일차적인 책임은 선진국에 있으며"(원칙 7항), "사실상 개도국의 발전은 선진국들이 제공한 낡아빠진 공해다발기술에 의거한 것이고, 이것이 환경의 악화를 가져왔으며, 이 악화는 역으로 한 국가의 차원에서 그리고 동시에 지구 차원에서 발전 그 자체의 둔화를 야기한다"(원칙 4항)고 기술하고 있다.

이 선언문에 따르면 선진국은 일차 책임국가이면서도 동시에 해결을 위한 조건—재정능력과 기술능력—을 가지고 있다는 것이다. 이로부터 동 선언문은 "환경 및 발전문제에 효과적으로 대처할 수 있는 적절하고, 새로우며, 추가적인 재정지원을 요구하고, 환경적으로 건전한 기술의 비상업적 이전"을 촉구하였다(9항). 더 나아가 이들은 선진국이 이양해준 공해다발 기술에 의거한 경제발전과 환경악화라는 악순환을 야기하는 "개도국의 경제발전 그 자체도 국제경제 관계(채무, 재정, 무역, 기술이전)의 불평등으로 인하여 심각한 상태에 놓여 있다"며, "선진국으로 재정자원의 역류, (기술을 개발할 수 있는) 두뇌 유출, (이로 인한) 그들 자신의 과학적·기술적 후진성"을 지적하고 있다. 따라서 이들이 선택하는 해결방안은 "새로운 평등한 국제경제질서"(원칙 5항)이며, 환경고려가 주권침해를 허용해서는 안 된다는 "국가 간 평등성의 인정", 개도국 재정지원을 위한 '녹색기금'(Green Fund)의 설치에 관한 것이었다.

이 「북경선언」은 리우회의 개막 직전에 열린 쿠알라룸푸르 회의에서 선진국 책임론, 국가주권의 인정(10항, 3항), 개도국의 발전 인정 그리고 이를 위한 재정 및 기술이전 촉구로 재확인되었다(3항, 11-14항). 특히 「쿠알라룸푸르선언문」은 리우회의 선언문의 핵심적 이념이 될 "ESSD"의 "환경적으로 건전함"이 사회경제적으로 건전한 세계에서만 가능함을 강조하였다(4항). 사실 환경적으로 건전한 발전은 생산과 소비과정에만 적용되는 것이 아니라, 분배의 문제에까지도 확대되어야 한다는 것이다. 왜냐하면 생태적으로 건전함의 의미가 이미 사회경제적 평등의 개념도 포함하고 있기 때문이다(5항). 이렇게 지탱가능한 발전을 정의할 경우 선진국의 개도국에 대한 기술지원 및 재정지원 요구는 명분을 가질 수 있다.

5) 선진국의 대응

선진국의 관심 및 대응방식은 1982년 OECD 문건과 1980년대 말 진행된 일련의 서방 7개국 공동선언문을 통해 확인될 수 있다. 80년대 이들의 입장은 1970년대에 선택한 대응논리의 연장선에 있었다. 선진국들의 주된 관심은 지구 자정능력의 파괴에 있었고, 이의 대응방법으론 '환경'친화적인 기술이 예방차원에서 개발되어야 하는데 이 기술개발은 사적 부문(시장경제)의 강화를 통해 더욱 효율적으로 이루어질 것이라고 확신하였다. 따라서 정책 측면에서는 강한 시장 지향성을 견지하였다(물론 이러한 태도는 이미 「브룬트란트보고서」의 입장이기도 하였다). 동시에 개도국의 발전을 지속시키기 위한 재정지원 방안은 조금씩 구체화되었다.

이 자정능력 파괴에 대한 관심 변화를 두드러지게 보여준 것이 OECD였다. 이 기구는 그 동안 선진국들의 환경문제에 대한 견해 및 정책을 대변해 왔다. 1980년 이후부터 OECD에서는 '환경'문제 영역에서 자정능력 파괴로 인한 환경오염문제가 자원문제를 앞서게 된다. 이의 한 예로서, 1982년 OECD는 환경오염문제로 이산화탄소와 기후변화를 포함한 다섯 항목을 거론하고 있는 한편, 생물종 다양성 및 열대림 보호란 두 가지 자원항목을 선정하고 있다.39)

이러한 지구 자정능력 파괴에 대한 우선순위는 1980년대 말에 이르면 더욱 두드러지게 된다. 서구 정상회담은 기후변화와 열대림 파괴의 상관성에 관심을 표명하기 시작하였다. 그 예로, 1989년 파리정상회담, 1990년 7월 휴스톤 정상회담, 1991년 7월 런던정상회담 등에서 서구 정상들은 자정능력 차원에서의 '환경'문제의 심각성을 거론하고 경제선언문에 세계 '환경'문제를 삽입하기 시작하였다.40) 이 세 선언문은 모두 자정능력에서 이산화탄소의 사용증대 및 온실가스 효과로 인한 기후변화 그리고 열대림 파괴를 가장 중요한 문제로 손꼽았다(파리 공동선언문, 33항, 39-44항; 휴스턴 공동선언문, 62-68항; 런던 공동선언문, 51항, 54항).

이후의 선언문들도 환경적 고려가 경제 결정과정에 통합적으로 고려되어야 한다는 측면에서 사(私)부문의 역할을 강조하였다(휴스톤 선언문 73항). 특히 환경에 대한 고려가 통합된 발전을 가능케 하는 강력한 매개 고리는 기술의 비약적 발전에 달려 있는데, 이 비용절감이란 방향에서의 기술발전은 시장경제에서만 가능할 수 있다고 지적하였다(런던 선언문 47항). 다만 공부문인 국가는 부차적인 측면에서 환경보호의 비용과 혜택에 대한 분명한 평가 작업을 할 수 있다. 이 국가의 평가기준 및 방법은 OECD, UN 등의 국제기구가 공동 개발할 수 있는 국제협력 사항이다.

또한 이 선언문들은 개도국 및 기타 국가들의 개발 계획을 친'환경'적으로

---

39) OECD 환경위원회 편저, 『공존의조건』(녹원출판사, 1984).
40) 외무부, 윗책, 135-54쪽.

통제하기 위한 재정지원에 공감하고 있었다. 개도국이 제기한 선진국 책임론과 구체적인 재정지원에 대한 약속은 3년이란 기간 동안 조금씩 구체화되었다. 즉 이들 선언문은 재정창출에 대한 언급에서 처음(파리선언문, 37항)엔 세계은행과 지역은행의 역할에 의존하다가, 다자간 개발은행 프로그램의 운영(휴스톤 선언문 72항)을 거론하였고, 1991년(런던 선언문, 52항)에 가서는 '환경'보호를 위한 독자적 재원(GEF)의 창출을 약속하였다. 또한 이 은행 및 기금들은 재정지원(차관)을 할 때 '환경'에 대해 고려하도록 권고하여야 하며, '환경'기술개발에는 재정지원을 아끼지 말아야 한다고 못 박았다.

4. 세계환경논의 30년사 3: 1990년대

1990년대 세계환경논의는 다음과 같은 세 가지 특성을 가지고 있다. 첫 번째의 특징은 지난 20여 년 동안 끌어오던 선진국과 개도국의 갈등이 리우회의에서 기본원칙에 대한 합의로 일단락되었다는 것이다. 그러나 지구환경규범의 내적 취약성으로 인해 환경과 무역이 연계되었고 이를 배경으로 그린라운드와 WTO 무역과 환경의 일반원칙 정립이 논의되고 있는데, 이것이 두 번째 특성이다. 세 번째의 특징은 이 환경과 무역의 연계가 기본적으로 경제적 세계화란 우산 밑에 진행되고 있으므로, 21세기는 환경문제가 더욱 악화될 가능성을 가지고 있다는 것이다.

1) 리우회의와 유엔환경특별총회[41]

1992년 6월 브라질의 리오데자네이로우에서 전세계 126개국의 정상급

---

41) 리우회의와 관련하여선 공해추방운동연합, 『유엔환경개발회의와 국제환경협약 연구』(1992); 『우리의 환경 우리 손으로: 유엔환경개발회의 자료집』(1992); 외무부, 윗책; 외무부, 『한국의 지구정상회교』(1992); 국가안전기획부, 윗책, 57-62쪽; Weizaeker, Ibid, Ch.14를 참조하라.

대표단들이 참가한 유엔환경개발회의가 개최되었다. 이 회의는 지난 20년간 끌어온 지구환경문제에 대한 종합적인 기본규범체제 마련에 합의하였다. 이 규범체제가 '리우선언'과 세부실천계획으로 구성된 「의제 21」(Agenda 21)이다.

물론 이 규범체제에 도달하기까지 개도국과 선진국의 의견차이는 만만한 것이 아니었다. 이미 1980년대의 개도국과 선진국의 대응이란 절에서 지적하였듯이, 개도국들은 환경보전을 위한 국제규범이 개도국의 경제개발에 저해 요인으로 작용해선 안 된다는 입장을 견지하였고, 선진국 주도의 환경질서 형성으로 선진국과 개도국 간 경제격차가 항구화될 것을 우려하였다. 또한 현재와 같은 환경파괴를 야기한 일차적 책임은 과거의 산업화 과정에서 성장우선 정책을 추진한 선진국에 있으므로 환경청정기술 및 대체물질 개발 기술 등의 무상이전과 재정지원을 지구환경보전을 위한 필수적 요건으로 주장하였다.

이에 반해 선진국들은 지구환경보전을 위한 선진국들의 역사적 책임을 인정하되 미래의 후손에게 물려줄 환경보전은 선진국과 개도국의 공동책임임을 강조하였다. 이에 따라 재정·기술지원 등 개도국의 환경보전 노력을 지원할 용의가 있으나, 지구환경보전 책임의 기본원칙은 "공동의 그러나 경제적 능력에 따른 차별화된 책임"에 두어야 함을 주장하였다.

결국 「의제 21」은 "공동의 그러나 차별화된 책임"을 기본원칙으로 받아들여 통과되었다. 이 「의제 21」은 두 가지 특징을 가지고 있다. 그 하나는 1980년대 후반 논의된 선진국과 개도국의 의견을 수렴하여 최대 쟁점사항이었던 '재정지원'과 '기술이전'에 대한 기본원칙을 끌어내었다는 것이고, 다른 하나는 리우선언과 「의제 21」의 이행을 평가·감시하기 위해 유엔의 경제사회이사회 산하에 지탱가능발전위원회(Committee of Sustainable Develpment, 약칭 CSD)[42]를 설치하여 지구환경문제에 총괄적인 관리체제를 구축하였다는 것

---

[42] 이 CSD는 특히 재정 및 기술이전 상황과 연계하여 「의제 21」의 이행문제를 검토하도록 규정되어 있다.

이다.

그러나 개도국에 대한 배려조항인 재정지원과 기술이전 그리고 국제협약 조인국의 확대 및 실행에는 시간이란 변수가 놓여 있었다. 1997년 6월 유엔환경특별총회가 개최되었다. 이 회의는 일명 "리우+5"라고도 불리는데, 지난 5년간의 국제 경제·사회 전체의 변화와 리우합의사항의 이행실적을 검토·평가하고 이를 바탕으로 향후 5년간 지구환경보전의 지침이 될「의제 21」의 추가이행 프로그램을 채택하기 위한 회의였다. 이 회의에 참여한 약 180여 국가의 수석대표 및 국제기구 대표들은 재정지원 및 기술이전 등「의제 21」을 진척시킴에 있어서 의미 있는 작업들이 거의 행해지지 않았다는 데 동의하였다. 반면 지구환경보호를 위한 전 세계적인 규범형성은 각 분야별로 가속화되었고 1992년 약 100여 개였던 국제협약이 1998년에는 약 200여 개에 이르고 있다.

2) 그린라운드와 WTO[43]

「의제 21」 2조에서는 환경보호와 자유무역체제가 조화될 수 있음을 "지속가능한 개발이란 목표에 합치되고 비교우위에 따라 지구 차원에서 생산의 적정배분을 유도하는 다자간 무역체제는 모든 무역 당사자에게 이익이 되며"(5항)라고 명기하고 그 이유로 "다자간 무역체제가 자원의 효율적인 배분을 가능하게 함으로써 생산과 소득의 향상에 기여하고…건전한 환경은 지속가능한 개발에 필요한 자원을 제공"(19항)하기 때문임을 제시하고 있다.

따라서 리우회의 이후 환경과 무역을 연계하기 위한 다자간 협상의 필요성이 제기되었다. 이를 그린라운드라 칭하는데, 이 용어는 사실 1991년 미국의 막스 바커스 상원의원이 처음 사용한 것이다. 당시 선진국 이해관계에 근거하여 환경을 목적으로 무역규제를 행하려는 의도와 GATT 및 리우의제의

---

[43] 그린라운드와 관련하여선 경제기획원(1994), 한국환경사회정책연구소(1994), 김준한 외(1994), 김주적(1995) 등을 참조하라.

자유무역원칙을 조화시키기 위한 다자간 협상을 지칭하려는 것이었는데, 이후 이 용어는 선진국들이 환경을 구실로 일방적인 무역규제 조치를 취할 것임을 그리고 새로운 국제무역질서가 등장할 것임을 상징하는 의미로 사용되고 있다.

이 개념의 등장배경에는 우루과이 라운드 이후 열린 세계시장의 무한경쟁이란 상황에서 선진국 제품의 경쟁력이 상대적으로 뒤떨어질 수 있다는 우려가 있었다. 동일제품에 대해 개도국들은 환경오염을 유발하는 생산방법을 사용함으로써 생산가격이 저렴한 반면, 선진국들은 높은 환경기준의 설정과 환경기술투자로 인해 생산비용이 높고 이로 인해 높은 제품가격을 부담하고 있기 때문이다. 더구나 리우에서 합의한 「의제 21」의 구체적 이행은 장시간을 요한다. 이 기간 동안 환경친화적이지 못한 값싼 개도국의 제품들이 자유무역으로 인해 선진국에 범람하는 경우, 그 폐기물 처리비용을 선진국들이 물어야 하고 이로 인해 선진국 정부의 재정부담은 더욱 커질 것이기 때문이다.

이러한 선진국의 우려에서 등장한 그린라운드에는 두 가지 유형이 있다. 그 한 유형은 환경보전을 위한 국제환경규제로, 여기에는 지구환경보전을 위한 각종 협약, 개별 국제환경협약 및 부속의정서, 쌍무간 또는 지역간 환경협약 그리고 국제 환경협약을 근거로 한 국내법이 속한다. 규제방법으로는 직접규제 유형과 간접규제 유형이 논의되고 있다. 직접규제 유형에서는 특정 물질의 사용제한 및 금지, 생물자원의 보전 및 개발제한, 유해물질의 국가 간 이동규제 그리고 최저 환경기준의 준수의무 부과 등이 속하고, 간접규제 유형에는 각종 부과금, 시장기능을 통한 사용억제(상계관세, 에너지세, 환경마크 부착), 자원 낭비적인 소비패턴 및 생활방식 규제 등이 속한다.

두 번째 유형은 환경과 무역의 일반원칙 정립으로, 이는 1995년 WTO 출범과 더불어 활발히 논의되고 있다. 1994년 마라케시 각료회의는 「무역과 환경에 관한 협정」을 채택하고 WTO 산하에 무역환경위원회(Committee on Trade and Environment, 약칭 CTE)를 설치하였다. 이 CTE는 지탱가능발전을 추진하기 위해 환경과 무역의 상관관계를 검토하고 양자의 조화로운 추구를 위해 WTO의 규정을 개정할 필요가 있는지, 이런 개정이 개방성·비차별성·공평성을 추구하는 WTO의 기본원칙에 위해되지는 않는지 등 10여 개의 구체적인 의제들을 논하기로 합의하였다.

이후 10개 의제들이 논의되었으나, 개별국들이 기존 입장을 계속 견지함으로써 진전되지 않고 있다. 그간의 논의 과정에서 중점적으로 협의된 의제들은 의제 1, 3, 6, 8인데 이 의제들을 협의하는 과정에서도 개도국과 선진국의 입장은 서로 달랐다.

환경협약(Multilateral Environmental Agreement, 약칭 MEA)상의 무역조치와 다자간 무역체제(Multilateral Trading System, 약칭 MTS)의 관계에 관한 의제 1은 곧 WTO가 MEA 무역제한 조치를 어떻게 수용할 것인가라는 방식에 관한 것이었다. 여기에서 선진국은 사전적인 접근방식, 즉 "GATT의 일반적 예외조항인 20조를 개정 또는 확대 해석함으로써 MEA상의 무역조치를 WTO 내 사전적으로 수용하는 것"을 주장한 반면, 개도국의 입장은 사후적인 접근방식, 즉 "WTO 회원국이 MEA상의 차별적인 무역조치를 사용하고자 할 경우 사례별로 WTO 협정 제9조에 의거 WTO회원국 3/4 과반수의 승인을 받아 WTO 협정 의무에 대한 감면을 부여받게 하자는 것"이었다(이견을 좁히지 못하고 추후검토가 필요하다는 내용으로 타결).

의제 3은 환경목적의 부과금·세금과 다자무역체계와의 관계에 관한 것으로, 그 세부 논쟁점 중에서 제품관련 제조공정 및 생산방법(Process & Product Methods, 약칭 PPMs)에 부과되는 환경세가 국경세조정44)의 대상인지에서 개도국과 선진국이 서로 다른 견해를 가지고 있었다. BTA의 대상이 아니라는 개도국의 주장에 대해 선진국은 허용 여부가 불분명하므로 이에 대한 세부논의가 필요하다는 입장을 견지하고 있다.

---

44) 일명 BTA(Border Tax Adjustment)로 도착지 원칙을 적용하기 위한 것이다. 즉 각국의 국내 조세체계를 유지하면서 교역시 조세와 관련된 경제여건을 균등화하기 위해 재화가 소비되는 국가에서 조세가 부과되도록 하는 조치를 말한다.

"환경조치가 개도국의 시장접근에 미치는 영향 및 무역왜곡 조치의 제거가 미치는 환경이익"에 관한 의제 6은 개도국과 선진국의 의견마찰이 가장 큰 논제이다. 개도국은 환경목적의 각종 경제조치 및 기술규정이 개도국의 시장접근을 방해하는 장애요인임을 강조한 반면, 선진국은 UR 협상 결과 확대된 무역자유화는 개도국의 시장접근을 개선하며, 각국의 높은 환경기준은 자원사용의 효율성을 가져와 국내 생산자의 경쟁력에 긍정적인 효과를 주고 새로운 상품 기술개발을 추진함으로써 새로운 시장접근의 기회를 향상시킨다는 입장을 견지하였다.

의제 8인 지적재산권에 관한 협정과 환경친화기술의 개발 및 이전추진의 관계에서도 이런 첨예한 대립은 지속되었다. 이 의제에서 개도국은 지적재산권이 기술접근에 대한 제약을 통해 가격상승을 초래하고 궁극적으로 개도국의 시장접근 및 환경파괴를 야기할 수 있음을 지적하면서 기술이전에 필요한 재원조달이 MEA상 환경목적의 이행에 필수적임을 다시 한번 상기시키고, 청정기술의 이전을 촉진하기 위해 지적재산권에 관한 협정(Trade-related Aspects of Intellectual Property Rights, 약칭 TRIPs), 특히 강제실시규정의 개정45)을 주장하였다. 이에 반해 선진국은 지적재산권 보호가 기술개발에 결정적인 역할을 하며 TRIPs 협정이 기술이전에 관한 제반규정을 포함하고 있음을 들어 협정개정에 소극적인 입장을 취하였다. TRIPs 규정과 생물다양성 협약의 관계에서, 선진국은 생물다양성협약과 TRIPs 협정 간에는 불일치가 없으며 이와 관련하여 추가검토는 필요하지 않다는 입장을 취한 반면, 개도국(특히 인도)은 토착 및 전통지식의 TRIPs 협정에의 수용 등을 위해 TRIPs 협정의 개정이 필요하다는 입장을 견지하였다.

---

45) 이 강제조항의 개정은 특히 인도에 의해 주장되었다.

3) 경제적 세계화와 환경파괴

에콜로지스트의 부편집장인 사이몬 리텔렉[46]은 "경제적인 세계화가 진행되었던 지난 20여 년 동안 선진국에선 신자유주의 정부가 들어서고 개도국들에게 IMF와 세계은행의 구조조정 프로그램이 이전됨에 따라 무역 및 투자에 대한 국가장벽이 극적으로 축소되었는데", 이것이 환경에 대해선 대단히 파괴적이라고 진술하고 있다. 1970년에서 1992년까지 초국적기업에 의한 해외직접투자는 약 12배 증가하였고, 세계무역 거래량도 약 15배 팽창하였다.

경제적 세계화가 초래한 이런 세계무역과 투자에서의 붐은 무수히 많은 생태문제들을 야기하였다. 무역은 수송에 기반을 두는데, 현재의 수송수단들은 화석연료에 의해 움직이므로 세계무역의 증대는 기후변화 및 대기오염을 필연적으로 동반할 수밖에 없다. 또한 이 동일한 과정은 생물침입(bio-invasion)—원거리 생태계 종들이 선적화물이나 바닥짐을 통해 새로운 장소로 이전되고 그곳 지역생태계를 급속하게 교란시키거나 종고갈의 원인이 되는 것—을 야기한다. 현재 멸종 상태에 있는 종들이 무역자유화의 또 다른 결과에 의해 위협받고 있다. 왜냐하면 무역의 경계통제를 제거하는 것이 멸종위기에 놓인 종들의 불법무역을 단속하기 어렵게 하기 때문이다. 동일한 과정이 금지된 물질들, 예로 염화불화탄소와 같은 물질 및 유해폐기물의 불법거래를 방지하는 데 어려움으로 작용하고 있다.

이런 상품의 이동은 동시에 "산업화된 국가에 제한되어 있던 기술들과 생활양식들"도 전세계로 이전시켜 문화의 획일화(monoculture)에 기여하기도 한다.[47] 예로 개도국에서 자동차의 생산 및 소유는 급속히 증가하고 있다. 그리고 이 자동차 증가는 화석연료 사용증가, 온실가스 방출, 도심지역 대기오

---

46) Simon Retallack, "Economic Globalization and the Environment" Transnational Associations, 2000(4) 173-183, http://www.uia.org/uiata/retallack004.htm.

47) 시에라클럽, 『방향의 전환』(동아일보출판사, 2001) 그리고 반다나 시바, 『자연과 지식의 약탈자들』(당대, 2000).

염 및 기후온난화의 악화의 사슬로 이어지고 있다.

이 상품의 이동증가는 원료의 양과 그 흐름을 증대시키고 있다. 수출·수입에 대한 장벽제거와 더불어, 자연자원들 특히 재생불가능한 자원들이 전래 없는 규모로 사용되고 있으며, 이로 인해 급속한 자원파괴가 야기되고 있다. 또한 수출을 위한 현금작물 생산이 토양침식, 지나친 방목, 사막화, 수자원고갈, 화학오염, 종다양성 상실, 산림벌채, 토양약화를 포함하여 심각하고 지탱불가능한 생태파괴를 야기하고 있다.

투자의 자유화는 북에-기반한-기업들이 "생태적으로 해로운 활동"—이 활동들은 산업화된 국가에서는 불법이거나 높은 청결비용을 벌금으로 지불해야만 한다—에 참여하도록 허용한다.

5. 21세기 환경이슈와 새로운 규범체제의 필요성

바이체커와 벡은 21세기의 환경이슈로 화학물질, 생명과학기술 그리고 핵에너지를 주목한 바 있다. 이 문제들 중 화학물질의 안전성은 1990년대 중반을 넘어서면서 국가 차원에서나 국제 차원에서 정부의 우선과제로 자리 잡았다. 1995년 UNCED 권고안에 기반해서, 화학물질의 관리를 위한 조직간 프로그램(IOMC)이 화학물질 관리 부문에서 활동하는 핵심기관들—FAO, WHO, ILO, UNEP, UNIDO, UNITR—의 연대프로그램과 긴밀한 조율을 진작시키기 위해 마련되었다. 1990년대가 거의 끝나갈 무렵, 유해화학물질 관리체계를 강화하는 것을 목적으로 하는 두 개의 지구협약이 협상되고 있다. 특정 「유해화학물질 및 제초제에 관한 협약」이 1998년 조인되었고, 특정 유기체 오염(certain persistent organic pollutants: pops)을 단계적으로 제거하기 위한 다자간 협약이 진행 중이다. 유해폐기물 관리도 상당히 우선순위를 지닌 의제인데, 1995년 바젤 협약을 더욱 강화하고 개도국에 모든 유해폐기물의 선적 금지를 제안하기 위해 당사국 회의가 개최되었고, 1998년 이 제안이 채택되었다.

생물종 다양성 협약의 정교화도 추구되었는데, 유전자 물질의 소유권, 이것들의 수집 및 사용에 대한 보상이 여러 핵심 이슈들 중에서도 가장 핵심적으로 논의되었다.

해양자원관리가 1980년대 국제의제—상층대기권 문제, 도시환경 문제, 토양악화 문제가 지배하던 시기—에서 밀려나갔다가 주요 환경관심으로 다시 등장하였다. 상업적인 어업자원 재고의 고갈, 정부에 의한 금지 및 규제 시도 등이 정부 규제자와 어업계의 국내논쟁뿐만 아니라 어업권을 둘러싼 국제적인 논쟁의 봇물을 터주었다.

지금 새로운 밀레니움으로의 전환기에 경제의 세계화 과정은 전략적인 자연자원과 지구 공유재를 위협하고 있다. 이런 상황은 국제환경의제를 전통적인 환경오염에서 기후변화, 생물종 다양성 고갈, 신선한 물의 고갈, 해양·산림·농경지의 지탱가능한 관리란 방향으로 이동시키고 있다. 21세기엔 국가 간 정치경제적인 상호의존이 증가할 것이다. 이로 인해 국제적인 범역에서의 환경위협은 더 확산되고 강화될 것이다. 이런 상황으로 인해 국가 간 화합, 협력 그리고 이의 제도화는 21세기에 인류가 도전해야 할 지상명제이다.

참고문헌

개러드 포터. 이해찬 역. 『세계환경정치』. 돌베개. 1991.
경제기획원, 『지구환경보전을 위한 국제적 논의의 경제적 영향전망과 대응방향』. 국제환경협약 대책위원회 보고서. 1992.
공해추방운동연합. 『유엔환경개발회의와 국제환경협약 연구』. 1992.
국가안전기획부. 『국제환경협약집 상. 하』. 1994.
김주적. "그린라운드의 최근동향과 CITES협약의 이행상황", 『법조』. 1995.
김준한. 『국제환경규제와 그린라운드; 그린라운드와 한국경제』. 웅진출판. 1994.
다니엘 벨. 서규환 역. 『2000년대의 신세계질서』. 디자인 하우스. 1992.
도넬라 매도우즈·데니스 메도우즈. 황건 역. 『지구의 위기』. 한국경제신문사. 1992.
문순홍. "서구녹색운동과 환경문제의 제도화." 『환경과 생명』 창간호. 1994.
반다나 시바. 한재각 등 역. 『자연과 지식의 약탈자들』. 당대. 2000.
시에라클럽. 『방향의 전환』. 동아일보출판사. 2001.
아이작 아시모프·프레데릭 폴. 이동진 역. 『성난 지구』. 삼신각. 1992.
알렉산더 킹·버트랑 슈나이더. 전형배 역. 『제1차 지구혁명』. 청림출판사. 1992.
OECD환경위원회 편저. 『공존의 조건』. 녹원출판사. 1984.
외무부. 『한국의 지구정상회교』. 1992.
_____. 『지구환경동향과 환경외교』. 1992.
월드워치 연구소 『지구환경보고서』. 따님. 1990; 1991; 1993; 1994.
유엔환경개발회의 자료집. 『우리의 환경 우리 손으로』. 1992.
한국환경사회정책연구소 『그린라운드, 어떻게 대응할 것인가』. 1994.
한택환·고동수. "신통상질서와 무역-환경관계." 김준한 외 5인. 『그린라운드와 한국경제』. 웅진. 1994.

天笠啓祐. 김원식 외 역. 『지구를 파괴하는 범죄자들』. 푸른산. 1991.

Adams. Bill. *Green Development*. Cambridge:Cambridge Uni. Pr.. 1992.
Caldwell. Lynton. *International Environmental Policy*. Durham: Duke Uni. Pr.. 1991.
Dietz. F. J. & Straaten. J. "Sustainable Development and the Necessary Integration of Ecological Insights into Economic Theory." in F. J. Dietz·U. E. Simonis·J. Straaten ed. *Sustainability and Environmental Policy*. Berlin:edition Sigma. 1992.
Gorz. Andre. *Ecology as Politics*. Bosion: 1980.
Hurrell. A. & Kingsbury. B. *The International Politics of the Environment*. Oxford: Clarendon Pr.. 1992.
Lang. Bill. International Environmental Issues and the OECD 1950-2000. OECD. 2000.
Mcnamara. Robert S. "Time Bomb or Myth? The Global Population Problem." *Foreign Affairs*. 1984.

Mortimer. Robert. *The Third World Coalition in International Politics.* Boulder: Westview Pr. 1984.
O'conner. James. "Capitalism Nature Socialism." CNS(1). 1988.
Redclifft. Michael. *Development and Environmental Crisis.* London:Methuen. 1984.
_____. *Sustainable Development.* London: Methuen. 1987.
Retallack. Simon. "Economic Globalization and the Environment." Transnational Associations. 2000(4) 173-183. http://www.uia.org/uiata/retallack004.htm.
Tolba. Mostafa Kamal. *Evolving Environmental Perceptions: From Stockholm to Nairobi.* London: Butterworths. 1988.
WCED. *Our Common Future.* Oxford: Oxford Uni. Pr.. 1986.
Weizaeker. Ernst U. v. *Erdpolitik.* Darmstadt: Wissenschaftliche Buchgesellschaft. 1992.

제6장
초국가 시민사회의 정치: 대만 핵폐기물 사례*

인류사회가 핵을 상업용 원자로로 활용하기 시작한 지도 40여 년이 지났다.1) 현재 핵원자로 가동이 남긴 핵폐기물들—이 중에서도 고준위 핵폐기물—은 그 처리의 방법에서 아직 안전성이 확인된 해답을 가지고 있지 않다. 그래서 자국 내에 핵발전소를 가지고 있는 나라들은 핵폐기물 처리(저장, 재처리 후 플루토늄으로 가공)와 관련된 문제들을 공동으로 안고 있다. 이런 맥락에서 핵폐기물의 지역 간·국가 간 이동은 지속적으로 사회문제화되어 왔으며, 그 빈도와 강도 또한 증가하여 세계환경정치의 주요 의제가 되고 있다.

사용후 핵연료를 포함한 핵폐기물의 국가 간 이동 및 이로 인한 세계시민정치가 가동된 것은 과거에도 여러 차례 있었다. 예로 1985년 중국 고비사막에 독일의 사용후 핵폐기물 처분장 건설이 주민 여론에 밀려 중단된 적이 있었고, 1995년 마샬군도의 국제 방사성 폐기물 처분장(일본 및 한국도 가담) 유치는 주민들, 국제 환경단체들 그리고 뉴질랜드, 호주 등 주변국들의

---

* 『환경사회학연구 ECO』 창간호, 2001.
1) 이필렬은 원자력발전소의 시작을 1953년 아이젠하워 대통령이 유엔총회에서 행한 '평화를 위한원자력' 선언에서부터 본다. 이필렬(1999), 46-7쪽.

반대여론으로 포기된 적이 있었다.2) 1997년 이후 발생한 고준위 핵폐기물의 국가 간 이동 사례를 분석한 최근의 한 연구는 "1990년대 말 고준위 방사성 쓰레기와 사용후 핵연료를 다루어야만 하는 국가기관 및 국제기구들은 많은 문제점에 직면하고 있으며", "국내적·국제적 반대여론에 직면해서 이를 수행하는 것이 점차 어렵게 되고 있다"(O'Neill, 1999: 14)고 진단하고 있다.

이런 맥락에서 이 글은, 비록 고준위 핵폐기물이 아닌 저준위 핵폐기물이라 할지라도, 1997년 1월 한반도를 둘러싸고 전개된 "대만 핵폐기물의 북한반출" 이란 사안에 주목하고자 한다. 이 대만 핵폐기물의 북한반출 사건은 발생 이후 약 6개월 동안 동북아 국제관계의 뜨거운 감자로 부각되었다. 그리고 동년 6월 유엔환경특별총회에서 「방사성 폐기물관련 합의문」을 채택하고 이에 근거해 동년 9월 핵폐기물의 안전관리 및 국가 간 이동에 관한 첫 번째 국제협약인 「사용후 핵폐기물 및 방사성 폐기물관리 안전협약」이 IAEA 에 의해 가결됨으로써 소강상태로 접어들었다. 이 글의 목적은 이 일련의 과정, 즉 대만 핵폐기물의 북한반출 사안이 발생해서 기존 협약의 보완 및 새로운 협약의 가결을 거쳐 소강국면으로 접어드는 과정을 초국가 시민사 회란 개념으로 분석하는 것을 목적으로 한다. 나아가 초국가 시민사회의 정치는 규범체제의 형성 및 변화에 어떻게 영향력을 행사하는가를 밝히고자 한다.

이를 위해 이 글은 다음과 같이 구성되었다. 1절에선 현 세계환경정치를 이해하기 위해서는 기존 국가중심의 규범체제(regime)만으로는 충분치 않으 며 초국가 시민사회의 개념이 필요하고, 이 초국가 시민사회의 형성 및 움직임 과정은 담론분석을 통해 포착될 수 있다고 주장하였다. 2절에선 대만 핵폐기물의 북한 반출이란 사건을 전후하여 핵폐기물의 국가 간 이동을 억제할 수 있었던 두 개의 메커니즘—규범체제과 초국가 시민사회망(網)— 을 기술하였다. 그리고 이 사안의 특이성이 규범체제 그 자체의 허약성과

---

2) 「서울신문」, 1997년 1월 31일자.

북한 및 대만이 규범체제의 규제를 받을 수 없는 대상들에 있음을 지적하였다. 이런 조건에서 한국정부는 핵폐기물의 북한반출을 저지하기 위해 반핵단체들의 시민사회 정치가 필요하였고, 시민사회는 핵폐기물관련 국제규범체제에 영향력을 행사하기 위한 직접적 통로로 정부와 국제기구의 역할이 필요하였다. 이들에 의해 초국가 시민사회의 핵억지망이 동원되었다. 3절에선 이 초국가 시민사회의 핵억지망을 구성하는 실체로 정부, 국제기구, 관련 초국가 시민사회단체들, 담론들 그리고 전략들이 분석되었다. 4절에선 결과적으로 나타난 규범체제의 변화를 기술하였다. 이로써 이 사안은 일단락된 듯이 보이나, 여전히 문제는 남아 있다. 왜냐하면 북한반출을 억제하는 6개월 동안 초국가 시민사회 활동이 지향하는 지구적 이념(global idea)과 한국정부의 국가이익(national interest)이 서로 다른 것임이 드러났기 때문이다.

1. 분석틀로서의 초국가 시민사회와 담론분석

최근 들어 국제정치 및 국제관계에 대한 논의에서 비국가 행위자들(개인이든 집단이든), 이들이 만들어내는 초국가적인 관계들 그리고 이 관계들의 망인 초국가 시민사회에 초점을 맞춘 논의들이 등장하고 있다(Beck, 1998a; 1998b; Wapner, 1995; 1997). 이 비국가 행위자들이 국제정치에서 역할을 한 것은 새로운 현상이 아니다. 비정부기구들, 시민단체들, 전문가집단들 그리고 노조들이 국가를 개혁하는 운동에 지지를 제공하고 정보를 공유하기 위해 국제적인 차원에서 연대한 것은 19세기 중반경부터였다. 그러나 1970년대 이전까지 이들 비국가행위자들은 국제정치의 장(場)에서 자율적인 행위자로 주목받지 못했다. 그 이유는 현 국가중심 세계체제에서 이들 비국가행위자들은 국민국가의 지원에 의존하였고, 특히 냉전기 동안에는 국제기구의 정책결정 과정에서 주변적인 역할만을 행하였기 때문이다(Risse-Kappen, 1995: 5; Smith et al., 1997: xiii; Mundy·Murphy).

그러나 1990년대 중반 들어 국제정치 및 국제관계학은 비국가행위자들에 다시 주목하게 된다. 그 배경에는 다음과 같은 네 가지 요인이 있다. 첫 번째 요인은 지구화 현상을 주도한 정보·통신기술의 발달이 국제관계의 독점권을 국가로부터 박탈하고 있으며, 상품·노동·자본의 세계이동은 개별 국가의 정책이 타국에 미치는 부정적인 영향들, 예컨대 노동착취, 환경파괴, 인권문제들을 야기함으로써 이들 문제를 국제의제화했다는 것이다. 둘째, 이 이슈를 중심으로 한 비국가행위자들의 국제조직력이 급속히 확대되었다 (최영종, 2000). 지난 1960년대 말 이후 환경·평화·인권·여성 등의 국제적· 지구적 이슈에서 비정부민간단체들의 활동——규모와 실질적 영향력 행사—— 이 두드러지게 나타나고 있는데(Clark et.al, 1998; Smith et atl., 1997), 국제사면위 원회, 그린피스로부터 국제정치학회에 이르기까지 현재 약 5,000개의 초국가 사회운동단체들(Transnational Society Movement Organizations, 약칭 TSMOs)과 국제비정부민간단체들(International Non- Governmental Organizations, 약칭 INGOs)이 국제 규범체제 및 국가 간 기구들에 압력을 행사하는 활동을 하고 있다. 세 번째 요인은 그 맥락성에 관한 것이다. 1990년대를 전후하여 정치영역에서 나타난 국가의 실패와 국제연합의 위기론3)은 새로운 통치양식 으로 거버넌스(governance)4)에 주목하였는데, 이 새로운 통치양식은 기존 국제정치의 행위자인 국민국가뿐만 아니라 비국가 행위자들도 "의제선정, 논의, 결정"에 이르는 일련의 지구정치과정에 동등한 참여자로 받아들이고

---

3) 현실주의 전통의 정치학자들은 이를 "지구차원의 위기를 해결하는 데 정부간 협력이 봉착한 장애물과 정부간 조직이 행한 실패"라고 말한다(Smith·Pagnucco·Chatfield, 1997: 60).
4) 각 학문 분야와 입장마다 차이가 있으나(Rhodes, 1996). 사전적인 의미에서 govern은 "정책의 결정과 집행을 통제하고 지시하는 것"이고, 통치양식(governance)은 'governing의 체계', '관청과 기능' 그리고 "태도"를 말한다. 국제정치에서 일반적으로 "집단의 문제들을 다루기 위해 실천들을 정의하고, 역할을 할당하고, 상호작용을 가이드하는 일련의 행동규칙들의 확립 및 작동"(Stokke, 1997: 28)으로 이해된다. 오늘날 전지구적인 통치양식은 이런 현상들뿐만 아니라 규칙의 창조자·운영자로 다양한 종류의 비국가 행위자들——국가경계 내에서 혹은 넘어서 활동하는——을 포함한다. 로제나우도 통치양식이 다양한 수준들——국가 이하 단위, 국가단위, 초국적 단위——에서 발견될 수 있음을 지적하고 있다.

있다. 다양한 비국가 행위자들은 직접참여 방법 외에도 이 거버넌스적인 결정과정에 '초국가자문네트워크', '초국가이슈네트워크', '초국가사회운동 네트워크' 등의 형성을 통해 영향력을 행사하고 있다(Mundy·Murphy: 3).

네 번째 요인은 이 비국가행위자들과 새로운 통치양식의 작동을 설명할 수 있는 개념 및 방법론으로서 사회학적인 개념과 방법론이 국제정치·관계학 에서 주목받기 시작하였음을 지적할 수 있다(Checkel, 1998). 이 시기에는 특히 전통적으로 사회학에서 사용해온 시민사회란 개념과 이론틀을 초국가 시민사회란 개념(틀)으로 변형하여 인권, 빈곤, 환경, 여성 등 전지구적인 차원의 이슈에 적용시킨 유의미한 연구결과물들이 발표되기 시작하였다. 이들 연구결과물은 "세계정치가 정부간 정치 그 이상의 것을 의미한다"고 보았다. 그래서 세계정치에서 국가는 단일의 행위자가 아니며, 세계정치의 이슈 및 동기도 "물질적인 이해관계에 관한 것만이 아니라 비물질적인 이해관 계, 이념, 지식 그리고 담론에 관한 것까지도 포함해야" 한다는 것이다. 예로 세계환경정치를 연구하는 학자들은 전지구적인 환경문제의 관리는 국가체제의 역할로만 국한되지 않고 초국가 시민사회의 역할로 구성되어 있다고 말한다(Wapner, 1997: 79; Risse-Kappen, 1995: 15-6).

국제적·지구적 정치에서 초국가 시민사회가 차지하고 있는 역할과 의미에 주목하는 학자들은 1970년대 이후 환경 등의 영역에서 자리 잡아왔던 기존 규범체제이론이 국가중심적 모델이라고 비판한다. 왜냐하면 대부분의 규범 체제이론[5]은 개별국가 행위자들을 강조하여 이들의 물질적인 이해관계와 이에 따른 주권행사 기능에 초점을 맞추고, 구조와 명시적인 규칙들을 강조하 기 때문이다(Stokke, 1997: 29-31; Checkel, 1998; Risse-Kappen, 1995: 15-20). 그러나 세계정치의 작동에서 "규범체제는 상부구조"에 불과한 것이고, "명시 적인 규칙들(규범들)도 물질적인 이해관계를 가진 행위자들을 조절하는 기능"

---

[5] 규범체제는 구체적인 사안에 관련된 행위자 상호 활동을 조정·관리하기 위해 합의한 원칙, 절차, 법규, 규범 등으로 구성되는 사회제도를 의미한다(Krasner, 1982: 186; Young, 1989: 12-9).

을 가진 것일 뿐이다. 때문에 이 이론은 초국가 시민사회가 국제규범체제의 의제선정, 이와 관련된 규칙들을 변경시키는 정치기능 및 역할을 적절히 분석해낼 수 없다. 물론 이 규범체제이론이 국가 이하 단위의 행위자들이나 초국가 행위자들에게 의미를 부여하였다 할지라도, 초국가 시민사회의 형성 및 융기를 이론화하는 작업으로 연결되진 못하였다. 하나의 예로 초국가 시민사회단체가 담당하고 있는 로비 역할을 놓침으로써 국제법규의 제정과정을 정확히 모델화할 수 없고, 결과적으로 이론의 적실성을 확보해내지 못하고 있다(Bignami·Charnovitz). 그래서 스탁케(Stokke, 1997: 29)는 국제규범체제 이론이 "규범체제와 초국가 시민사회의 상호작용이 어떻게 연결되는지를 적절히 탐구한 적이 없다"고 말한다.

초국가 시민사회 개념의 출처인 사회학에서 시민사회에 대한 발상[6])은 1970년대에, 한 국가 내 사회가 담당하고 있는 정치사회적이고 규범적인 기능과 의미를 분석하는 가운데 다시 주목받았다. 특히 서구 시민사회 내 공적영역의 구조변동을 논의했던 하버마스(Habermas, 1989), 신사회운동을 분석한 학자들(정수복, 1993; 특히 Offe, 1985) 그리고 3분법적인 시민사회 이론가들에 의해서 논의되었다. 시민사회란 "개인의 위에 그러나 국가의 밑에 존재하는 사회참여의 장으로 우정·가족·시장·자발적인 제휴에 기반한 경제·사회·문화적인 실천의 네트워크"(Cohen·Arato, 1992: x; Wapner, 1995: 65)이다. 이 시민사회 정의를 세계적 범위에 대입할 때, 초국가 시민사회란 자발적인 제휴에 기반한 경제·사회·문화적인 사회관계들의 초국가적인 망(네트워크)이며, "적어도 한 행위자가 비국가-대리인일 때, 적어도 한 행위자가 국가정부를 위해 활동하지 않을 때, 국가의 경계선을 넘어서는 규칙적인 상호작용"(Risse-Kappen, 1995: 3)의 망이다. 이 상호작용 속에 "TSMOs, INGOs, 비정부민간단체들(Non-Governmental Organizations, 약칭 NGOs), 국제적인 과학자 집단, 다국적 기업들, 초국가적인 정치활동가, 종교

---

[6]) 물론 이 개념은 1970년대에 새롭게 등장한 것이 아니라, 헤겔, 그람시 등이 논의했던 개념이 새롭게 의미 부여되면서 재부활한 것이다.

결사체 등의 행위자들이 움직이고 있다"(Wapner, 1997: 75-6: Smith·Pagnucco·Chatfield, 1997: 60). 이 조직체들이 초국가 시민사회를 구성하는 실체이다.

맥카시(McCarthy, 1996: 145)는 이 실체가 초국가 시민사회를 동원하는 구조를 구성한다고 보고, 이를 공식적인 단체인가 아닌가, 운동단체인가 아닌가에 따라 비공식·비운동조직, 비공식·운동조직, 공식·운동조직, 공식·비운동조직의 네 유형으로 분류한 바 있다. 비공식·비운동조직은 국가 간 기구와 이 기구에 국가적 사명으로 파견된 대리인들도 초국가 시민사회를 동원화할 수 있는 채널이 된다. 비공식·운동조직은 동일한 생각을 가진 개인 혹은 행위자들의 네트워크, 공식·비운동조직은 교회, 전문가 조직, 정부간 관료조직, 국가 대변기구 등인데 이 두 유형은 형성기의 운동을 지원하거나 광범위한 캠페인에 참여하는 대규모 지지집단을 형성하거나 이에 정당성을 부여하는 역할을 한다. 공식·운동구조는 초국가 시민사회운동 단체, 시민사회단체 그리고 비정부민간단체의 초국가 시민사회 동맹으로 구성된다.

초국가 시민사회의 실체로 물적인 조직만이 있는 것은 아니다. 초국가 시민사회는 동시에 새로운 이념 및 행동유형으로도 확인되어야 한다. 초국가 시민사회는 지구주의란 이념추구로 그 내용적인 실체를 갖는다(이는 환경, 여성, 인권, 민주주의, 학생, 평화단체 등에서 잘 나타난다). 예로, 그린피스 같은 지구주의 캠페인 기구들은 전 지구 의식을 대변하고 있다. 비록 지구주의가 초국가 시민사회의 발전에서 핵심에 놓여 있다 할지라도, 현재 초국가 시민사회 활동에는 국가 차원의 이념(이해관계)과 지구적 이념의 긴장이 존재한다(Shaw: 7).

초국가 시민사회는 국제적·지구적 정치에서 어떻게 작동하며, 정치적 규범성을 어떻게 획득하는가? 국내정치에서 시민사회가 정치적 기능을 가질 수 있는 근거는 시민사회 내에 공영역이란 독자적·자율적인 권역(결사체와 이들간 의사소통의 장)을 구성해내고, 이 권역의 합리적 작동으로부터 타당성과 규범성을 도출해낸다는 것에 있다(Habermas, 1984). 마찬가지로 초국가영역에서도 이것이 초국가 시민사회의 행위자들로 하여금 정치적인 규범성과 의미를 요구하도록 만든다(Checkel, 1998: 327). 초국가 시민사회가 규범체제들—국가, 정부간기구, 다자간 기구—에 영향을 미치는 잠재력은 제도외적인 사회·문화적인 맥락(가치·신념체제, 행동패턴)을 구성해내고 이를 동원하는 가운데 형성된다. 예로 정보통신·수송기술을 사용하여 특정이슈에 대한 네트워크를 만들고, 공중들의 초국가적인 관심을 불러일으키고, 국제규범체제나 국제조직을 대상으로 한 캠페인을 개발하고, 국내집단과 국제집단을 결합시킨 저항운동을 벌인다.

이런 초국가 시민사회의 작동방식과 정치역할에 주목한 드라이젝(Dryzek, 1997)은 초국가 시민사회를 움직이는 질서의 원천은 다름 아닌 대안 담론의 형성이라고 말하고 있다. 규범체제란 담론이 준-하드웨어화된 세계정치의 작동장치이고 초국가 시민사회의 정치는 소프트웨어에 해당되는 담론에 기반하고 있다는 것이다. 후자가 만들어내는 역학관계에 의해 전자인 규범체제는 학습되고 변화될 수 있다. 그래서 벡(Beck, 1997)은 세계시민사회의 아정치(subpolitics)는 규칙변경의 정치란 점에서 새로운 정치라고 지적한다. 이 규칙변경의 정치에 주목하여 마아틴 하이어(Hajer, 1999)는 이를 제도구성적인 관점(institutional constructive perspective)으로 발전시켰다. 그는 제도를 역사사회적 맥락 속에서 담론들의 역학과정을 통해 형성·발전되는 사회구성물로 본다. 그에게 지배체제가 구조화·재생산되고 변경되는 과정은 담론이 제도화되는 것이고, 이 과정 안에는 "행위자, 합리화방식 그리고 조직적 행동방식"의 상호작용이 있다. 이를 분석하기 위해 그는 담론분석법(discourse analysis)을 제안하였다. 그는 이 분석의 본질이 "누구에 의해" 그리고 "말해지고 있는 것"에만 있는 것이 아니라, "주어진 문제에 대한 새로운 생각이 어디에서 말해지고 어떤 결과를 야기하는가"를 보여주는 것도 있다고 말한다. 따라서 담론분석은 ① 누가 반대자이며 지지자인가(discourse block); ② 어떻게 논쟁의 양편이 이 이슈의 본질을 정의하는가(story-line); ③ 이런 담론들을 확산시키는 전략(stratagies)은 무엇이며 효과적이었는가; ④ 어떤 교훈 및 결과가 있었는가(Hajer, 1993; 1995: 258; O'Neill, 1999)의 네 가지 물음으로 구성된다.

필자는 초국가 시민사회의 실체와 작동을 분석함에 있어서 담론분석의 방법이 상합성을 가진다고 본다. 우선 초국가 시민사회의 실체는 조직적 실체로서의 담론동맹과 내용적 실체로서의 합리화된 주장들로 구성되며, 그 작동은 담론을 확산키는 전략으로 등치되고, 초국가 시민사회의 작동결과 담론블럭의 재편이 일어나고 궁극적으로 제도(규칙 혹은 규범체제)에 실질적인 변화가 일어날 수 있다.

이런 초국가 시민사회란 개념틀과 담론분석의 방법으로 이 글은 1997년 1월 발생한 대만 핵폐기물의 북한 반출을 둘러싸고 전개된 일련의 정치과정을 분석할 것이다.

2. 사건발생의 배경과 기존 핵폐기물이동 억제기제

1) 사건발생 이전의 대만과 북한 상황

1997년 1월 대만 핵폐기물의 북한반입이 국제적인 사안으로 등장하기 이전, 대만은 핵폐기물 처리장을 국내에 확보하는 문제에서 난항을 겪고 있었다. 1978년 건설된 진산(金山)원자력발전소를 비롯하여 당시 대만에서 가동되고 있는 원자력발전소는 총 6기로 여기에서 발생하는 핵폐기물은 연간 7,800배럴에 달했다. 그 동안 이 핵폐기물은 남동부 태평양의 란위섬에 저장되었으나 그 수용력이 포화상태에 이르렀고, 저장부지의 확장시도는 주민들의 강력한 저항에 의해 무산되었다. 국내에서 매립지를 구하지 못한 대만정부는 그 동안 러시아, 중국, 마샬군도 등과 폐기물처리장 건설을 위한 사전타협을 벌여왔다.7)

핵폐기물 처리장을 제공하기로 한 북한은 잘못된 농경과 1990년 이후

반복된 장마와 한발로 심각한 식량난에 처해 있었고 96년에서 97년으로 넘어가는 겨울엔 2백만 아사설이 돌고 있었다.[8]

이런 와중에서 1997년 1월 1일 대만 국영 전력회사는 북한 국영무역회사와의 민간-계약을 통해 저준위 방사성 폐기물 6만 드럼을 북한의 황해도 평산 지역에 매립하기로 했다고 발표한다. 이에 한국정부와 NGO들은 "핵폐기물의 국가 간 이동"을 안전성, 위해성, 비도덕성 그리고 전쟁무기로 이용가능성 등을 이유로 이의제기 하였다. 당시까지 국제정치의 장에서 핵폐기물 관련 상호견제 메커니즘은 두 가지 방향에서 전개되어 왔다. 그 한 방향은 국가 간 조약 및 협정에 터한 국제환경규범체제를 통한 견제이고, 다른 한 방향은 지역주민들의 저항 및 시민사회를 배경으로 한 반핵여론의 형성·확장을 통한 견제였다.

2) 핵폐기물(이동)관련 규범체제

우선 국제환경규범체제의 창출이란 방향에서, 핵폐기물의 국가 간 이동을 규제할 만한 조약이나 협정은 거의 발달되어 있지 않았다. 일반폐기물의 해양투기 및 이동에 대해선 런던협약(해양투기 규제)[9]과 바젤협약(국가 간 이동 규제)[10]이 그 규제 근거로 작용해 왔으나, 방사성 폐기물의 국가 간

---

7) 「서울신문」 1997년 1월 31일자; 김혜정, "해외현지보고, 죽음의 땅 란위섬", 『월간환경운동』 (1997. 3).

8) 홍상영, "지금이야말로 참다운 동포애를 발휘할 때입니다", 환경사회단체간담회 『한반도 핵문제와 통일한반도의 미래』 1997. 4. 28.

9) 1972년 체결된 「런던협약」의 정확한 명칭은 「폐기물 및 기타 물질의 투기에 의한 해양오염방지에 관한 협약」이다. 이 협약은 선박, 항공기, 플랫폼 또는 그 밖의 인공해양구조물로부터 폐기물이나 기타 물질의 고의적 해상폐기를 금지하는 것에 목적을 두었다. 이 협약은 결과적으로 유해폐기물의 국가 간 이동(특히 제3세계로의 이동)을 야기했고, 바젤협약을 등장시켰다. 방사능 물질과 관련해선, 1993년 11월 개정을 통해 방사능물질의 해양투기를 금지시켰다. 외무부, 『지구환경문제의 국제적 논의동향』(1999), 83쪽.

10) 1989년 체결된 바젤협약의 정확한 명칭은 「유해폐기물의 국가 간 이동 및 그 처리 통제에

이동을 규제할 수 있는 국제규정이나 협약은 1997년 1월 사건발생 시점까지 존재하지 않았기 때문이다. 다만 한국정부가 대만 핵폐기물의 북한반송에 이의를 제기할 수 있는 근거는 국제핵에너지기구(International Atomic Energy Agency, 약칭 IAEA)의 「국가 간 이동에 관한 실행지침」과 「방사성 폐기물 관리 기본원칙」(Safety Series 1-22(SS) No. 111)[11]뿐이었다.

IAEA의 「실행지침」은 1990년 9월 34차 총회에서 결의한 것이다. 이 지침은 "수입국이 국제안전기준에 부합하는 행정적·기술적 능력을 보유해야 하며, 이동개입국가는 이동에 필요한 적절한 절차 및 국내법을 마련해야 한다"라고 규정하고 있다. 또한 IAEA의 운반기준(SS No. 6)은 "방사성 물질이 누출되지 않도록 포장하고, 자연적인 온도 변화 등으로 포장기능이 감소되지 않도록 해야 하며, 개봉되지 않도록 밀봉장치를 해야 한다"고 규정하고 있다.

IAEA의 「기본원칙」은 1991년에 채택된 것인데, IAEA 가입국들이 국제해양기구(International Maritime Organization, 약칭 IMO)의 운송기준에 부합하는 관리 능력을 확보하도록 권고하는 것을 내용으로 하고 있다. 이 IMO의 방사성 폐기물 수송선박의 설계 및 운항시 고려되어야 할 제반요건[12](중저준위 방사성 폐기물에 대해서도 이를 준수하도록 권고 가능하다고 되어 있다)에 따라 IAEA 「기본원칙」은 방사성 폐기물을 수입하는 국가는 국제적인 안전관리

관한 협약」이다. 이 협약은 그 주요내용으로 ① 폐기물 수출국이 수입국의 사전동의를 얻어야 함, ② 협약비가입국과의 수출입을 금지함, ③ 남위 60도 이남 지역, 즉 남극지역과의 폐기물 수출입을 금지함을 두고 있다. 그러나 1997년 9월 이전 까지 이 협약의 규제대상에서 핵폐기물은 빠져 있었다. 환경부, 윗책, 97쪽.

11) 기본원칙은 ① 국경을 초월, 인간건강과 환경을 보호할 수 있는 방법으로 관리; ② 미래세대에 대한 부당한 부담을 가하지 않는 방법으로 관리; ③ 관리시설의 안전성을 적절히 보장할 것으로 되어 있다.
12) 운송선박이 이중선체구조, 내 충돌구조, 충돌 및 좌초사고 시 손상복원력 유지, 침몰사고 시 잔존능력 보유, 화물고정장치 등의 구조 및 설비를 갖추도록 권고하고 있다. 또한 방사성물질의 누출을 최소화하기 위한 방사성 차폐설비 등을 갖추도록 되어있다. 국가안전기획부,『국제환경협약집 상, 하』(1994).

기준에 적합하게 방사성 폐기물을 관리하고 처분할 수 있는 기술능력과 규제체제를 갖추어야 하고, 방사성 누출 및 오염 확산의 관리에 관련된 모든 정보를 인접국가와 교환해 관리·평가하여야 한다고 규정하고 있다.

3) 반핵 아시아시민네트워크

상호견제 메커니즘의 두 번째 방향인 지역주민들의 저항 및 시민사회를 배경으로 한 반핵여론의 형성·확장은 다름 아닌 초국가 시민사회의 정치기능을 의미한다. 그 동안 핵폐기물의 국내 저장이나 국가 간 이동에 관한 대부분의 사례들은 주민운동이나 초국가 시민사회운동에 의해 이슈화되었고 저지되어 왔다. 동시에 이동에 대한 끊임없는 감시와 그 위험성에 대한 세계 여론화 작업은 그린피스 인터내셔널 등과 같은 초국가 시민사회단체에 의해 이루어져 왔다. 한국의 경우에도 핵의 위해성을 사회로 드러내고 이에 대한 여론을 조성한 것은 국가가 아니라 NGO들이었다.13) 이 한국의 환경 NGO들은 1990년대에 들어서면서 그린피스 인터내셔널과 공동 워크숍, 실무자 연수교육, 공동 해상 캠페인 등을 통해 개인 실무자들의 인간관계, 단체관계 및 이를 바탕으로 한 초국가 시민사회 관계를 형성해 왔으며, 동시에 반핵아시아포럼14)을 통해 아시아 반핵공동체란 공감대를 조성해 왔다.

대만 핵폐기물의 북한반입이란 사건이 발생-전개-소강의 국면으로 나름의 이야기를 가지고 전개된 배경에는 이 두 상호억제 기제가 관련되어 있었지만, 이 사안이 가지고 있는 두 가지 특징으로 인해 후자의 기제가 적극적으로 작동했다. 이 특징들에서 우선적으로 지적해야 하는 것은 핵폐기물의 국가 간 이동을 규제할 수 있는 규범체제 그 자체가 취약하다는 점이다. 다음으로 대만 핵폐기물의 북한반출 결정에 합의한 당사자 집단인 대만과 북한이

---

13) 1988년 영광핵발전소 무뇌아 사건, 울진원자로 건설 반대 100만인 서명운동, 안면도 핵폐기장 건설반대 운동, 굴업도 핵폐기장 건설반대운동 등.
14) 반핵아시아포럼준비모임, 「체르노빌핵폭발사고 7주년: 반핵토론회」 1993. 4. 24.

협약 가입 조건을 충족시키지 못한 비국가 행위자이거나 비가입자이기 때문에, 비록 규범체제의 규제력이 강하고 효율적인 것이라 할지라도, 이 양 당사자 간 핵폐기물의 이동은 쉽게 규제될 수 없는 성질의 것이란 점이 지적되어야 한다. 이런 특징으로 인해 대만 핵폐기물의 북한반출에 대한 억제력은 초국가 시민사회의 정치력에서 나왔다. 그러면 이 초국가 시민사회의 정치과정에는 누가 관여하였고 어떤 방식으로 작동하였는가?

3. 정부와 NGO들의 초국가 시민사회 동원과정에 대한 분석

1) 담론블럭(Discourse-Block)의 주체와 합리화 근거들(Story-line)

1997년 1월 대만 핵폐기물의 북한 반출은 실질적으로 먼저 정부에 의해 언론과 한국 내 환경단체에 알려진 것이다.[15] 이후 이 문제를 둘러싼 논쟁은 대만정부, 대만전력공사, 친정부대만시민조직, 대만여론 및 북한으로 이어지는 지지블럭 그리고 한국정부, 한국의 환경시민단체들, 대만환경단체들, 란위 핵폐기물 주민단체들, 초국가·국제NGO들로 이어지는 반대블럭, 이 두 축을 중심으로 진행되었다. 중국과 미국 그리고 IAEA와 UN은 초기 국면(1~2월 중순)에서 불개입이란 중립적 입장을 취하였으나, 2월 14일 TSMO들, INGO들 그리고 개별국의 NGO들로 구성된 국제연대시위 이후 북한 핵저장 능력에 대한 안전성 '우려'의 입장으로 바뀌면서 소극적이지만 반대블럭으로 들어왔다.

3월 이후 반대측 블록의 가담자가 늘어갔고 그 주장은 강세를 띠어 갔다. 3월 IAEA 7차 전문가회의, 4월 UNEP 환경장관 회의, 5월 유엔지탱가능위원회(UNCSD)의 준비회의를 거치면서 기존 규범체제의 수정이 논의되었다.

---

15) 환경운동연합 최○○ 기획실장 면담, 1999. 10.

그리고 6월 유엔특별총회의 "방사성 폐기물관련 합의문"에 대한 결의와 9월 IAEA의 「사용 후 핵연료와 방사성 폐기물관리 안전협약」에 대한 결의로 이어졌다. 이 반대블럭의 강화과정은 동시에 초기에 분화되지 않던 정부와 초국가 시민사회의 입장차이가 반대블럭 내에서 드러나는 과정이기도 하였다.

(1) 대만정부 – 대만전력공사 – 북한정부 – 북한국영무역회사 블록의 찬성 주장

대만정부와 대만전력공사16) 그리고 북한17)은 핵폐기물거래의 이유로 자국 내 핵폐기물 처리장 건설이 주민저항에 부딪치고 있다는 것과 식량위기로 인해 경제적 자금이 필요하다는 것을 각자의 이유로 가지고 있었다. 그러나 이 사안이 국제적인 공공영역의 의제로 되자, 이들에 의한 핵폐기물 반출의 정당화 근거는 두 가지 이야기 축을 중심으로 전개되었다. 그 하나는 자신들이 IAEA의 가입국은 아니라 할지라도 규정사항을 존중하고 있다는 것이고, 다른 하나는 한국정부가 이 사안을 환경사안으로 접근하는 것이 아니라 전통적인 남·북한 간의 정치사안으로 접근하려 한다는 것이다. 이에 터해 이들이 주장한 정당화 논리를 정리해보면 다음과 같다.

첫째 찬성블럭은 반대블럭이 "핵폐기물의 본질을 혼동하고 있다"고 주장하였다. 이들에 따르면 북한으로 반출되는 대만 핵폐기물은 저준위 핵폐기물로,

---

16) 「한겨레」, 1997년 1월 25일자; 「한겨레」 1997년 1월 30일자; 김혜정(1997); 「중앙일보」 1997년 2월 1일자는 "대만정부가 핵폐기물의 북한수송이 이루어질 경우 IAEA의 수송감시를 환영한다"라고 보도하고 있다.

17) 정보분석실(조사관리과), "In Defense of N Korea's Waste Dump Deal with Taiwan", 인터넷 자료 97-7, 1997. 2. 22. 이 사안과 관련해서 북한이 보여준 모습은 그동안 핵발전소·핵폐기물에 대해 보여준 태도를 180도 바꾼 것이다. 예로, 1996년 일본이 자국의 고준위핵폐기물을 프랑스에서 재처리하고 다시 반입하는 행위에 대해서 "인류에게 무서운 핵참사를 들춰내는 범죄행위"로 규탄하였고, 1994년 말 한국에서 굴업도 핵폐기장을 추진하던 당시, 이에 대해 "이것은 우리 민족 후손 만대의 재부인 바다를 핵폐기물로 오염시키고 인류의 생태환경을 파괴하는 용서받지 못할 범죄행위"라고 규정한 바 있다. 나아가 1996년 초 강원도 고성에 대규모 핵단지를 건설할 계획이란 한국 언론보도에 대해 "강원도 고성군 군사분계선 가까이에 핵시설이 건설되면 우리측 지역과 세계적 명승지인 금강산 및 설악산 일대가 막대한 피해를 입게 될 것임"을 주장한 바 있다.

IAEA가 규정대상으로 지적하고 있고, 특히 일본-프랑스 간 이동으로 논란이 되고 있는 고준위 핵폐기물이나 고농도우라늄 폐기물과는 다르다.

둘째 찬성블럭은 IAEA규정에 따라 핵폐기물 선박이나 저장시설의 기술적 안전성을 전제로 한 거래임을 강조하였다. 저준위 핵폐기물의 경우 그 위험도는 0에서 치명적인 것에 이르기까지 다양하지만 대만의 핵폐기물은 위험도가 가장 낮은 것이고, 안전성에서 거론되는 지하수원에의 누출오염 문제는 대만의 핵전문가로 이루어진 기술진이 북한 내 핵폐기장 처리소를 방문조사한 결과 북한의 완벽한 핵폐기물 저장능력을 확인하였다는 것이다.

셋째 한국정부가 반대를 하는 것은 이 사안을 환경사안으로서가 아니라 전통적인 남·북한 세력관계의 연장선상에서 접근하고 있다고 주장하였다. 또한 이의 근거로 모든 나라가 다 대만 핵폐기물의 북한 반입을 반대하지 않음을 부각시키고자 하였다.

(2) 한국정부·한국NGOs-국제NGOs-초국가NGOs 블록의 반대주장

대만 핵폐기물의 북한반입을 반대하는 당사국(자)들은 앞에서 간략히 거명하였다. 사안발생에서 소강에 이르는 6개월 동안 이들에 의해 초국가 시민사회 네트워크가 동원되므로 이를 맥카시의 동원구조 유형에 따라 분류하면 〈표 6-1〉과 같다.

이들 반대블럭이 대만 핵폐기물의 북한반입 반대를 정당화하며 초국가 시민사회의 여론을 동원한 논리는 IAEA 규정에 나타난 안전성 그리고 반핵이었다. 특히 한국정부, 반대에 동조하는 외국정부 및 국제기관은 "핵발전소는 허용하되, 폐기물은 자국내 처리를 원칙으로 삼아야 한다"는 입장에서 수송·처리·저장의 안전성이 확보되지 않았음을 반대의 근거로 삼았다. 반면 (초국가) 시민사회단체들은 반핵과 이 사안의 반인륜성·비도덕성에 초점을 맞추었다.

한국정부의 반대는 두 가지 논리에 기반을 두었는데, 이중 첫 번째 논리는 초국가 시민사회의 입장과 공존 가능한 것이었다. 우선 한국정부는 북한

<표 6-1> 대만 핵폐기물 관련 네트워크와 조직

	비운동	운동
비공식	우정네트워크(한국 사회각계로 31인) 전문가네트워크(대만국립대학교수, 대만변호사) 정부간기구·국가대변단체에 속한 개인들(김창준 미상원의원, 이부영·이미경·서상목 등 국회의원, 김재범 유넵한국대표)	활동가들의 비공식 네트워크
공식	지역협력단체(주식회사 가우디) 교회 전문가단체(미국SECC, 네덜란드 WISE, 한국원자력안전기술원, 변호사단체 등) 정부관료조직(한국 외무부, 통일원, 군산시)	TSMOs(그린피스 인터내셔널) INGs(중국그린피스, 일본그린피스, 필리핀반핵연합, 레미구미션, ELSI, 독일 녹색당, 그린피스 오스트리아, Global 2000) 국내NGOs(대만 핵폐기물북한반입저지를 위한 범국민운동본부환경운동연합, 녹색연합, 대만환경보호연맹, 경실련 등) 민간사회연구소(일본 시민핵정보센터)

핵폐기물 처리능력의 부재를 지적하였다. 이동 선박의 문제에서 북한은 핵폐기물 전용수송 선박을 한 척도 가지고 있지 않아 해상수송을 전담하게 되면 해상 수송 루트에서 사고 발생시 핵폐기물의 누출로 인한 해양오염이 우려된다는 것이다.[18] 다음으로 안전성과 관련하여 저장시설의 문제를 지적하였는데, 평산 지역이 단층지대로 형성되어 있어 지질학적으로 취약하기 때문에 발파·굴착 등으로 인한 암반균열로 붕괴되거나 지하수에 침수될 위험이 상존한다는 것이다. 또한 생태계와 저장지가 완벽하게 격리되지 못했을 때 저준위 폐기물이라 할지라도 코발트-60, 철-55, 망간-54 등 방사성 핵종이 있고 이들의 소멸기는 약 100년에서 200년이므로, 이 기간 동안에 모든 생태계가 방사성에서 안전하게 격리된다는 보장이 없다는 것이다. 두 번째로 한국정부가 제시한 반대의 논리는 "자국 내에서 발생한 핵폐기물은 자국에서 처리해야 한다"는 원칙이었다. 이에 따라 대만 핵폐기물은

---

[18] 「경향신문」, 1997년 1월 31일자.

북한이 아니라 대만에 저장되어야 한다고 주장하였다.19)

그러나 이런 한국정부의 주장은 시간이 가면서 모순성을 보여주었다. 1월 정부는 "북한에 남·북한 공동 핵폐기물 처리장 건설" 제안을 하나의 안으로 작성하고 있었다.20) 또한 4월 김영삼 정부는 한국의 핵폐기물을 재처리해서 들여오기 위해 미국에 로비하였다.21) 이런 한국정부의 모순된 행동은 대만 핵폐기물 북한 반입을 추진한 당사자들, 즉 대만전력공사 사장(張鐘潛) 및 검찰원 감찰위원(林秋山)들22)에 의해 그리고 북한의 인터넷 홍보자료 등에서 지속적으로 비난되었다.

다음으로 초국가 시민사회가 왜 핵폐기물의 북한반출을 반대했는지 알아보자. 한국 NGO들과 초국가 NGO들 그리고 국제NGO들은 기존에 형성해온 초국가 관계망을 통해서 핵문제를 바라보는 공통의 시각을 공유하고 있다. 이 공통의 시각은 그 활용의 형태가 어떠하든 간에 "핵은 안 된다"는 반핵의 논리이고, 이것이 반대의 근거가 되었다.

이 반핵논리에 터해 대만 핵폐기물의 북한반입을 반대한 NGO들(환경운동연합, 녹색연합 그리고 범국민운동본부)의 주장을 정리하면 다음과 같다. 첫째로 이들은 이 이슈를 반인도적·비도덕적 이슈로 규정하였다. 그래서 "대만의 자본이 식량난을 미끼로 (미래의 환경재해로) 북한을 희생양 삼으려는" 반인류적이며 부도덕적·비윤리적 성격의 사안이라고 정의하였다.23) 둘째로 이 반입저지를 네거티브 운동이 아니라 포지티브 운동으로 접근하였다. 즉

---

19) 핵폐기물항의 민간대표단의 「의원성명서」, 「서울신문」, 1997년 2월 1일자; 보도자료, (UNEP 집행이사회 참석 NGOs, 북한-대만 핵폐기물계약철회 촉구 의견서 발표).
20) 한 진술자(함성득, 2001)에 의하면 김영삼 정부는 남북관계를 한 민족의 차원으로 접근하다가 때론 두 국가의 차원에서 접근하곤 했다고 한다. 이 진술로 볼 때 당시 정부는 이 사안을 한 민족의 차원에서 접근하고 있었던 것으로 보인다.
21) 현재 한국 원자력연구소와 캐나다 원자력공사는 공동으로 경중수로연계 핵연료주기를 연구 개발 중이다. 경수로에서 쓰고 난 핵연료를 중수로원료로 가공함으로써 핵주기의 완성을 꿈꾸고 있다(한국일보, 1998년 12월 1일자).
22) 김혜정, "해외현지보고, 죽음의 땅 란위섬", 『월간 환경운동』(1997. 3.), 23쪽.
23) 1월 23일 환경운동연합 내부 운영위원회 문건자료.

북한에 대한 인도적인 지원활동을 동반해야 한다는 입장을 취하였다. 셋째로 이 문제의 본질이 한국국가의 이익이 아니라 반핵 아시아 공동체 건설이란 아시아 지역 공익에 있다고 보았다.24) 이러한 이야기-노선(story-line)에 그린피스25)나 다른 NGO들26)의 반대주장도 같이 하고 있다.

따라서 대만 핵폐기물의 북한반입 문제의 해결에서 한국정부와 시민사회의 긴밀한 협조관계로 인해 초반부 드러나지 않던 '친핵 대 반핵'이란 한국 시민사회와 초국가 시민사회의 입장은 시간이 가면서 명료해졌다. 정부(한국 공보처)는 사건 발생 얼마 전까지 TV를 통해 핵폐기물이 안전하다는 광고를 하였고,27) 과기처 장관은 자신의 사무실 옆에 중·저준위 핵폐기물통을 설치해 놓고 핵폐기물의 무해성을 국민들에게 홍보하였다. 대만 핵폐기물의 북한 반송에 대한 사회적 관심이 고양되고 있는 가운에, 2월 17일 한국전력의 이종훈(李宗勳) 사장은 기자간담회를 통해 "향후 6~7년간 터를 물색한 후 2003년까지 핵폐기물 처분장을 마련하기로 했다"28)고 밝혔다.

이 반대를 정당화하는 각기 다른 논리들로부터, 현상적으로 한국정부와 (초국가) 시민사회는 동 사안에 반대하는 블럭 내의 파트너였지만 그 내부에선 각기 다른 정당화의 세계(합리화의 근거)를 가지고 있음을 알 수 있다.

---

24) 환경운동연합, 대만 핵폐기물대책팀 내부자료, 「대만 핵폐기물 북한반입 반대운동에 관한 상황 정리」 1997. 2. 5; 97년 1월 14일자에 발표된 「환경운동연합 긴급성명서」.

25) Thllo Bode, Excutive Director of Greenpeace International, Anne Dingwell, Executive Director of Greenpeace China, Sanae Shida, Excutive Director of Greenpeace Japan이 서명한 1월 30일자 성명서.

26) 팩스를 통해 Greenpeace Japan, Greenpeace China, Citizen's Nuclear Information Center, WISE Amsterdam, Nuclear-Free Philippines Coalition 등이 보내온 성명서 및 지지 선언문들 그리고 CSO Position Paper Nuclear Waste Disposal, signified and written by the CSO Causus participating in the 19th session of the UNEP Governing Council.

27) 한국 환경운동단체는 "양식 있는 시민들에게 허위광고로 인해 준 정신피해보상 청고소송"을 과학기술처와 공보처를 상대로 법원에 제소한 바 있다. 과학기술처와 공보처는 원자력발전소 및 핵폐기장 홍보와 관련해서 TV홍보에 7억 5,700만원, 라디오 홍보에 6,500만원, 21개 잡지 광고에 1억 2,200만원의 지출을 한 바 있다(준비서면 초안).

28) 「매일경제」 1997년 2월 19일자.

2) 반대담론을 확산시킨 전략들

이러한 정부와 (초국가) 시민사회의 차이는 반대담론을 확산시키는 전략에서도 나타난다. 이는 국가정부의 정치영역과 (초국가) 시민사회 행위자의 정치영역이 전통적으로 상이하기 때문이다. 우선 반대담론 블럭을 구성하고 있는 정부의 전략을 살펴보자. 이 문제가 가지고 있는 특이성―즉 핵폐기물의 국가 간 이동을 저지할 국제규범적인 근거가 미비하다는 것, 그나마 대만이나 북한은 IAEA의 가입국이 아니라는 것―으로 인해 한국정부는 문제발생 초반부터 외교적인 협의나 협상을 통해 대만과 북한을 설득한다는 것이 어렵다고 판단하였다. 따라서 국내 민간단체들과의 협력을 통해 국제여론을 조성하고 초국가 NGO, 국제NGO들과의 공동연대를 추진함으로써 양국에 압력을 넣는 방식에 우선순위를 부여한 것으로 보인다.29)

이런 상황판단 하에서, 정부의 각 기관들은 정보를 NGO들과 적극적으로 공유하려 시도하였다. 왜냐하면 대만과 북한이 IAEA에 가입되어 있지 않기 때문에 정부 차원에서의 접촉에 어려움이 많았고, 이로써 관련정보·자료·진척사항을 국제환경단체들과 적극적으로 상호교환 할 필요가 있었기 때문이다.30) 이의 한 방식으로 정부부처들은 민간단체들과의 간담회―통일원과의 간담회, 환경부와의 간담회31)―를 개최하여 의견을 교환하였다.

민간단체와의 협력체제 구축을 기반으로, 정부는 일차적인 대응전략으로 초국가 시민단체 및 각국의 민간단체들과 연대하여 북한 핵폐기물 반입결정을 철회하라는 요구운동32)을 선택하였다. 예로 한국정부는 1월 (물론 한국의

---

29) 「한겨레」, 1997년 1월 25일자.
30) 환경부, "대만 핵폐기물의 북한내 이전에 따른 대응방안" 민간환경단체 대표간담회, 1997. 1. 27.
31) 환경부, 민간단체대표자 간담회, "대만 핵폐기물의 북한내 이전에 따른 대응방안", 1997. 1. 27.
32) 정부는 그린피스 인터내셔널이 핵폐기물의 수송을 물리적으로 저지해 줄 가장 적절한 민간감시단체로 판단하고 있으며, 그린피스 인터내셔널에게 이런 역할을 해줄 것을 요청하였다.

환경NGO들과 더불어 혹은 이들을 통해) 그린피스 인터내셔널에 "일본-프랑스-사용후 핵연료의 운송에 보여주었던 해상시위"를 해달라고 요청하기도 하였다.33) 이에 터해 정부는 전통적인 방식의 외교채널을 통한 여론조성 및 압력행사를 시도하였다(28일자 통일원 내부자료).34) 우선 미국, 중국, 일본 등 인접국가와 IAEA 회원국 정부들에게 협조를 부탁하였고,35) 북한이 가입하고 있는 동북아 환경포럼이나 안보포럼──동북아시아 및 태평양 환경포럼(NAPEF)──의 개최를 제의하여 대만 핵폐기물의 북한이전이 동북 아시아에 미치는 영향을 논의하고, 이를 통해 국제적인 반향을 얻으려 하였다. 그리고 유엔과 IAEA 등의 국제기구에 대만 핵폐기물의 수송로, 수송선의 안정성, 핵폐기물 매립지의 안정성(평산) 등과 관련된 문제를 제기하였다.36)

「세계일보」 1997년 1월 24일자.

33) Fax from Choi Ye-Yong to Shonberny Greenpeace International, Jan. 27.

34) 「문화일보」 1997년 1월 28일자.

35) 1월 16일 대만의 북한과 핵폐기물 위탁처리 계약 체결에 대해 강한 유감을 표명하고 즉각적인 중단을 요구하였다. 1월 24일에는 외무부장관 성명발표를 통해 동북아시아의 환경보전 차원에서 미국, 중국, 일본 등 인접국가와 연계하여 협조를 구하고 IAEA 및 동 기구 회원국들과 협의하였다. 이러한 작업을 통해 한국정부는 국제적인 여론을 적극 동원하고자 하였다. 특히 미국의 경우 재미한국계 하원의원과 연대하여, 6월 5일 미국 대만 핵폐기물 북한반입을 반대하는 수정법안을 통과시켰다. 한국계 김창준 의원이 제안한 이 수정안은 ① 북한이 핵폐기물을 안전하게 처리할 수 있고, ② 북한이 핵저장시설에 대해 독립된 제3자의 사찰을 허용하는 한편, ③ 북한이 국제원자력 기구 핵안전협정을 이행할 때까지 대만정부가 핵폐기물을 북한에 반입하지 말 것을 촉구하는 내용으로 구성되어 있다 이 법안은 대만의 행위에 직접적인 구속력을 가지는 법안은 아니지만 대만정부에 미 하원의 강력한 메시지를 전달하는 정치선언의 의미를 지닌다. 「동아일보」 1997년 6월 9일자.

36) 2월 3일에서 10일 케냐 나이로비에서 개최된 19차 UNEP 집행이사회에서 환경장관 연설을 통해 각국 대표들에게 이 사안의 중요성을 환기시켰다. 또한 동시에 그린피스 등 50여 개국 NGOs, 레스쿠미션, ELSI 등 100여개 단체들이 참가하는 '시민사회운동기구'(대표 한국 유넵 대표 김재범 사무총장)를 결성하여, 의견서를 집행위원회에 제출하였다. 국회대표단(서상목)은 유엔 사무총장을 만나 북한반입을 저지하는데, 유엔 차원에서 적극 협조해 달라고 부탁하였다. IAEA 7차 전문가 총회(3월 6일)와 IAEA 정기이사회(3월 17일)에 참여하여 대만-북한 이슈와 관련 "IAEA 등이 정한 국제안전기준과 지침을 준수해야 한다"는 의장요약 문을 채택케 하고, "저준위 핵폐기물의 북한이전계획은 국제안전기준과 관행에 부합하지 않을 수 있다"는 우려 표명을 이끌어내었다. 이어 97년 3월 CSD 준비회의 4월 28-29일

다음으로, 대만 핵폐기물의 북한반입을 반대하는 (초국가) 시민사회단체들의 활동은 세 영역으로 나누어져 있었다. 국내 시민사회의 반대여론 활성화 및 표출, 대만 현지 주민·시민사회와의 연대 그리고 초국가 시민사회의 가동이 그것이다.

우선 한국 환경사회단체들의 반대운동은 자신들(환경운동연합과 녹색연합)의 전통적 사업인 반핵운동의 연장선상에서 이루어졌다. 한국 반핵운동은 핵에너지 위주 정책을 반핵·대안에너지 중심의 정책으로 변화시킨다는 것을 목적으로 두 가지 원칙들, 즉 지역주민과 연대한 현장중심의 운동과 국민들의 여론과 감수성에 호소하는 여론 확산운동37)의 원칙에 기반하고 있다. 첫째 원칙은 대만 핵폐기물 처리장인 란위지역 현지 주민들과의 연대 그리고 초국가 시민사회의 활성화로 연결되었고, 두 번째 원칙은 다음과 같은 유형들로 나타났다.

첫째 사안과 관련된 정보—사진 혹은 가공된 최신정보 등—를 언론사에 제공하는 방식으로, 이는 NGO들이 여론을 확산시키기 위해 사용하는 가장 일반적인 방법이다.

둘째로 공론의 장을 활성화시키는 방법을 지적할 수 있다. 이 방법은 시민사회의 규범적·정치적 기능이 공론의 장에 그 정당성 기반을 갖기 때문에 NGO 활동이 규범성을 가질 수 있는 가장 중요한 방법이다. 이 사안에서도 한국의 환경시민단체들은 '공동의 이슈를 공유·비판·토론하는' 여러 유형의 작업들을 진행시켰다. 예로 1월 28일에는 '대만 핵폐기물 북한반입 저지를 위한 환경사회단체 대표자 회의'를 열어 이 사안을 바라보는 민간사회단체들의 기본 입장을 토의·정리하고 구체적인 활동방안들을 논의하였다.38) 또한 아시아 반핵포럼 개최를 위한 공동포럼39)을 만들었고, 인터넷

유엔환경특별회의를 준비하고 있는 CSD 53개 환경장관회의에 환경장관이 참가하여 "국제규범에 어긋나는 것이며, 북한의 핵폐기물 처리기술이 미흡하므로 수출하지 못하도록 압력을 행사해줄 것"을 촉구하였다.

37) 환경운동연합, 대만 핵폐기물 대책팀, 1997. 2. 5.

홈페이지를 개설하여 사이버 공간을 통한 공론의 장을 형성하였다. 이 반핵을 중심으로 한 국내 시민사회망(網)은 곧 초국가 시민사회망(網)으로 확산된다.

이렇게 형성된 공론의 장에 터해 세 번째로 국내 환경사회단체들 간의 연대 조직을 만들었다. 일반적으로 민간단체들은 작은 규모의 자율적인 결사체들이다. 이런 조건을 가진 이 단체들이 '사안의 막중함' 혹은 '다수의 대표성'을 드러내 보여주는 전통적인 방식은 '힘의 네트워크' 전략(strategy of power-networking)이라 할 수 있다. 이는 한 이슈를 중심으로 해서 여러 단체들이 한시적인 상위단체를 구성하는 방식으로, 이 상위단체는 동일사안에 대한 결집된 힘을 보여주고 공동의 입장을 정리·대변하는 기능을 한다. 예로, 1월 하순 29개 민간단체들이 모여 만든 '범국민운동본부'가 결성되었고 이를 중심으로 기자회견, 성명서 발표, 규탄대회 개최, 대만 현지에 대표단 파견 등이 이루어졌다.40)

네 번째의 방법으로 한국 NGO들이 사용한 방법은 직접행동 또는 집단시위였다. 예로 1월 16일 8개 환경단체들은 주한 대만 무역대표부를 항의 방문하고 대만대표부 앞에서 가두시위 및 규탄대회를 열었다. 이 시위는 해상시위로까지 급진화되었다. 2월 5일 인천 앞바다에서 50여척41)이, 3월 14일 인천 앞바다 해상에서 10여척의 선박이, 6월 12일에는 범국민운동본부와 환경운동연합회원 등 150여명이 20여척의 선박을 동원해 군산 내항에서 "모의 핵수송선 봉쇄 캠페인"을 벌였다.42) 또한 환경단체와 소비자단체 간의 연대를 통해 대만상품 불매운동 및 서명운동으로도 전개되었다.

---

38) 「대만 핵폐기물 북한반입 저지를 위한 환경사회단체 대표자회의 결과 보고서」.
39) 경실련 통일협회, 「북한-대만간 핵폐기물 이전계약 문제 어떻게 풀 것인가?」, 1월 28일; 환경사회단체 간담회, 「한반도 핵문제와 통일한반도의 미래」, 4월 28일.
40) 이 「대만 핵폐기물 북한반입저지를 위한 범국민운동본부」(상임공동대표 강영훈)는 환경운동연합, 녹색연합 등 초기 29개 단체(후기 약 50여개 단체)로 구성되었다. 「서울신문」, 1997년 1월 31일자.
41) 「세계일보」, 1997년 2월 5일자; 「한겨레」, 1997년 2월 5일자.
42) 「조선일보」, 1997년 6월 13일자.

이런 핵폐기물의 거래를 반대하여 융기된 국내 시민사회의 움직임은 반핵운동의 현지주민 중심 활동이란 원칙에 따라 곧 대만의 지역·시민사회와의 연대활동으로 이어졌다. 일차적으로 한국의 NGO들은 대만 현지 지역의 시민/주민들의 여론화 및 공론의 장을 마련하기 위해 NO Nuclear Waste란 제하의 인터넷 사이트를 개설하였다. 이 사이트의 모든 글들은 영문으로 작성되어 운영되었다(기간은 2월 15일에서 4월 15일까지). 또한 대만 현지를 방문하여 반핵블럭에 속한 환경시민단체들과 연대하여 대만의 관련기관들에 항의하고 법원소송을 제기하였다.43)

이 사안의 국제성으로 인해 초국가 시민사회망(網)은 처음으로 가동되었고, 구체적인 행동은 약 한 달이 흐른 시점에서 나타났다. 2월 14일 한국을 비롯 일본(일본시민원자력정보실 CNIC), 대만(대만환경보호연맹 TEPU), 네덜란드(국제에너지 센터 WISE) 등 세계 9개국에서 대만의 핵폐기물 북한 반출을 반대하는 성명서를 발표하고 국제연대시위가 일어났다.44) 3월 6일에서 14일까지 오스트리아 빈에서 열리는 IAEA 방사성 폐기물 처리협약 7차 전문가 국제회의45)에서는 "대만 핵폐기물의 북한반입과 핵폐기물의 국가 간 이동에 반대하는 국제 캠페인"이 있었다. 여기엔 그린피스 오스트리아, 글로벌 2000

---

43) 한국 환경사회단체들과 국회의원 및 전문가들은 공동방문단을 구성하여 대만 현지를 방문, 기자회견과 성명서를 발표하였으며, 전력공사와 감찰원을 항의 방문하였다(1월 30일). 또한 지방시의원들·성직자·주부·변호사 등을 중심으로 한 방문단이 대만의 일반 시민 및 주민들(대만 종교단체, 환경단체, 란위섬 주민간담회, 대만변호사와의 간담회, 토론회 등을 가졌다. 또한 「대만국민들에게 드리는 글」이란 전단을 가두 배포하였고, 대만 법에 의거한 소송(청주지역 주민의 이름으로 가처분신청서를 제출함)을 제기하였다. 「경향신문」, 1997년 1월 31일자.
44) 미국 워싱톤에서는 미국 환경단체회원 60여명이 대만경제문화 대표부 앞에서 시위를 벌었다. 또한 한국에서도 범국민운동본부에 의해 약 100여명이 대만 무역대표부 앞에서 핵폐기물 북한반출 계획철회를 요구하는 집회를 열었다. 「한겨레」, 1997년 2월 15일자.
45) 3월 10일 IAEA 7차 전문가 회의는 협약의 초안을 확정하였다. 핵폐기물 발생국 처분원칙을 전문에 삽입하기로 결정하였다. 경유국에게 운송을 사전에 통보하고 합의하도록 해야 한다는 내용은 삽입하지 않기로 결정하였다. 비가입국의 국가 간 이전의 금지 조항에선 합의가 되지 않았다. 향후 국가 간 이동과정에서 인수국의 관리실태가 안전수준을 지키지 못할 시 인도국이 되가져가도록 해야 한다는 조항 삽입을 검토할 예정이다.

이 지원하는 가운데 오스트리아 전국 50여개 단체가 참여하였다.46) 4월 24일 서울시정개발연구원에서는 미국, 일본, 중국, 대만, 네덜란드 등 각국 민간단체 대표와 그린피스 관계자 등이 참가한 가운데 '대만 핵폐기물 북한 반입저지 국제세미나'가 개최되었다. 그리고 "대만 핵폐기물 북한반입을 저지하기 위한 국제연대활동을 강화하고 유엔의 핵물질 생산금지협약(FBM) 체결 협의에 적극 개입한다"는 내용의 공동성명이 채택되었다.

이 연대시위 이외에도 대만 핵폐기물의 북한반출에 반대하는 초국가 시민사회망의 형성 및 활동은 지지성명서의 발표,47) 관련 자료 및 정보의 교환48) 등으로 표출되었다. 이런 연대활동은 대만의 주장이 허위임을 밝히는 과학적인 작업에서도 나타났다. 예로 그린피스 조사팀은 영국 원자력공학 업체인 'Large & Associates'의 존 라지 씨와 대만 핵폐기물 저장지역을 독자적으로 조사하였고, "대만 전력공사가 북한으로 수출할 저준위 방사능 폐기물에는 원자로에서 발생되는 가장 위험한 물질들인 이온교환수지와 필터가 포함되어 있으며", "이 폐기물은 실제로 복잡한 기술과 숙련된 전문가, 고도의 설비를 요구하는 강력한 방사능 폐액이(므로) … 북한이 이 폐기물을 안전하게 다룰

---

46) 이 캠페인은 빈(그린피스 오스트리아, AAA, Global 2000)-파리(그린피스 프랑스와 WISE-Paris)-본(녹색당과 BUND)-베를린(베를린 여성모임, Gruene LIGA, 녹색당)-암스테르담(WISE, GP Lut, ASEED, FoE Netherland)으로 이어졌다.
47) 지지성명서 발표의 예로 2월 14일 세계적 그린피스 인터내셔널, 그린피스 일본, 그린피스 중국, 일본시민핵정보센터(CNIC), 필리핀 비핵동맹(NFPC), Solidaritas Perempuan, Forum 24, LBH Jakarta, MANI 등 자카르타의 24개 단체, Industrial Mission of Puerto Rico, 네덜란드의 세계 에너지 정보센터(WISE), A Chronicle of Hope, 시민운동기구, 네덜란드 환경과 개발(Both ENDS: Environment and Development Service for NGOs) 그리고 월드워치 연구소 등은 연대 성명서를 발표하였다. 4월 2일 대만이 핵폐기물의 북한반출을 예정대로 강행한다고 발표하자, 그린피스 중국 등은 이에 반대하는 공동성명서를 두 번째로 발표하였다.
48) 예로 TEPU는 "타이완 내 방사성 핵문제의 최근상황(The Current Situation of Radioactive Waste Problem in Taiwan)", "반핵캠페인은 진행중(Anti-Nuke Campaign Is Marching On)"(Fax fromTEPU to KFEM), "일반인과 노동자의 방사능 피폭기준에 대한 보고(Briefing on radiation levels of members of the public and workers)"(Materials on Nuclear-Peace 5 1, 8/84 written by Jean NMcSoley, Greenpeace in Australia), "중국의 핵실험: 1964-1995" 「Nuclear Ex」(Greenpeace International) 등의 자료가 교환되었다.

수 있다고 주장하는 것은 믿기 어렵다"고 밝혔다.49)

4. 규범체제의 변화와 남아있는 문제

대만 핵폐기물의 북한반출을 반대하기 위한 초국가 시민사회의 정치와 이에 터한 한국정부의 전통적인 국제정치는 결과적으로 핵폐기물 관리에 관한 환경협력체계에 변화를 가져왔다. 이 변화는 우선 기존 협약을 보완·수정·강화시켜 새로운 협약을 탄생시키는 것으로 나타났고, 동시에 원자력 정보의 교류 및 효율적 관리를 위한 새로운 협력체제를 형성하려는 시도들로 나타났다.

1997년 6월 유엔 환경특별 총회는 "적절한 처리 및 저장시설이 없는 국가로의 핵폐기물 수출을 금지"하는 「방사성 폐기물 관련 합의문」을 채택 통과시켰다.50) 이 합의문에서 언급된 핵폐기물의 안전관리에 대한 일반 내용은 ① 방사성 폐기물의 생산 국가 내 처리원칙(전문); ② 방사성 폐기물 이전으로 영향을 받을 수 있는 국가에 대한 사전통고와 정보제공 및 협의문제 (리우원칙 2와 19)의 추가 검토; ③ 지역협력 체제나 공동처리장의 적정성 인정; ④ 핵폐기물의 저장·수송·국가 간 이전·관리는 리우 환경선언의 모든 원칙에 따라 이뤄져야 한다는 점 등을 포함하고 있다(Para 59). 또한 IAEA 차원의 활동사항에 대해서도 "핵폐기물의 안전관리에 관한 IAEA 협약이 조기에 타결되어야 하며, 생산지 내 처리원칙 등 국제적으로 확립된 원칙이 동 협약의 기본이 되어야 한다," 그리고 "핵폐기물의 국가 간 이동시 사전통고

---

49) 로이터 통신 5월 15일자; Greenpeace Press Conference Advisory Paper "Taiwan Power Company Misrepresents Radioactivity of Nuclear Waste to be Sent to North Korea"; 이에 대해 대만 전력공사는 주한 대만 대표부의 하광휘 서기관을 경유하여 환경운동연합 박상철 기획실장에게 "그린피스의 조사는 심각하게 여론을 오도하는 잘못된 정보라는 취지"의 해명자료를 보냈다.

50) 외무부 국제경제국, 「유엔환경특별총회 참가 보고서」(1997. 7.), 113-18쪽.

및 협의문제는 적절한 포럼들에서 논의되어야 한다"(Para 60)고 권고하고 있다.

이에 따라, 같은 해 9월 IAEA 총회에서는 기존의 「방사성 폐기물 관리 기본원칙」이 「사용후 핵연료 및 방사성 폐기물 관리 안전협약」으로 개칭돼서 가결되었다. 이 협약은 원자력 발전소에서 발생되는 폐기물의 안전관리 및 이동에 관한 사실상 첫 번째 국제협약으로, "폐기물의 국가 간 이동시 인수국이 폐기물 관리에 필요한 재정적·기술적 능력이 있는 경우에만 이전을 허용"한다고 명시하고 있다.51) 이 협약에 터해 이제 인도국은 핵폐기물에 대한 처리 및 저장능력을 사전에 확인해야 할 의무가 있으며, 이 능력이 확인되지 않은 국가로의 수출은 금지됨이 분명해졌다. 또한 이 협약이 채택되면서 동 협약이 적용되지 않는 저준위 및 자연발생 방사성 폐기물은 바젤협약의 적용을 받게 되었다. 이미 주 10)에서 기술하였듯이, 이 바젤협약은 유해폐기물의 국가 간 이동 및 그 처리 통제에 관한 협약이다.

동시에 민간 혹은 정부간 아시아-태평양 지역의 협력체제들이 느슨한 네트워크로 형성되기 시작하였다. 예로 각국의 환경방사능 시료의 교차분석, 환경방사능 기초자료망 구성 등의 사업을 추진할 예정인 '아시아 공동의 환경방사능 감시망 구축'(1999),52) 지역 내 원자력 발전소의 안전한 관리와 원전 및 해체 핵무기로부터 누출되는 플루토늄의 관리 등을 목적으로 하는 원자력 공동체 '패카톰'(PACATOM)의 설립53) 등이 논의·추진되고 있다.

지금까지, 1997년 1월에서 9월에 이르는 기간 동안 대만 핵폐기물의 북한반출 사안이 발생하고 소강되는 국면을 핵폐기물의 국가 간 이동을 억제하는 규범체제의 허약성, 이 사안에 대한 초국가 시민사회의 시각과 억제기제로서의 가동 그리고 결과적으로 나타난 규범체제에서의 변화란 일련의 과정으로

---

51) 지난 3년 동안의 협상을 거친 이 협약은 15개 원전보유국들을 포함해서 25개국 이상의 국가가 서명하는 경우에 비준서를 기탁한 날로부터 90일째 되는 날에 발효된다.
52) 「매일경제」, 1996년 6월 28일자; 「세계일보」, 1997년 2월 13일자.
53) 「한국일보」, 1997년 8월 18일자.

살펴보았다.

당시 (초국가)시민사회 그리고 한국정부·국제기구가 이 사안에 반대한 근거는 각기 다른 것이었다. 한국정부의 입장에 한정하더라도, 그 반대논리는 '핵폐기물 처리의 안전성 원칙'과 '생산지 처리의 원칙'이었다. 이와 관련하여 변화된 규범체제의 내용과 억제력을 살펴보면, 억제력이 있는 첫 번째 국제협약으로서 IAEA 「사용후 핵연료 및 방사성 폐기물 관리 안전협약」은 안전성 문제만을 다루고 있는 반면 '생산지 처리의 원칙'은 규제력이 약한 「합의문」의 형태로만 이루어져 있다.

이런 상태에서 IAEA의 비가입국인 북한은 다시 2001년 2월 18일 "석탄폐광 갱도 안에 핵폐기물 저장소를 거의 완공했으며, 대만도 저장소의 안전성을 확인했다며 핵폐기물 수출을 다시 추진한다"[54]고 발표하였다. 이에 대해 다음날 한국정부가 내놓은 대응은 해석상 양의적인 것이었다. "97년 대만정부가 핵폐기물의 대북 수출을 포기한다는 통보를 해왔다." 그리고 "대만 전력공사가 설사 수출을 하려해도 IAEA의 기술심사 등을 거쳐야 하며 또 대만 행정원 내 유관부서에서 정책심사를 받아야 한다."[55]

발표내용의 후반부에 초점을 맞추어, 인수국인 북한이 수송·저장·처리와 관련된 안전성을 확보하였고 대만정부가 이를 허용한다면, 한국정부는 핵폐기물의 북한반입을 받아들일 것인가? 만일 한국정부가 생산지 처리의 원칙을 근거로 반대할 경우엔, 또 다시 현 규범체제를 더욱 강화해야 한다는 과제가 남는다. 더 나아가 지구화시대의 한국 시민사회에게도 남아있는 과제는 있다. 지구적 이념(global idea)을 추구하는 초국가 시민사회의 구성원으로서 이제 국가이익(national interest)을 뛰어넘는 '반핵 원칙'을 어떻게 한국사회의 규범으로 합의도출하고 제도화해 나갈 것인가?

---

54) 「한겨레」, 2001년 2월 18일자.
55) 「한겨레」, 2001년 2월 19일자.

참고문헌

김혜정. "죽음의 땅 란위섬."『환경운동』3월호, 1997.
국가안전기획부.『국제환경협약집 상, 하』, 1994.
니콜라스 렌센. "핵폐기물."『지구환경보고서』. 따님, 1994.
문유미. "아시아에서 핵은 더 이상 없다."『월간 말』10월호, 1995.
반핵아시아포럼 한국준비위원회. "한국반핵운동의 역사와 전망." 1993. 6. 12.
_____. "반핵토론회" 1993. 4. 24.
_____. "반핵아시아포럼 보고회 자료집" 1993. 7. 31.
반핵아시아포럼 한국위원회. "The Nuclear Situation in Korea." 1996.
외무부.『지구환경협약집』. 1999.
_____.『지구환경문제의 국제적 논의동향』. 1999.
외무부 국제경제국.『지구환경정보』월간.
_____.『유엔환경특별총회 참가 보고서』1997. 7.
이필렬.『에너지의 대안을 찾아서』. 창작과비평사, 1999.
정수복 편역.『새로운 사회운동과 참여민주주의』. 서울: 문학과지성사. 1993.
최영종. "21세기 세계질서와 국민의 장래."『사회비평』25호, 2000.
한국원자력법학회.『한국원자력법학회 창립세미나 자료집』. 1995.
한국원자력연구소 부설 원자력환경관리센터. "방사성 폐기물 관리의 국민이해제고 방안." 1992.
함성득.『김영삼정부의 성공과 실패』. 서울: 나남, 2001.
홍상영. "지금이야말로 참다운 동포애를 발휘할 때입니다." 환경사회단체간담회.『한반도 핵문제와 통일한반도의 미래』. 1997.
환경부 국제환경협력과.『국제환경동향』월간.
환경운동연합. "동아시아 협력을 위한 한국환경단체-그린피스 워크샵." 1995.
_____.『체르노빌 핵참사 10주년 추모행사 관련 자료모음집』. 1996.
_____.『1994 환경운동』;『1995 환경운동』;『1996 환경운동』;『1997 환경운동』;『1998 환경운동』.
_____.『월간 함께사는 길』1994-1999. 8.
환경운동연합 시민환경연구소.『지속가능한 에너지·환경백서』. 1999.
환경운동연합 시민정보센터.『월간 환경소식』. 1994-1999. 8.

Wouter, a. "Environmental Justice and Global Democracy." a paper prepared for the conference on "environmental justice: Global Ethics for the 21st Century." Melbourn, 1-3, October, 1997.
Beck, U. *Was Ist Globalizierung?* Frankfurt am Main: Suhrkamp, 1997.
_____. hrg. *Politik der Globalisierung,* Frankfurt am Main: Suhrkamp, 1998a.

Beck, U. hrg. *Perspectiven der Weltgesellschaft,* Frankfurt am Main: Suhrkamp, 1998b.

Bignami, F., and Charnovitz, S. "Transnational Civil Society Dialogue." http://www.tiesweb.org /taed/books/transnat_civil_dialogue.html

Checkel, J. "The Constructivist Turn in International Relations Theory." *World Politics* 50, 1998.

Clark A. M.; Friedman, E.; and Hochstetler, K. "The Sovereign Limits of Global Civil Society: A Comparison of NGO Participation." in UN World Conferences on the Environment, Human Rights, and Women, *World Politics* 51, 1998.

Cohen, J., and Arato, A. *Civil Society and Political Theory,* Cambridge: MIT Press, 1992.

Dryzek, J. "Global Ecological Democracy." a paper prepared for the conference on "environmental justice: Global Ethics for the 21st Century." 1997.

Habermas, J. *The Theory of Communicative Action I.* translated by Thomas MaCarthy, Boston: Beacon Press, 1984.

_____. *The Structural Transformation of the Public Sphere,* translated by Thomas Burger, Cambridge: MIT Press, 1989.

Hajer, M. A. "Discourse Coalitions and the Institutionalisation of Practice: The Case of Acid Rain in Britain." In *The Argumentative Turn in Policy Analysis and Planning.* Edited by Frank Fisher·John Forester. Durham: Duke University, 1993.

_____. *The Politics of Environmental Discourse,* Oxford: Clarendon, 1995.

_____. "Democracy in the Risk Society." *Environmental Politics,* No. 3., 1999.

Hisschemoeller, M., and Gupta, J. "Problem-solving through International Environmental Agreements: The Issue of Regime Effectiveness." *International Political Science Review* 20-2, 1999.

Jordan, A. "the Construction of a Multilevel Environmental Governance System." *Environment and Planning C* 17, 1999.

Kahn, P. W. "Nuclear Weapons and the Rule of Law." *International Law and Politics* 31(2-3), 1999.

Kamp, K.-H. "Nuclear Terrorism - Hysterical Concern or Real Risk?", *AussenPolitik* no. III, 1995.

Krasner, Stephen D. "Structural causes and regime regimes as intervening variable." *International Organization* 36(3), 1982.

McCathy, J. D. "National Federating Structure and Local Resource Mobilization: The Case of the Early Drunk Driving Movement." *American Sociology Review* 61, 1996.

Mittelman, J. H. "Globalisation and Environmental Resistance Politics." *Third World Quarterly* 19(5), 1998.

Mundy, K, and Murphy, M. "Transnational Advocacy, Global Civil Society?: Emerging Evidence from the Field of Education."

http://www.swaraj.org/shikshantar/activities_transnational. html.

Offe, C. "New Social Movements: Challenging the Boundaries of Institutional Politics." *Social Research* 5(1), 1985.

O'Neill, K. "International Nuclear Waste Transportation." *Environment* 41(4), 1999.

Risse-Kappen, T. *Bringing Transnational Relations Back In: Non-state Actors,* Domestic Structures and International Institutions(ed.), N.Y.: Cambridge, 1995.

Rhodes, R. A. W. "The New Governance: Governing without Government." *Political Studies* XLIV, 1996.

Shaw, M., "Global Voices: Civil Society and Media in Global Crises." http://www.susx.ac.uk/Users/hafa3/voices.htm

Smith, J.; Pagnucco, R.; and Chatfield, S. ed. *Transnational Social Movements and Global Politics,* N.Y.: Syracuse University Press, 1997.

Stokke, O. S. "Regimes as Governance Systems." In *Global Governance.* Edited by O. R. Young. Cambridge: MIT Press, 1997.

Young, O. "Fairness Matters: The Role of Equality in International Regimes." a paper prepared for the conference on "environmental justice: Global Ethics for the 21st Century", 1997.

Wapner, P. "Politics beyond the State: Environmental Activism and World Civic Politics." *World Politics* 47, 1995.

_____. "Governance in Global Civil Society." In *Global Governance.* Edited by O. R. Young. Cambridge: MIT Press, 1997.

Zuern, M. "the Rise of International Environmental Politics." *World Politics* 50, 1998.

제III부 새로운 정치생태학을 위하여

제7장
거버넌스와 젠더: 젠더친화적 거버넌스의 조건*

1. 서론

1970년대를 넘어서면서, 역사는 새로운 국면으로 접어들었다고 볼 수 있다. 여성·환경·평화·인권 등의 새로운 사회이슈가 등장하고, 과학기술의 발달과 자본의 이동은 국민국가를 단위로 하던 세계의 경계를 희미하게 하였다.

학계에선 패러다임 전환론, 모던-포스트모던, 또는 산업사회-탈산업사회 등의 시대구분론 이 등장하였고, 사회과학계에선 신사회운동론, 삼분법적 사회구성과 이에 터한 시민사회론, 신제도주의 등이 거론되었으며, 이 과정에서 대안민주주의 논의들과 새로운 통치시스템에 대한 논의 등도 등장하였다.

이 새로운 이슈들과 이를 관리하려는 시민사회와 정부의 공동노력은 '정부'(government)에 대한 대응 개념으로서의 '거버넌스'(governance)1)로 표출

---

* 문순홍·정규호, 한국정치학회, 「Post-IMF Governance 하계학술회의 자료집」, 2000.
1) 거버넌스와 관련한 개념은 개별 학문분야의 특성과 관심영역에 따라 다양하게 해석되어 국내에 소개되고 있다. 행정학 분야에서는 거버넌스가 새로운 국가통치행위 및 방식을 의미하는 '국정관리'로 해석되고 있으며(김종래·강제상, 2000: 5-6; 김근세, 2000: 19), 정치학

되었다. 이 글의 목적은 바로 이 '거버넌스'란 '담론적 구체성'이 과연 차별화된 여성(성)2) 논의에 친화적인가를 논구해보는 것이다.

이런 목적을 위해 이 글은 다음과 같이 구성되었다. 2절에선 거버넌스와 젠더 개념에 대한 정의시도들을 살펴보고 성차(gender) 분석의 차원에 터해 거버넌스 개념의 체계화를 시도할 것이다. 3절에선 이론적 수준에서의 거버넌스 유형화를 시도하고, 4절에선 시민사회에서 드러난 성차(별)이란 사회의제가 해결되는 방식 및 그 유형들을 사회를 구성하는 여러 부문들, 즉 시민사회의 NGO들, 정부, 시장 그리고 국제기구 등이 함께 모여 논의하고 해결방안을 공동 모색하는 '조정양식'으로서의 거버넌스 유형과 대별시켜 거버넌스의 여성-관련성을 살펴볼 것이다. 5절에선 현실에서 기능하는 유형들(4절)을 성차 분석의 차원에서 비판적으로 고찰하고, 3절에서 유형화된 강한 거버넌스가 여성적인 원리와 남성적인 원리의 균형에 터한 거버넌스가 될 수 있는 조건들을 논구해볼 것이다.

2. 거버넌스와 젠더의 결합: 젠더분석틀로 재구조화한 거버넌스 정의

이 글에서 다루고자 하는 거버넌스와 성별은 모두 1980년대 중반부터 본격적으로 논의되기 시작하였으며, 이론적으로나 실천적으로 새로운 통찰

관련분야에서는 다원적 주체들간의 협력적 통치방식을 의미하는 '네트워크 통치', '협력적 통치', '공치'(共治)(조명래, 1999: 39) 또는 '통치체제'(정병순, 2000)나 '통치활동'(박성제 외, 2000) 등으로 번역되어 소개되고 있다. 한편 제도주의 경제학 영역에서는 공동체적 자율관리체계로서의 거버넌스 역할을 논의하고 있는데 이를 '자치체계' 또는 '자치제도'로 번역하기도 하였다(Ostrom, 1999). 여기에서는 governance에 내재된 의미의 다양성을 살리기 위해 이를 외래어로 받아들여 '거버넌스'로 부르기로 한다.

2) 젠더(gender) 역시 그 쓰임이 여러 형태여서 번역이 쉽지 않은 용어이다. 상황에 따라 '사회적 성', '여성과 남성', '성별', '성차별', '성차' 등을 의미한다. 아직 '젠더'라는 용어가 낯설고 외래어로도 정착이 되지 않아 이 글에서는 상황에 맞추어 성차, 성별, 성차별 등으로도 사용될 것이다.

력을 제시하고 있는 '개념어'라고 볼 수 있다. 하지만 이 두 개념 모두 그 개념정의와 이론화 과정에 다양한 가치체계와 학문영역들이 들어와 있으며,[3] 상이한 입장들이 공존·경합하고 있어 하나의 개념이라기보다는 담론의 장(discoursive field)으로서의 성격이 강하다.

1) 거버넌스 정의의 다차원성

거버넌스는 1970년대까지 국민국가 차원에서의 정부(government)와 동일한 의미로 이해되었으며, 경제·사회적 발전을 위한 공공서비스의 배분과 집합적 행동을 촉진하기 위해 작동하는 공식적이고 제도적인 체계 및 과정들과 관련하여 주로 언급되었다(Stoker, 1998b). 하지만 1970년대 말부터 국가중심 관리체계의 위상 및 역할의 한계성에 대한 논의가 활발해짐에 따라 거버넌스 개념은 정부중심의 통치양식에서 분리·분화되면서 적용영역을 확장해오고 있다.

거버넌스 개념은 사람들마다 다양한 입장에서 상이한 수준으로 정의되고 있는 바, 개념정의의 복잡성이 매우 크다고 할 수 있다.

먼저, 개념정의의 수준에 따라 거버넌스는 '협의의 정의'와 '광의의 정의'로 구분할 수 있는데,[4] 전자가 국가와 시장기제와는 분명히 대별되는 시민사회영역 내에 존재하는 자발적이고 자율적이며 자기조직적인 조정양식을 의미한다면, 후자는 국가와 시장, 시민사회가 과거와는 다른 새로운 형태의 상호작용과 협력체계를 구성하면서 등장한 조정양식을 의미한다고 볼 수 있다.

협의의 거버넌스 의미는 최근 새롭게 등장한 것이라기보다는 오래 전부터 국가나 시장기제와는 별도로 존재해왔던 자연스런 조정양식의 원형으로서

---

[3] 거버넌스와 관련한 이론들로는 제도경제학, 국제관계론, 조직학, 정치과학, 공공행정, 푸코에 영감을 받은 이론들, 조합주의, 정책공동체 등 다양하다. 여기에 더해 녹색이론과 공동체이론도 포함된다(Stoker, 1998a: 35).
[4] 거버넌스 개념을 '광의'와 '협의'로 구분한 것은 Jessop(1999b: 351)의 관점을 빌려온 것이다.

(Jessop, 1998: 31), 기존의 국가중심의 위계적 조정양식이 한계를 드러내는 국면에서 다시 주목받고 있는 것이라고 볼 수 있다. 이처럼 거버넌스 개념을 협의로 정의하고 있는 시도들에서는 '이계'(異階, heterarchy)(Jessop, 1997; 1999: 351) 또는 '네트워크'(network) 등으로 표현하면서 "공식적 권위 없이도 다양한 행위자들이 자율적으로 호혜적인 상호의존성에 기반하여 협력하도록 하는 제도 및 조종형태"로 정의하고 있다(Kooiman and Vliet, 1993: 64; Rosenau and Czempeil, 1992: 5). 이러한 협의의 거버넌스는 논의의 초점을 시민사회에 두고 있는 것이 특징이라 할 수 있다. 즉 정부가 지도적 역할을 할 수 없는 영역에서 협력적 행동(joint action)을 필요로 하는 문제를 다루는 데 유용한 조정기제로서 거버넌스에 주목하면서 시민문화의 강화, 자발적 행동의 촉진, 민주주의를 향한 사회기반의 개선 등에 초점을 맞추고 있다(Alcántara, 1998: 105-106). 로즈(Rhodes)의 구분에 따르면 '사회적 사이버네틱 체계'나 '자기조직적 네트워크'가 여기에 해당된다고 할 수 있다(1996).

한편, 광의의 거버넌스 개념은 정부중심의 공적조직과 사적조직의 경계가 무너지면서 나타난 새로운 상호협력적인 조정양식을 의미하는 것으로(Stoker: 1998b), 여기에는 시민사회의 다양한 행위자들과 더불어 국가와 시장도 포함되어 있다. 이러한 광의의 거버넌스 개념은 주로 '파트너십'(partnership)을 강조하면서 다양한 행위자들 간의 새로운 협력 형태를 의미한다. 따라서 이러한 의미로 정의되는 거버넌스는 전례 없는 새로운 현상으로 이해될 수 있을 것이다. 광의의 거버넌스는 국가의 관리체계 및 조정양식에 대한 비판에서 출발하고 있다. 여기에는 복지국가의 관리체계에 대한 비판과 함께 공적 업무를 축소하고 민간영역으로의 국가의 기능과 역할을 이전함으로써 더 효율적이고 경쟁력 있는 관리체계를 확립할 것을 요구하는 입장과, 논의의 초점을 좀더 바람직한 국가관리체계의 구성에 두고 있는 입장으로 구분할 수 있다(Gaudin, 1998: 47). 전자의 경우는 신자유주의적 이념에 기반한 최소국가(minimal state)론자들의 논의를 중심으로 하고 있으며, 후자의 경우는 국제기구들을 중심으로 형성된 좋은 거버넌스(good governance) 논의와

<표 7-1> 거버넌스 개념의 변화과정

1970년대	1980년대	1990년대
• 정부(government)와 같은 의미로서 거버넌스를 이해 • 국가적 수준에서의 관리능력에 대한 관심 • 경제적, 사회적 발전의 동력으로서의 공공서비스 공급체계에 대한 관심	• 거버넌스에 대한 국제사회의 관심 증대 • 국가차원의 사회통합과 발전을 관리하는 능력에 초점 • 지역경제의 활성화를 위한 민관파트너십 강조	• 시민사회를 포함한 참여, 합의형성 등 거버넌스의 민주주의적 특성 강조 • NGO와 CBO의 역할에 대한 인식 • 새로운 제도와 기능 및 과정의 개발 필요성 인식

새로운 공공관리(NPM: new public management) 차원에서 다루어지는 거버넌스 논의로 다시 구분할 수 있다(Rhodes, 1996).

여기서 거버넌스 논의를 확산시키는 데 중요한 역할을 담당한 국제기구들의 거버넌스 개념정의를 자세히 살펴볼 필요가 있는데, 국제기구들(World Bank, IMF, UNDP, OECD 등)은 1980년대부터 제3세계 국가들의 발전관리를 위한 사회통합체계 구축과 이를 위한 국가의 관리능력 강화 방안으로 거버넌스에 상당한 관심을 가졌다. 세계은행의 경우 거버넌스를 "국가의 경제·사회적 자원을 개발·관리함에 있어 권력을 행사하는 양식"으로 정의하고 있으며(World Bank, 1994), UNDP의 경우는 "모든 수준에서의 정부 업무를 관리하는데 있어 정치적·경제적·행정적 권위를 행사하는 것"으로 정의하고 있다(1996; 1997a). 한편 OECD에서는 거버넌스의 민주주의적 측면을 강조하면서 자원의 투자가 개발목표를 향한 진보에 기여할 수 있도록 지속가능한 경제, 사회개발을 위한 민주적 가치와 절차 및 책임성 있는 체계의 구축에 관심을 모으고 있다. 차이라면 세계은행의 경우는 더 나은 통치능력을 가진 정부형태에 관심을 가지면서 효과적인 거버넌스(effective governance) 유형을 추구했다면, UNDP의 경우는 정부와 민간, 자발적 연합체들 간의 상호작용을 강조하는 조정적 거버넌스(governance as coordination) 유형을 추구 하였으며, OECD의 경우는 정부의 정당성과 책임성 그리고 인권과 같은 보편적 이슈를 다루기 위한 포괄적 참여(participation) 또는 권한부여(empowerment)에 관심

을 가지고 있는 점이 특징이라 할 수 있다.[5]

광의에서든 협의에서든 거버넌스는 기존의 정부 중심의 위계구조 또는 조정양식의 문제점과 한계가 노정되면서 주목받게 된 것은 분명한 사실이다. 하지만 1990년대에 들어 거버넌스 개념은 시민사회의 영역으로 그 적용범위를 확장시켜 나가고 있다. 의사결정과정에 대한 시민사회의 참여와 합의형성을 포함하는 거버넌스의 민주주의적 특성이 강조된 것은 이때부터이며 '정부주도'와 '시장주도'의 틀을 뛰어넘는 대안적인 통치 및 관리체계로서 주목받고 있다.

이처럼 거버넌스에 대한 정의가 매우 다양하게 이루어짐에도 불구하고 개념을 구성하는 공통의 요소들로는 다양한 행위자들(actors)과 이들간의 상호작용 과정(process)과 그 산물인 조직(organization)과 제도(institution) 그리고 이들 간의 조정기작(mechanism) 및 규범(rule)들이 포함되어 있다 (UNDP, 1997b).

2) 분석틀로서의 '젠더' 정체성

'젠더'라는 개념은 1980년대 이후 그 논의가 활성화되었지만 처음 등장한 것은 1960년대 말경이다.[6] 당시 이 개념은 '여성다움'(the feminine) · '남성다

---

[5] 이처럼 이들 각각이 거버넌스를 바라보는 데 있어 입장의 차이는 있지만 그럼에도 공통적인 점은 이들이 제3세계 국가들의 경제개발의 효율성에 대한 관심에서 비롯되었으며, 사적 투자를 촉진하는 정책환경을 조성하고, 보다 개방적이고 투명하며 책임성 있고 반응적인 정부의 새로운 관리패턴(new management pattern)에 관심을 가지고 있었다는 점이다. 따라서 이들이 제기하는 좋은 거버넌스(good governance)는 정치, 행정적 책임성과 정당성을 가진 정부능력의 강화에 초점을 맞춘 것이다(UNDP, 1997b).

[6] 혹자(Wieringa, 1998)는 이 성별이란 용어의 선구자가 시몬느 보봐르라고 주장한다. 물론 보봐르가 이 용어를 주조하거나 사용하진 않았다. 그러나 보봐르는 "여성이 태어나는 것이 아니라 만들어진다"고 말함으로써 생물학적 결정론을 비판하였고, 자연적인 성과 문화적 성역할을 처음으로 구분하였다. 20년이 지난 후 게일 루빈(Rubin)은 성(sex), 성별(gender) 개념을 도입하였다. 루빈은 성별이 사회가 생물학적 성을 인간활동의 산물로 전환시키는 장치이자 이 장치 속에서 이런 전환된 성적요구들이 안정된다고 보았다.

움'(the masculine)에 대한 이해가 '수컷의 것'(maleness)·'암컷의 것'(femaleness)에 대한 이해와 다름을 말하기 위해 주조되었다. 즉 생물학적인 차이를 강조하는 개념이 성(sex)이라면, 사회적 구성물에 초점을 둔 젠더는 여성과 남성의 행동·역할이 사회·문화적으로 습득되었음을 강조하는 개념이다.

이후 이 젠더를 둘러싼 논의는 두 가지 방향에서 전개되었다. 그 한 방향은 여성 정체성으로서의 젠더 논쟁이고, 다른 한 방향은 사회 분석틀로서의 젠더 논쟁이다. 전자의 방향에서 논쟁은 생물학적 성, 사회적 성 그리고 여성(woman)이란 개념을 중심으로 이루어졌다. 이를 역사적인 단계로 정리해 보면 다음과 같다. 1970년대 말까지 젠더 개념은 곧 페미니즘 내에서 고정된 것으로서의 성과 사회적 구성물로서의 성의 논쟁을 불러 일으켰다. 1980년대 초를 넘어서면 생물학적 차이가 고정불변이란 생각에도 의문이 제기된다. 왜냐하면 생물학적 차이조차도 특정 이론의 관점에서 구성된 것이라고 보기 때문이다. 이러한 입장들(Jagger and Young, 1998; Nicholson, 1998)에선 생물학적인 차이를 젠더의 한 부분으로 끌어들여와 논의하고 있다.7) 1990년대가 넘어서면 과연 생물학 성과 사회적 성이란 이원론적인 대별이 그리고 해체주의적 성향으로까지 발전한 젠더 논의가 과연 여성문제 해결에서 유용한가를 둘러싼 논쟁이 제기되었다. 현재 여성정체성은 생물학적인 것과 사회적인 것의 긴장 속에서 정해지는 것으로 파악되는 것 같다. 이들은 생물학적인 것에 논의의 초점을 맞추기보다는 사회적으로 구성되어 억압되는 기제에 일차적인 논점을 두고 있다. 그래서 이들에게 "여성"이 "자연계급"을 지칭하

---

7) 사실 남녀 간 생물학적 차이는 18세기 중반 이후의 산물인데, 그 이전까지 여성과 남성의 성 기관들은 완전히 다른 것으로 간주되지 않는다(Nicholson, 1998: 291). 앨리슨 제거(Jagger) "변화하는 사회실천이 몸에서의 변화를 이끌어냈다고 주장하였다. "여성 내에 있는 힘이 사회적으로 보다 받아들여지면, 여성은 신체적으로 보다 강해진다. 더욱이 변화하는 사회실천들은 여성의 외적·신체적 구조뿐만 아니라 그 내적 생물학에도 영향을 주며, 나아가 유전된 자질에서도 변화를 야기한다는 것이다. 이와 관련 스코트(Joan Scott)는 "젠더가 성적 차이의 사회적 조직이다. … 젠더는 육체적 차이에 대한 의미(meanings for bodily difference)를 확립하는 지식이다"라고 말했다.

는 것이 아니라 '동맹정치의 구성'으로 이해되는 것이 더 중요하다.

두 번째 방향인 분석틀로서의 젠더에 대한 논의는 사회적 성역할 분석에서 사회적 권력관계로서의 성차분석 그리고 가치인식패턴으로 확장되어 갔다. 성역할로서의 젠더는 생물학적 성에 따른 성역할과 사회적 공간 내 여성위치를 재디자인하는 것이다. 이런 성역할 분석틀로서의 젠더는 1990년대 중반까지 국제기구 내 젠더 정의에서 지배적으로 자리 잡고 있었다.

"남녀간 생물학적 성 차이는 변하지 않는다. 그러나 남녀에게 요구되는 사회적 역할은 사회마다, 시대마다 다르다. 젠더란 이런 사회적 차이를 기술하기 위한 개념이다."[8]

다음으로 권력관계로서의 젠더는 성역할 이면에 감추어진 남성지배와 여성복종이란 불균등 권력관계 분석에 초점을 두고 있다. 이런 맥락에서 사회구성주의자인 스코트와 포스트모던 페미니스트인 린다 니콜슨은 성별체계는 상징체계와 규범체계 그리고 정치·사회체계 및 주체화 과정의 네 요소로 구성되어 있는데, 각 체계마다 권력관계가 작동한다고 말한다.

또한 젠더는 단순한 문화현상을 넘어서 '남성적인 것'과 '여성적인 것'이란 범주를 조직하는 가치 인지패턴화 장치(cognitive patterning system)—패러다임 혹은 문명—로서 기능한다(Ibid: 9). 이 인지패턴화 장치는 특정 체제, 즉 가치 이원적인 위계체계 속에서 작동한다.[9] 이 위계적인 가치 이원체계에서 이 세계는 분할된 두 개의 개념으로 조직되고, 한 극의 (개념)세계는 분리된 다른 한 극에 대해 적대적인 것으로 설정되면서 상호배타적인 관계를 맺는다(Waren, 1987: 6; Plumwood; 1993). 이런 맥락에서 이 사회는 '남성적인 것'(masculine)을 상위로 해서 위계화된 성별사회이고, 학문의 세계에서조차 '남성적인 것'으로 인지된 주제와 방법은 높은 가치를 부여받지만 여성적인 것(femininity)에 연결된 주제와 방법은 가치를 박탈당하고 있다(Nelson, 1996:

---

[8] "Paradigm Postponed: Gender and Economic Adjustment in Sub-Saharan Africa", World Bank, 1993.

[9] 이런 분석수준은 생태여성론의 적소이다.

<표 7-2> 분석틀로서의 젠더 정체성

정체성으로서의 젠더 \ 분석틀로서의 젠더	1970년대	1980년대	1990년대
1970년대: 생물학적 성(sex)과 사회적 성(gender)의 이분법적 대별함.	성역할 분석	⟶	(경제세력화) ⟶
1980년대: (1) 사회적 성에 생물학적 성을 포함시켜 논의함 (2) 성정체성의 해체성향이 지배적으로 나타남	×	권력관계분석 (문화세력화)재구성하여 향후 논의될 젠더친화적 거버넌스 유형을 탐색하는데 활용할 권력관계분석	
1990년대: (1) 성정체성이 생물학적인 것과 사회적인 것의 긴장 위에서 구성되는 것으로 접근함	×	×	권력관계 분석
(2) 젠더를 여성성과 남성성의 가치인지패턴으로 확장함	×	⟶ (생태여성론)	가치인지 패턴으로서의 분석틀
(3) 여성성(여성적인 것)을 생물학적 차이가 아니라 여성의 살아있는 경험에서 도출함	×	×	통일된 정치주체로서의 여성(정치세력화)

xi).10) 이런 정체성 범주로서의 젠더와 분석틀로서의 젠더 논의는 사실 최근 이슈화되고 있는 여성세력화(이는 거버넌스를 그 형식으로 갖는다)를 시기별로 조합해보면 잘 드러난다(《표 7-2》 참조).

---

10) 여기에서 무엇이 여성적인 것(The Feminine)인가라는 물음이 관건이다. 여성적인 것 또는 여성성은, 생물학적 특성으로서의 암컷의 것(the female)이 결정적인 영향을 주었는가 아닌가의 여부를 떠나, 현 체제가 여성들에게 요구하고 있는 역할과 노동 그리고 여성들의 공통된 경험세계에서 도출해낼 수 있는 성질의 것이다. 여성들이 이 사회에서 담당하고 있는 일은 주로 재생산 역할이다. 예로, 세대 간 재생산으로서의 임신·출산·육아, 세대내 재생산으로서의 가사노동과 보육, 사회적 재생산으로서의 중재와 서비스 등(Merchant, 1995; Salleh, 1995; Mellor, 1997)이 자주 거론된다. 이런 여성적 삶과 경험에서 도출된 여성적 가치(feminie value)는 자기-생성(Autopoiesis), 배려(Caring for) 그리고 중개(Mediating)로 나타나고 있다. 이 배려는 여성주의뿐만 아니라 생태여성론에서는 새로운 윤리로 사용되고 있다(Warren, 1990; 1997; King, 1988). 특히 여성적 가치와 관련해선 http://www.compassionate.org/gen.html을 참조하라.

3) 젠더분석틀로 재구조화한 거버넌스 정의 체계

일반적으로 논의되고 있는 거버넌스는 주로 조직과 제도 차원에서 다루어지고 있다. 따라서 거버넌스에 대한 일반 논의에서는 조직과 제도를 구성하면서 거버넌스에 참여하는 행위자들의 특성이나 조직과 제도들 간의 상호작용과 조정맥락을 제공하는 메타적 차원에 대한 논의는 부족하다. 바로 이러한 점은 이 글에서 모색하고자 하는 젠더친화적인 강한 거버넌스를 구성함에 있어 해결해야 할 과제라 할 수 있다. 따라서 앞의 2. 1)에서 살펴본 거버넌스 정의의 구성요소들을 2. 2)를 통해 도출한 젠더분석틀의 관점에서 재구성하여 향후 논의될 젠더친화적 거버넌스 유형을 탐색하는 데 활용할 것이다.

〈표 7-3〉에서 보듯이 거버넌스 개념의 구성요소들은 거버넌스에 참여하는 행위자와 조직·제도 그리고 메타적 차원으로 구분해볼 수 있다. 그리고 이들 각각은 해당 사회의 맥락적 조건과 끊임없이 상호작용한다.

거버넌스에 참여하는 행위자들은 자신들의 가치판단과 활동의 준거로서 그들이 기반하고 있는 조직적·제도적 조건과 해당 사회의 가치체계 또는 세계관 그리고 사회 전체를 구성하는 체제적 특성으로부터 영향을 받고 있다. 따라서 행위자들은 자신들의 사회·제도적 배태성(embeddedness)을 인지할 수 있는 성찰성을 갖추어야 하며, 이를 기반으로 서로 다른 이해관계를 가진 행위자들과의 소통과 상호학습과정을 통해 이해관계를 공유하는 노력이 필요하다. 이 글에서 모색하고자 하는 강한 거버넌스는 바로 이러한 과정을 통해 공통의 이슈를 발견하고 공론화하는 과정을 통해 형성될 때 비로소 가능할 것이다.

한편, 앞에서 언급한 '협의의 거버넌스'에는 시민사회에 기반한 비공식적 조정영역으로서 자발적 참여와 협력을 통한 합의도출과 영향력을 행사하기 위한 여론형성양식(opinion making mode)이 해당되며, '광의의 거버넌스'에는 정부와 시민사회의 다양한 이해당사자들이 더욱 반응적이고 효율적이며 책임성 있는 조정기제를 제도화하고 공식화함으로써 문제를 해결하고자

<표 7-3> 젠더 분석틀로 재구성한 거버넌스 정의 체계

		거버넌스		젠더		
국가체계	메타거버넌스	인식론적 전환에 기반한 비전 제시 -공·사/정부/시민사회/지구·지방/자율성·책임성간 이분법 극복	인식론적 기반	여성성과 남성성이란 이분법적 가치체계와 이에 터한 세계 인식·구성에 대한 물음 제기		가치인지 패턴의 체계화 분석	공적 영역
		제도적 질서와 균형 유지 -제도 설계, 제도간 연계 및 조정 여건 조성 -공익(common goods)에 대한 기여	체제기능	남성성이 구현된 사회체제에 대한 물음제기 및 변형			
	거버넌스	공식적 제도화 영역 -반응성, 책임성, 효율성의 원칙 -제도화 과정 -권력행사과정	정책 형성 양식 (policy making mode)	제도내 여성의제 및 관점의 대변으로서의 세력화	제도내 문화 및 운영방식의 변형[4]	권력관계 분석·세력화	
시민사회(생활세계)		비공식적 제도화 영역 -자발적 참여, 협력의 원칙 -영향력 행사과정 -합의도출과정	여론 형성 양식 (mode of public minding)	비공식 영역 내 여성공간 확보 -여성 공영역 창출 -상징 및 규범체계 분석[4]			
	거버넌스 구성원(행위자)	공동의 이슈화, 공론화	여론 형성 (opinion making)	여성들의 삶에 터한 경험공유, 공통의 문제 도출 (PNG)[2]	성별 불평등 및 여성들의 종속적 위치로 문제인식 확장(SNG)[3]	성 역할 분석과 정치 동맹으로서의 여성 주체	사적 영역
		소통을 통한 경험과 이해관계 공유	의견 공유				
		성찰적 개인	능동적 시민(active citizen)	재육화를 거친 여성[1]			

[1] 은 사실 [2]와 [4]에 연결되어 있는 과정이다. 이 과정에서 자신의 몸에 대한 인식을 규정하고 있는 과학적·규범적·제도적 장치들에 물음표를 달고 스스로 그 답을 추구한다.

[2] 이것을 모저는 젠더의 실질적요구(Practical Need of Gender, 약칭 PNG)라 불렀다. 이는 성별분업이나 여성의 종속적인 지위에 도전하지 않는 요구로 이의 대표적인 예는 식수 제공, 보건, 가족유지를 위한 소득증대, 주거, 식량분배 등에 관한 것이다.

[3] 이 단계에선 젠더의 실질적 요구는 물론 젠더의 전략적 요구들을 가시화해내야 한다. 전략적 요구란 젠더 불평등과 여성의 종속적 위치를 변화시키려는 요구들로서 특정 맥락에 따라 달라지는 요구이다. 이의 예로 성별분업에의 도전, 가사노동이나 양육노동의 경감, 법체계에서의 성차별 제거, 재생산 건강권 보장 및 서비스 제공, 남성폭력에 대한 저항 등이 있다.

[4] 여기에선 여성을 배제하고 여성들의 사회 전분야에서 주류화시키는 것을 어렵게 하는 장애요인들을 찾아보는 것이다. 이는 주로 비가시화되어 있는데, 여기에는 규범체계, 문화적 상징 등이 작용하고 있다. 이 규범체계와 문화적 상징체계 등은 기실 인식론적인 체계와 밀접히 연결되어 있는 것으로 보인다.

하는 정책형성양식(policy making mode)이 해당된다. 이 역시 강한 거버넌스로 가기 위해서는 공식적이고 가시적인 제도영역과 비공식적이고 비가시적인 제도영역들이 함께 작동하면서 거버넌스를 구성할 때 가능할 것이다.

한편 메타 차원의 거버넌스는 다양한 목표와 기대, 습관 등을 가진 행위자와 제도들에게 경쟁과 갈등보다는 상호 교류와 협력을 촉진하는 인식론적 기반을 제공하고(Ray, 1999: 356), 나아가 공적 이해관계를 보장하기 위한 제도들간의 연계와 조정을 통해 시·공간적 맥락에 적합한 강한 거버넌스 유형을 설계하는 데 기여할 것이다.

이처럼 공식적 조직 및 제도뿐만 아니라 비공식적인 사회적 조절기제가 상호 보완적으로 작동하는 거버넌스 유형을 모색함에 있어 젠더적 분석틀은 개인과 조직·제도, 메타적 인식론과 체제들이 어떠한 내용으로 구성되는 것이 바람직한가에 대해 중요한 시사점을 제공할 수 있을 것이다.

3. 현실 속의 거버넌스 유형과 젠더 관점에서의 비평

1) 거버넌스 등장의 현실적 요건들

거버넌스 등장의 일차적 요건은 기존의 국민국가 중심 통치체제의 약화에 있다고 볼 수 있다. 그동안 국가중심 통치체제는 정치와 행정을 분리하고 위계적인 권위와 기능적 전문화를 통해 효율적인 운영과 관리를 해왔었다. 하지만 이러한 성공의 이면에는 당시 시민들의 정부에 대한 요구내용과 수준이 비교적 미약하였고, 관리환경의 복잡성이나 변화 속도 또한 단순하고 느렸으며, 동시에 당시 경제적 안정으로 축적한 물질적 부를 기반으로 복지서비스를 비롯한 정부활동 능력이 높았다는 점에 기인한 바 크다. 하지만 현실적 조건은 급변하였다.

거버넌스에 대한 관심과 논의는 정치·경제·사회의 조건이 변화된 상황에서 통치요구(governing needs)는 점점 높아지고 있는 반면, 기존 국가중심의 통치능력(governing capacity)은 약화되고 있는 상황에서 이 둘 간의 긴장을 해소하기 위한 현실적 필요에 의해 등장했다고 볼 수 있다(Kooiman, 1993a).

즉 사회의 복잡성(complexity)으로 인한 혼돈과, 역동성(dynamics)으로 인한 방향감각 상실 그리고 다양성(diversity) 증대로 인한 분열에 대한 우려가 높아지고 있는 상황에서 조정(coordination)과 조종(steering), 조절(regulation)을 통한 새로운 질서를 형성할 수 있는 통치·관리기제에 대한 요구가 높아지고 있다(Kooiman, 1993b; Kooiman and Vliet, 1993: 66). 하지만 경제체제는 산업사회에서 탈산업사회로, 축적체제와 조절양식은 포디즘에서 탈포디즘으로, 문화·생활양식은 근대적인 것에서 탈근대적인 것으로, 가족양식은 근대형 남녀로 구성된 일부일처제의 지배성에서 다양한 가족유형들의 공존으로 변화됨에 따라 기존의 권위적 국가중심 통치체제는 더 이상 효력을 발휘할 수 없게 되었다(Midttun, 1999: 236). 이처럼 변화된 조건 속에서 국가의 개입주의적 노력은 더 이상 효율성과 효과성을 낳지 못했으며, 민주주의적 책임성과 투명성 또한 약화되었다. 더구나 경제의 세계화 흐름 속에서 국가는 자국 영토 내로 경제활동을 통제하기가 불가능해졌을 뿐만 아니라 완전고용과 종신고용에 대한 약속도 지키지 못하게 되었다(Merrien, 1998). 결국 국민국가의 권력은 상향적(upward), 하향적(downward), 수평적(outward) 이동을 통해 분화되면서 탈국민국가화 경향을 보이게 되었으며(Jessop, 1997; 1999a), 이 과정에서 국제기구, 지역·지방·도시 그리고 시민사회의 다양한 행위자들과의 연계와 파트너십이 강조되면서 이론적·실천적 영역에서 거버넌스가 등장하였다.

이처럼 거버넌스는 정부의 통치능력의 한계에 대한 비판적 대응개념으로 등장한 것은 분명하지만 현실인식의 차이에 따라 거버넌스 등장에 대한 설명방식은 다양하다. 예를 들어 거버넌스의 등장을 관리주의에서 기업가주의로의 변화, 또는 케인즈적 복지국가(welfare state)에서 슘페터적 작업국가(workfare)로의 변화(Jessop, 1995)에서 찾는가 하면, 지역사회에 기반한 발의와 지역포럼 등을 통한 새로운 제도적 형태들의 형성에 그 원인을 두는 입장도 있다(Smith and Ingram, 1997). 또한 학문적 배경에 따라 조직이론의 관점에서는 더 유연하고 역동적인 관리방식으로, 행정학에서는 변화하는 상황에서 더 반응적이고 책임성 있는 관리기제로서, 제도경제학에서는 더 자율적이고 효율적인 조정기제로, 네오마르크스주의자 관점에서는 새로운 조절양식으로, 정치학에서는 다양한 이해관계를 가진 행위자들을 포괄하는 통치양식으로 거버넌스의 등장을 설명하기도 한다(Stoker, 1998a).

2) 현실 속에서의 거버넌스 유형

거버넌스 개념이 복잡한 만큼 실재에서 등장·작동하고 있는 거버넌스도 다양하다. 물론 이 다양한 거버넌스를 몇 개의 유형으로 범주화하려는 시도는 실재 세계를 지나치게 단순화할 우려가 있다(Grandori, 1997: 29). 그러나 이 글을 관통하는 물음인 어떤 거버넌스가 젠더-친화적이고 건전한 거버넌스인가에 답하기 위해 이 장에서는 현실에서 지배적으로 나타나고 있는 거버넌스의 유형화를 시도하고자 한다. 유형화를 함에 있어 기준은 여러 가지가 있겠으나 이 글에서는 특정 사회경제적 맥락에서 '행위자들간 상호작용을 누가 주도하는가' 그리고 이 '사회경제적 상호작용이 어떤 차원에서 일어나는가'를 기준으로 살펴보고자 한다.11)

(1) 적용영역을 기준으로 한 거버넌스 유형

거버넌스의 적용영역을 기준으로 유형화해 보면, 기존의 국민국가 체계를 뛰어넘는 초국가적 이슈나 문제를 효과적으로 다루기 위해 등장한 '지구적 거버넌스'(global governance)와, 정치적 분권화와 경제적 세계화 흐름 속에서 지방이 중요한 정치·경제적 장소로 부각됨에 따라 지방단위에서 문제해결을

---

11) 거버넌스 대상은 그 과정과 상호 구성적인 특성을 지니고 있는 만큼(Jessop, 1997: 105) 대상을 기준으로 한 유형화는 본 연구에서 제외하기로 한다.

위한 조정체제로서의 '지방적 거버넌스'(local governance)를 들 수 있다.

지구적 거버넌스는 국경을 초월한 이슈들을 단일주권에 기반한 통치권위 없이 통치(governing)하는 것으로(Smouts, 1998: 82), 환경이나 인권, 여성과 같은 초국가적 이슈에 대한 공동대응을 목적으로 국가 간 협력기구에서 출발하여 국가 이외의 다양한 사회적 행위자들의 참여수준과 폭을 넓히고 있다.

한편, 지방적 거버넌스는 세계화와 지방화의 흐름이 본격화된 1980년대 이후에 본격적으로 논의가 되기 시작하였다. 중앙정부에 의존한 지방정부(도시)들의 서비스 공급기능이 복지국가의 해체와 함께 위축되면서 지방정부 스스로 공공서비스 공급의 조건을 창출하도록 하였다. 지역주민들의 서비스 공급의 양과 질에 대한 요구수준이 높아지고 있는 상황에서 공급자(provider)에서 조력자(enabler)로의 지방정부 역할변화는 지방정부로 하여금 지역경제 활성화를 위한 민관 파트너십(private-public partnership)에 높은 관심을 가지도록 하였다. 이는 도시나 지방정부 차원에서의 거버넌스 활성화에 중요한 계기로 작용하였다. 지방의 경제적 이해관계를 보존·증진하기 위한 목적으로 다양한 지역사회의 행위자들이 참여·협력하는 체계로서 주목받아온 지방적 거버넌스는 최근 사회·문화·환경적 문제들에 공동대응하기 위한 대안적 협력체로서 활발히 논의되고 있다(Young, 1996).

이 둘은 논의의 차원은 서로 다르나 그럼에도 공통점은 상호작용적 의사결정을 통한 집합적 행동의 문제를 해결하기 위해 지방과 지역, 국가, 국제적 수준의 각 차원에 기반한 다양한 행위자들이 거버넌스를 통한 의사결정과정에 동시에 들어온다는 점이다. 다만 누가 주도적으로 이끌어 가는가는 다른 차원의 문제이다.

(2) 주도적 행위자의 특성을 중심으로 한 거버넌스 유형

거버넌스는 여건 변화에 따른 순환론적 반응—시장의 실패에서 국가의 실패로, 국가의 실패에서 새로운 통치과정의 등장으로 이어지는 순환—으로

등장하였다기보다는 관련 행위자들의 목적의식적이고 능동적인 노력의 산물이라고 볼 수 있다(Jessop, 1998). 따라서 국가중심의 조정양식이 한계를 드러내고 있는 시점에서 국가와 시장, 시민사회를 구성하는 주체들의 영향력 정도에 따라 거버넌스는 현실 속에서 다양한 유형으로 드러난다. 여기에서는 이를 '시장 주도형', '정부 주도형', '시민사회 주도형'으로 구분하여 그 특성을 살펴보고자 한다.

① 시장 주도형 거버넌스

일반적으로 신자유주의적 논리에 기반한 시장 주도적 거버넌스는 수평적·협력적·참여적 관계 속에서 다양한 이해관계자들과의 상호작용을 강조하고 있다는 점에서 전통적 정부보다 우수한 것으로 평가받고 있다. 이들은 관료주의적 정부가 시민(고객)의 요구에 대한 반응성이 떨어지고 비효율적이며 무책임한 측면을 가지고 있다고 비판하면서 작고 효율적인 정부구조를 요구하고 있다.

이러한 상황에서 등장한 시장 주도적 거버넌스는 정부의 비효율성 문제를 해결하기 위해 민영화(privatization)를 주장한다.[12] 이런 민영화의 배경은 정부 기능을 사적 부문으로 이전시켜 서비스 범주와 질을 높이는 반면, 정부의 비용을 감소시켜 경제적 효율성을 극대화하는 데 있다(Gilmour and Jensen, 1998). 따라서 이들의 민영화 논리는 정부 규모 및 영향력의 감소와 연결된다.

경제적 자유주의자들을 중심으로 한 시장 주도형 거버넌스는 탈규제와 민영화를 통해 국가가 사회에 제공하는 공공복지서비스의 규모와 시장에 대한 공적 규제를 줄이는 데 초점을 맞추고 있다. 이들은 시장의 자유를

---

12) 물론 이러한 시장주도적 조정체계를 거버넌스로 표현할 수 있는가에 대해서는 논란이 많다. 스토커(Stoker)는 이를 두고 시장지향적인 사회에서 '정부'(government)라는 용어가 효용성이 떨어짐에 따라 수사적 의미로 '거버넌스'라는 용어를 차용하고 있다고 지적하고 있다(1998b).

보호해주는 측면에서 경제·사회적 공급자로서의 국가역할을 필요로 한다. 경제적 자유주의자들이 주장하는 '자유'는 정부의 규제가 약화된 시장에서 기업들이 행동할 수 있는 자유를 의미하는 것으로 시민사회의 자유에는 큰 관심이 없다(Hirst, 1994: 167). 따라서 시장 주도형 거버넌스의 등장은 축적과 정치동원화 논리를 위한 새로운 만남의 근거를 제공함으로써 시장을 비자본주의적 원칙들로 대체하기보다는 자본주의적 경쟁들을 확대, 강화시 킴으로써 시장의 논리에 포섭될 수밖에 없다는 우려가 높다(Jessop, 1997a: 122; 1999c).

결국 시장 주도형 거버넌스는 국가가 담당해왔던 공적 활동과 이와 관련한 권한의 상당부분을 비민주적이고 무책임한 주체들로 넘겨주어 공공영역의 축소 또는 쇠퇴가능성이 매우 높다. 이러한 상황에서 당면하게 되는 문제는 민주주의적 책임성 결여와 시민사회에 기반한 사회적 거버넌스(social governance)의 쇠퇴이다. 따라서 거버넌스 등장의 배경으로 우리는 복지국가 역할의 한계에 대한 문제제기를 새롭게 할 필요가 있다. 즉 문제의 원인이 '복지'에 있는 것이 아니라 무책임하고 무반응적이며 비효율적인 '국가체계'에 있다는 것이다. 경제적 자유주의자들은 이점을 놓치고 있으며, 극빈자들에 대한 국가의 최소안전망 역할마저 위협하고 있다. 따라서 이들이 요구하는 수동적이고 반응적인 '고객'으로서의 시민에서 자신의 삶에 대한 실질적 '주인'으로서의 시민으로 자신의 역할을 재정의 함으로써(Schachter, 1995: 530-37), 시민사회에 기반한 대항정치의 거점역할을 할 수 있는 강한 거버넌스 에 대한 모색이 필요한 시점이다.

② 정부 주도형 거버넌스

정부 주도형보다 엄밀히 말하자면 기업가적 정부(entrepreneurial government)가 주도하는 거버넌스는 기존의 위계적이고 권위적인 통치방식의 문제점을 해결하기 위해 다양한 이해관계자들을 의사결정과정에 폭넓게 참여시켜 좀더 효율적이고 효과적인 관리체계를 구성하려는 노력에서 등장하였다.

이러한 새로운 공공관리(NPM: new public management)로서의 거버넌스는 기업이 가지고 있는 높은 창의력과 경쟁력 그리고 변화와 요구에 대한 신속한 반응성과 적응력을 정부운영의 논리로 도입해 관리체계를 개선하고자 하는 데 목적을 두고 있다(Kooiman and Van Vliet, 1993). 따라서 이들은 공공에 대한 불신과 재정압박의 문제를 완화하기 위해 결과에 대한 관리와 화폐가치를 중심으로 선출직 정치가보다 전문가적 자원관리에 의존함으로써 조종(steering)을 거버넌스와 동의어로 사용하고 있다(Rhodes, 1996).

정부 주도형 거버넌스는 시장주도적 거버넌스와 운영논리 측면에서 유사하지만 문제의 원인을 정부규모의 크고 작음이 아니라 잘못된 통치형태에 둠으로써 정부규모의 축소나 민영화를 최선의 해결책으로 보지는 않으며, 새로운 형태로 변모한 정부가 문제해결의 중심 역할을 해야 한다고 보는 점이 특징이라 할 수 있다. 따라서 시장 논리를 사회 전체를 지도하는 원칙으로 삼아 탈규제, 민영화, 위탁관리를 통해 기존의 공적 영역을 축소시키려는 시장 주도형 거버넌스와는 달리 정부 주도형 거버넌스는 기업을 중심으로 개발된 관리기법들을 공공부문에 도입·적용시켜 조직의 유연화를 도모하면서 동시에 정부가 담당해오던 공적 역할과 권한 중 부담스러운 영역들을 시민사회로 이전시키려는 특성을 가지고 있다(DiGaetano and Lawless, 1999; Pierre, 1999). 따라서 정부 주도형 관리주의적 거버넌스에는 과정과 결과에 대한 모순된 강조, 중앙집중과 분산적 경향의 공존, 다양한 이해관계자들의 참여에 따른 경쟁과 이를 조종해야 하는 과제 등 모순과 긴장이 존재하고 있다(Rhodes, 1996: 664-65). 더구나 정부운영 논리에 시장주의적 가치가 지배하게 됨에 따라 시민에 대한 형평성 및 책임성과 관련된 현실적 문제가 제기된다. 나아가 조직화된 기업의 이해관계가 정책결정 과정에 중심적으로 반영되면서 정치 없는 기술관료적 거버넌스로 변화될 가능성도 높다(Kazancigil, 1998). 즉 시민사회의 참여에 대한 기회구조는 열려있으나, 다양한 사회적 요구와 민주주의적 측면들이 관리의 대상으로 취급됨으로써 대의적 민주주의의 정당성과 사회적 응집력을 보장해주지 못하는 문제점이 발생할 가능성이 높다. 따라서 진정한 통치역량(governing capacity)은 통치 주체에 대한 정당성과 참여자들 간의 신뢰 수준과 밀접한 관련이 있는 만큼 시민사회 영역의 발전에 기반한 새로운 정부활동 방향과 역할을 찾아야 할 것이다.

③ 시민사회 주도형 거버넌스

현실 지배적인 유형으로서 시장 주도형과 정부 주도형 거버넌스는 복잡한 사회현상과 다양한 이해관계들에 대한 효과적이고 효율적인 관리기제로서 주목을 받고 있다. 이들은 집합적 행동의 문제를 해결함에 있어 효과적인 동의와 순응 확보(Alcántara, 1998: 105; Midttun, 1999), 구조화되지 않은 복잡성의 단순화(Jessop, 1997a: 100), 이해당사자들 간의 정보교환에 필요한 거래비용의 감소(Ostrom, 1990; Young, 1996: 246) 등 주로 거버넌스의 기능적이고 관리적인 측면을 강조하고 있다. 따라서 이들이 즐겨 사용하고 있는 '파트너십'(partnership)도 내용면에서는 투자재원 확보의 효율성을 추구하는 재정적·경제적 동기와 정부기능의 효율적 방향으로의 재정향화를 위한 관리적·전략적 동기가 내재되어 있다(Kouwenhoven, 1993: 120-21).

거버넌스를 통한 더 포괄적인 참여는 효과적인 의사결정에 필요한 정보교환을 촉진하고 의사결정에 정당성을 부여하며 실행수단의 효과성을 높여줄 것으로 기대되고 있지만(UNDP, 1997a), 현실의 불평등한 권력관계가 존재하고 있는 상황에서 거버넌스에서 강조하는 다양한 행위자들 간의 참여와 협력보다는 새로운 갈등과 문제를 발생시킬 수 있다. 시민사회 영역에서 자발적이고 자기조직적인 거버넌스의 방향과 전략을 모색함에 있어 이러한 측면을 소홀히 해서는 안 될 것이다. 예를 들어 시민사회를 구성하는 결사체들(CSOs: civil society organizations)에는 지역·시민단체들(NGOs)뿐만 아니라 지방정부, 다국적기업, 국제기구 지부 등 다양한 행위자들이 포함되어 있는데, 거버넌스를 통해 CSO들의 참여기회가 확대되고 정부기구와의 협력조건이 제도적으로 마련될 경우, 현실적으로는 기업을 중심으로 한 특정 이익집단의 강한 목소리가 시민사회 내에서 진행되는 포럼과 회의에 반영될 가능성이 크다. 특히 권위주의적 맥락 속에서 국가와 시민사회 간의 잘못된 이분법에 기반하여 강한 시민사회가 약한 정부를 요구한다거나 정부가 자동적으로 시민사회를 억압한다는 단순논리로 빠질 경우 '시민사회'에 대한 강조가 사적 이윤추구를 중심으로 하는 시장논리에 길을 내줘 민주주의의 기반을 강화시키기보다는 오히려 약화시키는 결과를 가져올 수도 있다. 결국 시민사회를 활성화하기 위해 강력한 반국가주의 담론(anti-state discourse)을 차용하는 것은 '공영역'(public sphere)과 '공익'(the common good)과 같은 개념에 기반한 시민적 책임성(civic responsibility)의 핵심 영역들을 손상시킬 가능성이 크다.

거버넌스는 공식적인 권위체계 없이도 시민들이 집합적 행동에서 언제 어디서 어떻게 참여해야 하는지에 대해 알 수 있도록 함으로써 자신의 힘을 키워나갈 수 있는 기회를 제공한다는 점에서 분명 시민의 권한을 강화(empower)할 수 있는 새로운 기회다(Rosenau, 1992: 291). 따라서 새로운 공적 영역을 창출하고 확장해 나가기 위해서는 강한 시민사회를 중심으로 다양한 사회적 거버넌스(social governance)를 형성함으로써 토론을 활성화하고, 이해관계와 선도도를 재정의함으로써 시민들 스스로 공익에 대한 공통의 이해와 합의형성이 이루어지도록 해야 할 것이다(Immergut, 1996: 5-26; Smouts, 1998). 관리의 대상이나 고객이 아닌 실질적 주인의 자격을 가진 능동적인 시민(acitive citizen)들이 중심이 되어 시민사회 내에 소통적 거버넌스(communicative governance)체계를 구축하는 노력이 필요하다. 이에 기반하여 '시민의 재창조를 통한 정부의 재창조'가 이 글에서 지향하는 강한 거버넌스의 핵심이라 할 수 있으며, 이는 분명 시민사회의 몫이 되어야 할 것이다(오스본·게이블러, 1994: 96-102; Larmour, 1997).

3) 현실지배 거버넌스에 대한 젠더 비평

위에서 제시한 정부 주도형, 시장 주도형 그리고 시민사회 주도형을 젠더의 관점에서 비판적으로 살펴보고자 한다.

(1) 시장 주도형 거버넌스에서의 젠더

신자유주의의 흐름에 터한 거버넌스13)는 외형상 몰-성적이지만 내용적으로는 성차별적인 영향을 미치고 있다는 것이 페미니스트들의 공통된 주장이다. 특히 유럽공동체 내 성주류화 전문가 집단(Group of Specialist on Mainstreaming)은 최근 보고서(윗보고서, 1998)를 통해 여성 경제 세력화를 분석하면서 이의 지배적인 접근법인 모저(Moser)의 효율성 접근법14)에 주목하고, 이를 세 가지 측면에서 비판했다.

그 첫 번째로 지적할 수 있는 것이, 전통적으로 젠더-효율성 접근법은 신자유주의적인 분석도구를 사용하여 발전이 여성의 경제기여를 통해 더 효과적·효율적으로 만들어진다는 입장을 취하였는데, 이는 "여성의 세력화를 경제참여와 정치참여란 테마로만 국한시키고, 다른 테마들은 주변화시켰다"는 것이다(Peterson and Runyan, 1999: 213). 이로 인해 "시장메커니즘은 확대"되었지만, 이 과정에서 가내생산의 여성화가 이루어졌다. 동시에 전통적으로 국가가 담당하던 직업창출의 과제가 여성에게 부과되면서 여성 빈곤화가 가속화되었다.

두 번째로 이렇게 된 이유는 경제영역에서의 여성세력화가 세력화를 둘러싸고 있는 사회적인 조건에 의존하고 있는데, 신자유주의는 전통적인 가족에 관여하는 것을 원치 않기 때문이다(오히려 이를 유지하고 싶어 한다. Giddens, 1998: 49). 그런데 대부분의 나라에서 노동시장은 주민들이 가족에 대한 의무를 이행할 수 있는 방식으로 잘 조직화되어 있지 않다. 이는 여성의 경제활동이 가사노동의 한 부분을 시장으로 이전시키고, 이를 통해 여성노임의 상당부분이 재지출되도록 하는데, 이는 거시경제 수준에서 또 다른 일자리 창출과

---

13) 여기에서의 거버넌스는 효율성과 경쟁력을 특징으로 하는 최소국가론이나 신공공관리를 의미한다. 페미니스트들은 이들의 구조조정이 성 불평등을 양산한다고 비판한다.
14) 이와 관련해선 Moser(장미경외 옮김, 2000)를 참조하라.

국민총생산의 증가로 이어져 "국가는 부유해지지만 여성은 가난해진다는 것이다."

세 번째로 이 접근법이 터하고 있는 성역할 분석틀은 여성노동이 적절하게 지불될 기회를 강화할 것이며 가족의 의무로부터 이들을 해방할 것이라고 가정하고 있지만 그렇지 않다는 것이다. 왜냐하면 이러한 가정(假定)은 성별 이데올로기의 작동방식과 부부관계를 특징짓는 '함께함'을 소홀히 하기 때문이다. 최근 가계-내-관계에 관한 논의들은 여성이 타가족 구성원의 이해관계와 자신의 이해관계를 일치시키는 경향이 있음15)을 밝히고 있다.

그래서 민영화·탈규제화를 내용으로 하는 구조조정에는 남성편견이 있다. 지적하였듯이 구조조정 과정과 맞물린 경제과정—사회지출의 삭감 및 상업화 과정—은 삭감된 복지비용을 지불경제에서 비지불경제로, 국가에서 '가계'로 이전시키기 때문이다.16)

(2) 시민사회주도형 거버넌스와 젠더

시민사회 주도 거버넌스는 더 강하고 다원화된 시민사회가 전제될 때 가능해지고, 이런 시민사회는 더 책임성 있고 시민-대변력 있는 정부를 가져올 것이란 전제를 가지고 있다. 또한 이 강한 정부는 정책결정 과정을 투명하게 유지할 것이며, 배제 없이 사회적인 약자들을 모두 대변할 것이라고 생각한다. 그런데 이 시민사회 주도 거버넌스는 성평등과 관련해서 그렇게

---

15) 그런데 이런 행동은 이타적인 행동으로 미화되는데, 기실은 사회적 의식이 아닌 가족이데올로기에서 벗어나지 못하는 허위의식이거나 환상이란 것이다. 이 가계에서 개인이익은 상당히 모호한 것이어서 행동을 조건화하는 이데올로기적·도덕적 요인으로 작동한다.

16) 예로 반빈곤정책을 들 수 있는데, 여기엔 두 가지 접근법이 서로 얽혀 있다. 그 하나는 정부가 고용을 창출하거나 확대하도록 재촉하는 것이고, 다른 하나는 '기본필요' 전략이다. 전자는 노동자의 실질소득을 상당부분 증대시켰고, 후자는 발전의 일차적 목표를 인간의 기본필요 충족에 설정하였다. 후자의 접근법에서는 초점을 가계소득이 아니라 그 목적에 두었다. 이것은 유아사망률을 감소시키고 여성을 교육하려 노력함으로써, 가족의 크기와 출산율을 급속도로 감소시켰다. 이런 방식으로 기본필요 접근법은 자원 사용과 기본필요 충족에 필요한 시간을 경제화시켰다.

공의롭게 작동할 수 없다는 현실적인 장애를 가지고 있다. 이 현실적인 장애는 정부관료들의 이해관계, 현실가계 내 여성들의 실질요구와의 차이 그리고 시민사회의 남성성으로 인한 것이다.

우선 성평등의 관점을 발전계획에 통합하려는 정책가들이 모두 다 NGO들의 정책결정 과정에의 관여를 지지하지는 않는다. 이들이 여성 NGO들의 역할을 인정하는 곳이 있다면, 여성들의 요구가 표출 가능하도록 하는 자문능력 정도이다. 이 자문이란 차원에서도 발전기구의 프로젝트 접근법(거시경제 수준에서의 성평등 주류화)은 발전에 관한 NGO 접근법이 본질적으로 '반국가적'이라고 생각한다. 나아가 이 자문능력이 정부 내 여성공간으로 전환된 이후에는 여성국가기구를 통한 의견 수렴과정만이 강화되는 측면이 있었다. 또한 여성 NGO들이 여성을 위한 더 많은 '공간'을 창조했다 할지라도, 이는 예외인 상황에 해당된다는 것이 분석가들의 의견이다.

두 번째로 거버넌스에 여성 NGO들이 참여했다 할지라도 여성들의 실질요구와 괴리되어 실패하는 사례가 빈발한다. 즉 시민사회 내의 젠더 거버넌스는 사적 영역에서의 성평등 확보와 밀접한 상관성이 있음을 뒷받침해 준다. 서부 벵갈, 카르나타카(Karnataka), 타밀 나두(Tamil Nadu)의 생산자 협동조합 내 여성들에 대한 조사는 시민사회의 거버넌스에 터한 여성경제 세력화의 잠재적인 함정이 무엇인지를 알게 해준다. 간디의 이데올로기에 의해 영향 받은 협동조합 모델은 인도에서 소규모 산업정책의 한 부분으로 긴 역사를 가지고 있다. 또한 무수히 많은 급진적 NGO들 그리고 여성조직들이 '세력화' 전략의 한 부분으로 세워졌다. 그런데 흥미 있는 점은 성공한 케이스가 드물다는 것이다. 재정동원 및 실행기관들(국가와 NGOs)에 의해 부과된 엄격한 협동조합 그리고 수혜자들의 필요 및 우선순위 그 사이엔 거대한 갭이 있었다. 이 기관들의 목표는 여성들이 참여적 결정구조를 가져야 한다는 것 그리고 시장생산 및 협동체 작업창고에서 협동적으로 함께 일해야만 한다는 것이었다. 그러나 정책결정에 소비되는 시간이란 관점에서의 비용은 여성들에게 의욕을 꺾는 동기로 작용하였다. 왜냐하면 가난한 여성들은 더 많은 시간을 임금획득에 써야 하기 때문이다. 그리고 작업창고에서의 협동노동도 집에 어린아이를 두고 있는 여성들에게는 어떤 동기도 제공할 수 없었다. 많은 여성들은 몇 가지 이유로 집에서 일하는 것을 선호하였기 때문이다. 그래서 대안발전을 추구하는 여성단체인 다운(DAWN: Development Alternative for Women in a New Era)은 발전계획이 여성들의 실질적인 기본필요를 충족시켜야 한다고 주장해왔다. 이 실질적인 기본필요에는 소득뿐만 아니라 건강과 교육 등이 포함되어 있는데, 정부와의 거버넌스에의 참여를 넘어 다운은 연료와 물 등과 같은 기본필요를 중심으로 여성운동의 상호연대를 만들어내기 위해 여성들을 의식화시켰고 여성들을 법률투쟁 및 정치행동으로 동원하였다.

또한 강한 시민사회를 전제로 한 사회적 거버넌스가 성공하였다 할지라도, 이 거버넌스가 성차별적인 사회문화와 이에 대한 인식론적인 전환을 전제로 하지 않는다면 성차별의 문제는 풀릴 수 없다. 이의 한 예로 한국에서 쓰레기 문제 해결을 위한 민관협력체계를 생각해볼 수 있을 것이다. 규제형·개입형 정책도구를 활용한 국가 환경정책의 실패와 리우회의의 합의는 정부와 시장 그리고 시민사회의 파트너십을 강조하는 간접조정정책을 그 내용으로 하면서, 이를 논의하는 거버넌스를 정책결정의 양식으로 택하였다. 그렇지만 연구조사(문순홍, 1999)에 따르면 쓰레기 처리를 위한 이러한 거버넌스 방식은 주부가사노동의 과부하라는 문제를 풀어내지 못하였고 오히려 이를 규범화한 측면이 강하다.

(3) 성 주도형 거버넌스(성주류화)와 그 한계

1995년 북경회의 이후 여성운동을 끌고 있는 성주류화[17]란 개념은 현실과

---

[17] 사실 이 주류화는 1970년대 발전내 여성통합(WID)에 대한 초기 요구가 있었을 때부터 진화해온 것이지만, 주류화가 젠더와 발전정책 서클 내에서 지배적인 테마가 된 것은 1990년대로, 국제발전서클 내 젠더정책가들에 의해 추진되었다. 당시 이들은 주류화 의제가 결과보다는 과정·수단에 초점을 두고 있다고 주장하였다. 젠더, 젠더 주류화의 언어를 포괄적으로 채택한 것은 북경행동강령이었다(Baden·Goerz, 1998: 20-1). 정책결정-계획디자인-실행의 모든

가치체계 그리고 정책 밑에 놓여 있는 성중립성이란 가정에 도전하고 있다. 그래서 성주류화란 "평범한 행위자들이 성관점을 통합하는 방식을 알게 하기 위해 정책과정을 재조직화하는 것"(Gender Mainstreaming, 1998: 10)이고, "국제기구, 정부 그리고 비정부조직(NGOs) 등, 제도 내 모든 영역에서 성평등을 향한 변화를 요구하는 것"이다. 그 요구 수준은 "목표·구조들·자원할당 등에서의 변화(기술적·정치적인 과정) 그리고 조직 내 문화와 사고방식의 변화(패러다임변화의 과정)"에 걸쳐 있다. 따라서 성주류화는 젠더의 분석틀로 재구조화된 거버넌스 전 영역에 해당된다.

거버넌스의 수준이 지구 차원에서 지역에 이르기까지 다양하듯이 성주류화의 수준도 다양하다.[18] 또한 거버넌스의 특성이 다양한 행위자들이 거버닝 과정에 들어오듯이, 성-주류화에서도 잠재적인 행위자들은 다양하다. 정치인, 국가내 성평등 기구들,[19] 연구자 및 전문가, NGOs, 이익 및 압력집단, 언론 그리고 초국가 기구[20] 등등이 성주류화의 행위자들이다.

그 동안 젠더 주류화란 요구는 이른바 제도화란 측면에서 많은 진척을 이루어왔다. 그 대표적인 것이 국가 여성기구(NMWs: national machineries of women)의 구성으로 1985년 현재 90% 정도의 유엔회원국에 세워졌다. 물론 이는 국가 내 여성운동의 압력에 의해서라기보다는 기부자단체 및

단계에서 젠더 이슈를 명백히 고려함을 목적으로 해서, 조직(정부와 공적인 제도들) 내 체계적인 과정들과 메커니즘들에 압박을 가함을 의미한다.
18) 전략적인 측면에서 보자면 성주류화의 초점은 중앙집중화된 국가에선 국가 수준에 맞추어져야 하고, 분권화가 이루어진 국가에선 지역 혹은 기초자치단체 차원에 맞추어져야만 한다.
19) 행정부의 한 파트로서 성평등기구의 역할이 성주류화 전략에 맞추도록 정의되어야만 한다. 성평등기구는 새로운 이슈를 탐지하고, 새로운 전략을 개발하고, 지식 및 전문성을 모으는 일종의 think tank이다. 이것은 정치분석과 성관점 반영이 성찰되는 장소로 봉사한다.
20) 이들이 하는 역할은 정책과정 내 행위자들을 자극·발의시키는 역할 또한 후원하는 것이다. 국제조직들, 그 회원국가, 개인행위자들 간 정보를 교환하고 확산시키는 중요한 포럼을 만드는 역할이 그것이다. 그리고 이들을 think tank로 만들고, 새로운 관점/새로운 전략/정책/도구들을 개발하고 지도하는 자로 만든다. 이런 방식으로 이들은 유럽네트워크를 선호하고, 성주류화를 시작하는 새로운 행위자들을 돕는다.

국제여성단체들의 압력(제도 외적인 요인)으로 가능했던 것이다.

사실 현실적으로 젠더와 관련된 조직들, 즉 정부, 국제기구, NGOs, 정당 등은 성평등의 내용과 관련하여 통일된 생각을 가지고 있지 않다. 정부 엘리트들과 관료들은 주류화 시도에 적대적이다. 이런 상황에서 여성국가기구를 통한 성주류화는 그 진행이 느리고, 비가시적인 조직문화 및 현실의 변형과정보다는 고도로 가시적이고 하향적인 활동들—예를 들면 정책·가이드라인·데이타 등의 생산—에 초점을 맞추어왔다. 그래서 남측의 국가들은 성주류화가 때때로 정부로 포섭되는 과정(process of co-optation)이라고 비판하고 있다. 왜냐하면 성주류화는 거시수준의 정책결정에 더 큰 영향을 주고 법률변화를 촉구하여 성평등에 도달하는 것을 내용으로 하지만, 관료제의 '크기 축소' 및 분권화가 전제되지 않는다면 성평등에 민감한 정책을 촉구할 수 있는 광범위한 전략들을 채택할 수 없기 때문이다.

또한 여성 세력화가 유행하게 됨에 따라 그 의미는 집단적 과정이라기보다는 개인적인 과정으로 그리고 권력관계에 도전하기 위한 협력이라기보다는 개인적인 자립 능력으로 축소되고 있다. 이런 개인주의적인 초점은 시장세력들과 자유주의적 민주주의에 대한 믿음과도 일치한다. 그러나 집단조직이나 제도변화가 없다면 개개 여성들의 영향력과 협상력은 제한될 수밖에 없다.

4. 젠더 친화적 거버넌스 논의의 방향

젠더 친화적 거버넌스는 두 가지 방향에서 논의 가능하다. 그 한 방향은 현실 거버넌스 자체가 가지고 있는 한계성과 강한 거버넌스의 필요성에 관한 것이다.

만일 거버넌스가 다양한 이해관계를 가진 행위자들의 각축장으로 변질되어 방향성과 통치력을 상실할 경우 결국은 통치주체의 무책임성과 시장의 무정부성에 시민들의 삶이 노출될 우려가 높다. 정부나 시장 주도형 거버넌스체계에서는 사회 구성원 일반에 대한 보편적 복지영역은 상당부분 위축되고, 그 부담이 결국은 사적 가정의 영역으로 이전되는 경우가 여기에 해당된다. 가족의 전통적 가치에 대한 이데올로기적인 강조나 예산 절감을 위해 정부의 대리조직을 활용하려는 시도로는 시민사회, 특히 가족의 해체로 인한 사회불안적 요소를 해결하는 데 한계가 있다. 따라서 시장과 정부기능의 실패가 거버넌스 등장의 자연스러운 조건을 만들어주고 있다거나 거버넌스가 항상 시장이나 정부보다 더 좋은 결과를 가져다줄 것이라는 주장은 지나친 논리의 비약이다(Jessop, 1997: 119). 거버넌스가 가져다주는 의도치 않은 결과나 실패의 가능성을 소홀히 해서는 안 된다.[21]

앞에서 언급한 바 있는 시장 주도형은 정부의 역할에 대한 비판과 함께 이를 대체하려 하였고, 정부 주도형은 현실적 조건 내에서 정부기능과 체계를 효율적으로 개선·보완하려 하였다는 점에서 모두 약한 시민사회를 전제로 하고 있다. 위의 〈표 7-4〉는 이 두 거버넌스 유형을 약한 시민사회와 약한 국가 또는 강한 국가와의 결합유형으로 분류하였다.

한편 시민사회의 권한강화에 기반하여 정부의 의사결정에 영향력을 높이려는 '시민사회 주도형' 거버넌스는 국가인식과 관련 두 방향을 가지고 있다. 그 하나는 전통적인 강한 국가에 대한 부정적 인식으로 인해 약한 국가를 선호하는 유형인데 이는 '시장 주도형'으로 전환될 가능성이 크다. 다른 하나는 자율적이고 자발적인 자기조정양식에 터한 강한 시민사회와 이에 터해 국가의 역할과 기능을 재조정함으로써 재탄생한 강한 국가가 결합한 것으로 이는 자본주의적 시장질서를 조정하고 견제할 가능성이 높다. 〈표 7-4〉에서 제시한 강한 거버넌스는 통치에서 시민사회를 재창조된 정부의 중요한 동반자로 여긴다.

젠더 친화적 관점에서 강한 거버넌스는 여성운동 활성화의 배경 혹은 결과로서의 강한 시민사회를 전제한다는 점에서 그리고 국가 내에 여성관련

---

21) Jessop은 거버넌스의 실패 요인으로 '우연적 필연성', '사회적 복잡성', '구조적 모순', '전략적 딜레마', '복수의 그러나 모호한 목표들의 공존' 등 다섯 가지를 제시하고 있다(1997: 118).

<표 7-4> 젠더 친화적인 거버넌스의 위치

공식영역 비공식영역		국가	
		약	강
시민사회	약	시장주도형 거버넌스 (최소주의 국가 minimal state)	국가주도형 거버넌스 (신공공관리 NPM)
	강	시민사회 주도형 거버넌스	좋은 거버넌스 (good governance)[1]
			강한 거버넌스 (strong governance)

[1] 좋은 거버넌스(good governance)는 세계은행, UNDP, OECD등을 중심으로 논의되고 있는 것으로, 주로 원조 대상국가들의 투명성, 책임성, 효율성 향상을 통한 통치능력 향상에 관심을 가지고 있다. 다만 세계은행의 경우는 주로 정부의 기능과 역할에 관심을 가지고 있는 반면, OECD의 경우는 시민사회의 역할과 민주주의적 특성도 함께 언급하고 있다는 점에서 차이가 있다.

부처 혹은 조직을 제도화시킬 가능성이 높은 강한 국가를 전제한다는 점에서 의미가 있다. 그러나 강한 시민사회와 강한 국가가 가지고 있는 몰성성(gender neutrality)의 한계점은 벗어나지 못한다.

사실 페미니즘의 정치에서 젠더와 거버넌스의 만남은, 연구자들이 발견한 몇몇 문헌을 제외한다면, 대단히 희귀한 것이다. 기존 정치의 패러다임을 변형코자 하는 페미니즘의 새로운 정치가 거버넌스란 개념을 아직 차용치 않는 데는 나름의 이유가 있을 것이다. 거버넌스가 시민사회(공영역)와 가정(사영역)의 구분을 전제로 하고 있다는 점[22])에서 공·사 이분법을 정면으로 도전해온 페미니즘으로서는 그리 달갑지 않은 개념일 수 있다. 따라서 페미니스트들의 성평등 분석틀의 시각에서 볼 때 강한 거버넌스라 할지라도 이는 부분적으로 의미 있는 담론적 실천에 불과하고, 젠더 친화적인 거버넌스

22) 공·사의 영역은 학문 분야마다 지칭하는 구체적인 사회영역이 다르다. 기실 거버넌스에서 이야기하는 공·사 개념은 국가와 시민사회를 칭하는 것으로 그 "구분이 모호하다" 함은 국가로 포섭되어 있던 공영역이 시민사회로 확장되어 나가는 현상을 지칭하고 있다. 반면 페미니즘에서 사용하는 사적영역은 가정만을 지칭하고 있으며 공영역은 이미 시민사회까지 포함하고 있다.

그 전부를 대변해주진 못한다.

거버넌스를 젠더 친화적으로 만들기 위한 전략적 공간은 페미니스트들의 민주화 전략 공간에 대한 검토를 통해 명료해질 수 있다. 이 페미니스트들의 민주화 전략공간은 자유민주주의를, 비록 한계가 있지만, 성평등의 이슈를 개진시키고 그 정도를 고양시킬 여지가 있는 체제로 받아들이고 있고, 이의 연장선상에서 거버넌스가 터하고 있는 자유민주주의와 이의 보완·대체인 협의민주주의 논의를 포함하고 있다. 이외의 전략적 영역들을 알아보기 위해 페미니스트 민주화 전략을 살펴보면 다음과 같다.[23]

그 첫 번째 유형은 "여성의 경험과 문화(여성적인 것)인 배려·양육, 감성, 돌봄, 연관성 등에 터해 새로운 대안민주주의"(Ferguson, 1984)를 추구하는 전략이다. 이런 전략은 남성보다 여성들이 덜 이해타산적이고 타인 의견에 대해 청취적이며 민감한 존재이고 친밀한 관계를 맺고 사는 존재라는 신념에 기반하고 있다. 이의 한 근거로 루딕(Ruddik, 1980)은 '모성적 사고'의 분석틀을 개발하고, "여성이 공적 세계에 보다 많은 정도의 겸손함, 유머, 타인 존중을 들여왔다"고 주장한 바 있다. 이에 터해 여성적 가치를 민주주의에 결합하려는 학자가 맨스브리지(Mansbridge, 1990)이다. 그녀는 여성적 가치라 주장되는 연민, 관계성 등은 공동체를 하나로 묶어주는 것인데, 어떤 민주주의도 이 유대감 없이는 작동할 수 없다고 주장한다. 또한 이런 맥락에서 대안민주주의 논의의 한 유형인 결사체민주주의론은 여성적인 가치를 시민사회 내 대안적인 경제거버넌스의 영역으로 들여와 구체화 할 가능성이 있다.

두 번째 유형은 자유민주주의를 여성의 시각에서 비판하고,[24] 협의민주주의 이론 혹은 소통적 민주주의 이론에 페미니즘의 색채를 입히려는 전략들이

---

[23] 이 전략은 안느 필립(Phillips, 1998)이 제시한 민주주의와 페미니즘 결합유형을 활용하였다.
[24] 자유민주주의 이론 내에는 여성에 대한 편견이 각인되어 있다. 페이트만은 민주주의가 자유로운 개인들의 자유로운 동의란 관점에서 도출되었지만, 여기에서 말하는 자유로운 개인은 '소유자로서의 개인'으로 남성적 개념이 내재되어 있어 여성은 곧 주부로 취급되고 여성의 자유는 복종 위에서 약속되었으며 결국 이러한 상황에서 시민의 자유는 가부장적 권리에 의거하고 있다고 비판하고 있다(Pateman, 1988: 4).

다. 이들은 민주주의가 어떻게 여성을 실망시켰는가에 물음을 던지고, 민주주의 논의를 좀더 광역화하려는 작업에 초점을 두고 있다. 사실 이들에게 모든 민주주의는 몰성적(沒性的)인 이론이다. 이는 페미니즘이 오랫동안 비판해온 것이다. "특수한, 구체적인 또는 육화된 민주이론"에서 분리되면서, 민주주의 이론은 한 성의 시각에서 쓰이고 규범화되었다(Phillips, 1998: 512-13). 오늘날 자유민주주의를 보완·대체하려는 시도인 협의민주주의에 페미니스트들은 동조한다. 투표함 같은 익명의 정치를 비판하고, 공적 토론의 중요성을 강조한 협의민주주의를 페미니스트들도 선호하고 있다. 그러나 페미니스트들은 여성들의 공통된 경험과 문화에서 협의민주주의 이론에 대해 몇 가지 물음을 던진다. 그 하나는 공동선에 대한 것으로, 페미니스트들은 공동관심 또는 공유된 이해관계에 성급하게 호소하는 것이 정치과정 내에 존재하고 있는 불평등을 더 강화할 수 있다고 우려하는 것이다(Op. cit. : 518). 또한 협의민주주의가 여전히 이성적인 언술 및 소통방식에 의존하고 있어 여성들의 소통방식으로는 접근이 어렵다는 것이다(Young, 1990).

세 번째 유형은 사회주의권이 붕괴하면서 참여민주주의에 대한 자신감이 상실되고 여성운동 내 비위계-비공식 조직유형의 실험이 부작용을 보이자,[25] 다시 등장하는 페미니즘과 자유주의 프로젝트의 결합 전략이다. 이는 최근 많은 학자들(Phillips, 1993; James, 1992)에 의해 시도되고 있다. 예로 수잔 제임스는 "시민권에 대한 자유주의 개념과 페미니즘적 개념은 기대했던 것보다 더 연속적이다"라고 주장하고 있다(James, 1992: 49). 또한 안느 필립은 자유주의가 페미니즘이 주장하는 '차이'에 그 이론의 초기부터 관심을 가져왔다고 주장하고, 자유주의는 민주주의를 페미니즘과 타협시키는 데 필요한 도구들을 제공할 수 있다고 말한다(Phillips, 1993).

이런 민주화 영역들을 젠더분석틀과 연결하면 〈표 7-5〉와 같다. 우선 A 영역은 여성공통의 일상문제와 성불평등문제를 집단화·표출화하고 정책

---

25) 이는 친목네트워크화하면서 다른 여성들의 활동에 장애가 되는 것을 의미한다.

<표 7-5> 젠더적 민주화 전략

거버넌스			젠더		
국가 (체계)	메타 거버넌스	여성성과 남성성이란 이분법적 체계와 이에 터한 세계 인식구성에 대한 물음 제기	페미니스트 민주화전략 1유형 C ↑		공적 영역
		남성성이 구현된 사회체계에 대한 물음제기 및 변형			
시민 사회 (생활 세계)	거버넌스	제도내 여성의 제·관점 대변으로서의 세력화	제도내 문화 및 운영방식의 변형	페미니스트 민주화전략 3유형 A ↑	페미니스트 민주화전략 2유형 B
		비공식 영역내 여성공간 확보 -여성 공영역 창출 -상징 및 규범체계 분석			
	거버넌스 구성원 (행위자)	여성들 삶에 터한 경험 공유, 공통의 문제도출 PNG	성불평등에 대한 문제인식 확장 SNG	PNG (A-a)	↓ SNG (A-b)	사적 영역
		재육화를 거친 여성			

의제화하는 것으로 이는 자유민주주의 틀 안에서 해결가능한 영역이다. B는 결사체민주주의에 터한 새로운 경제거버넌스가 실험되는 영역이면서 동시에 시민사회 내 제도들(NGOs 그리고 사회거버넌스)과 민관협의망을 젠더의 시각에서 교정하는 영역으로 자유민주주의의 틀을 변형해야 하는 영역이다. 사실 이 영역은 A의 b와 C가 전제되지 않으면 힘들다. 인도에서 경제거버넌스의 실험이 A의 b란 조건을 충족시키지 못함으로써 실패한 사례를 앞에서 이미 살펴보았다. C의 영역은 여성적 가치에 근거한 대안민주주의 논의와 이를 가능케 하는 체제에 대한 논의가 해당되는 영역이다.

〈표 7-5〉에서 알 수 있듯이, 젠더 친화적인 거버넌스의 유형은 다음과 같은 몇 가지 조건을 충족시키는가의 여부에 달려 있다. 그 첫 번째 조건은 통치(governing)의 대상으로 여성문제와 성불평등의 의제가 선택되어야 하는데, 이는 A-a와 A-b의 활성화를 전제로 한다. 그 두 번째 조건은 토의와 통치의 스타일로 이른바 여성적인 소통방식과 소통공간에 터하여야 한다는 것이다. 세 번째는, 가치인식 패턴의 차원에서 체제가 비판적으로 검토되고

여성적인 원리와 남성적인 원리의 균형에 터한 구체적인 체제 실험이 동반되어야 한다는 것이다. 앞에서 젠더 친화적 가능성이 있는 강한 거버넌스는 이 조건들에서 A와 B의 협의민주주의 유형은 포함하여도 여성적 소통방식·소통공간에 터한 협의민주주의 실험 그리고 C 논의의 활성화에 터한 세 번째 조건으로서의 실험을 보장하는 데는 한계가 있다.

참고문헌

김근세. "국정관리체계의 갈등: 정부조직관리 개혁을 중심으로." 국정관리의 새로운 방향과 과제, 2000년도 하계학술대회 발표논문집, 한국행정학회, 2000.

김종래·강제상. "국정관리와 NGO의 역할." 국정관리의 새로운 방향과 과제, 2000년도 하계학술대회 발표논문집, 한국행정학회, 2000.

모저 저, 장미경 외 역. 『여성정책의 이론과 실천』. 서울: 문원, 2000. Moser, C. O. N. *Gender Planning and Development: Theory, Practice and Training*. London: Routledge, 1993.

문순홍. "생태여성론, 그 닫힘과 열림의 이론사." 문순홍 편저. 『생태학의 담론』. 서울: 솔, 1999.

박성제 외. "미국 수자원정책의 변경과정 고찰." 『한국수자원학회지』, 2000년 5월호.

오스본, 게이블러 저, 삼성경제연구소 역. 『정부혁신의 길: 기업가 정신이 정부를 변화시킨다』. 삼성경제연구소, 1994. Osborne, D., and Gaebler, T. *Reinventing Government*, MA: Addison-Wesley, 1992.

정병순. "지역경제체계의 위기에 대응하는 지방통치체제의 작동양식에 관한 연구." 서울대학교 대학원 박사학위논문, 2000.

조명래. "신도시정치(학)의 문제설정과 쟁점." 『공간과 사회』 제11호, 서울: 도서출판 한울, 1999.

Alcántara, C. H. "uses and abuses of the concept of governance." *International Social Science Journal* 155, published by UNESCO, 1998.

Baden, S., and Goerz, A. "Who Needs [Sex] When You Can have [Gender]?." In *Feminist Visions of Development*. Edited by Jacson, C., and Pearson, R. London: Routledge, 1998.

DiGaetano, A., and Lawless, P. "urban governance and industrial decline: agendas in Birmingham and Sheffield, England, and Detroit, Michigan, 1980-1997." *Urban Affairs Review* 34(4), 1999.

Elson, D. "Male Bias in Macro-Economics: The Case of Structural Adjustment" In *Male Bias in the Development Process*, Manchester: Manchester University Press, 1991.

Ferguson, Kathy E. *The Feminist Case Against Bureaucracy*. Philadelphia: Temple University Press. 1984.

Gaudin, J. P. "modern governance, yesterday and today: some clarifications to be gained from French government policies." *International Social Science Journal* 155, published by UNESCO, 1998.

Gender Mainstreaming: Conceptual Framework, Methodology, and Presentation of Good Practices. final report of activities of the group of specialists on mainstreaming

Giddens, A. *The Third Way: the renewal of social democracy*, Cambridge: Polity, 1998.

Gilmour, R. S., and Jensen, L. S. "reinventing government accountability: public functions, privatization, and the meaning of 'state action'." *Public Administration Review* 58(3), 1998.

Grandori, A. "governance structures, coordination mechanisms and cognitive model." *The Journal of Management and Governance* 1, 1997.

Hirst, P. *Associative Democracy: New Forms of Economics and Social Governance*, The University of Massachusetts Press, 1994.

Immergut, E. M. *The Normative Roots of the New Institutionalism*, University of Konstanz, 1996.

Jaggar, A. M., and Young, I. M. ed. *A Companion to Feminist Philosophy*, Oxford: Blackwell Publisher, 1998.

James, S. "The Good-enough Citizen: Female Citizenship and Independence." In *Beyond Equality and Difference*. Edited by Bock, G.·James, S.. London: Routledge, 1992.

Jessop, B. "towards a schumpeterian workfare regime in Britain? reflections on regulation, governance and welfare state." *Environment and Planning A* 27(6), 1995.

_____. "the governance of complexity and the compesity of governance: preliminary remarks on some problems and limits of economic guidance." In *Beyond Market and Hierarchy*. Edited by A. Amin and J. Hausner. Cheltenham: Edward Elgar, 1997.

_____. "the rise of governance and the risks of failure: the case of economic development." *International Social Science Journal* 155, published by UNESCO, 1998.

_____. 1999a. "the social embeddedness of the economy and its implications for economic governance." In *The Socially Embedded Economy*. Edited by F. Adaman and P. Devine. Montreal: Black Rose Book, 1999.

_____. 1999b. "the changing governance of welfare: recent trends in its primary functions, scale, and modes of coordination." *Social Policy and Administration* 33(4), 1999.

_____. 1999c, "the dynamics of partnership and governance failure." In *The New Politics of Local Governance in Britain*. Edited by G. Stoker. Oxford: Oxford University Press, 1999.

Kazancigil, A. "governance and science: market-like modes of managing society and producing knowledge." *International Social Science Journal* 155, published by UNESCO, 1998.

King, Ynestra. "The Ecology of Feminism and the Feminism of Ecology," *Communities* 75, 1988.

Kooiman, J. 1993a, "social-political governance: introduction." In *Modern Governance: New Government-Society Interactions*. Edited by J. Kooiman. London: Sage Publications, 1993.

_____. 1993b, "governance and governability: using complexity, dynamics and diversity." In *Modern Governance: New Government-Society Interactions*. Edited by J. Kooiman.

London: Sage Publications, 1993.
Kooiman, J., and Van Vliet, M. "governance and public management." In *Managing Public Organization*. Edited by K. A. Eliassen and J. Kooiman. London: Sage Publisher, 1993.
Kouwenhoven, V. "the rise of the public private partnership: a model for the management of public-private cooperation." In *Modern Governance: New Government-Society Interactions*. Edited by J. Kooiman. London: Sage Publications, 1993.
Lamour, P. "models of governance and public administration." *International Review of Administration Sciences* 63, 1997.
Mansbridge, J. "Feminism and Democracy." *The American Prospect* 1/1(Spring), pp. 126-39, 1990.
Mellor, Mary. *Feminism and Ecology*. Cambridge: Polity Press, 1997.
Merchant, Carolyn. *Earthcare: Women and the Environment*. New York: Routledge, 1995.
Merrien, F. X. "governance and modern welfare states." *International Social Science Journal* 155, published by UNESCO, 1998.
Meyer, Mary K. 1999a. "Negotiating International Norms: the Inter-American Commission of Women and the Convention on Violence against Women." In: Meyer · Pruegl. 1999.
_____. 1999b, "The Women's International League for Peace and Freedom: Organizing Women for Peace in the War System." In: Meyer · Pruegl. 1999.
Midttun, A. "the weakness of strong governance and the strength of soft regulation." *Innovation* 12(2), 1999.
Mouffe, C. "Feminism, Citizenship, and Radical Politics." In *Feminists Theorize the Political*. Edited by J. Butler and S. Scott. London: Verso, 1992.
Nelson, Julie A. *Feminism, Objectivity and Economics*, London: Routledge, 1996.
Nicholson, Linda. "Gender." In *A Companion to Feminist Philosophy*. Edited by Jagger · Young. London: Blackwell Pr, 1998.
Ostrom, E. *Governing the Commons: the evolution of institutions for collective action*, Cambridge Univeristy Press, 1990. 윤홍근 역. 『집합행동과 자치제도』. 자유기업센터, 1999.
Pateman, C. *Sexual Contract*. Cambridge: Polity, 1988.
Peterson, V. Spike and Anne Sisson Runyan. Global Gender Issues-dilemmas in World Politics. Westview Press, 1999.
Phillips, A. *Democracy and Difference*. Cambridge: Polity, 1993.
_____. "democracy." In *A Companion to Feminist Philosophy*. Edited by A. M. Jaggar and I. M. Young. Oxford: Blackwell Publisher, 1998.
Pierre, J. "model of urban governance: the institutional dimension of urban politics." *Urban Affairs Review* 34(3), 1999.

Plumwood, Val. *Feminism and the Mastery of Nature*. London, New York: Routledge, 1993.
Ray, B. "good governance, administrative reform and socio-economic realities." *International Journal of Social Economics* 26(1/2/3), 1999.
Rhodes, R. A. W. "the new governance: governing without government," *Political Studies*, vol. XLIV, 1996.
Rosenau, J. N. "citizenship in a changing global order." In *Governance without Government: Order and Change in World Politics*. Edited by J. N. Rosenau and E. O. Czempeil. Cambridge University Press, 1992.
Rosenau, J. N., and Czempeil, E. O. *Governance without Government: Order and Change in World Politics*, Cambridge University Press, 1992.
Rubin, G. "The Traffic in Women." In *Towards an Anthropology of Women*. Edited by R. Reiter. N.Y: Monthly Review Press, 1975.
Ruddick, S. "Maternal Thinking." *Feminist Studies* 6, 1980.
Salleh, Ariel. "Nature, Woman, Labor, Capital: Living the Deepest Contradiction." *Capitalism, Nature, Socialism* 6(1), 1995.
Schachter, H. L. "reinventing government or reinventing ourselves: two models for improving government performance." *Public Administration Review* 55(6), 1995.
Smith, S. R., and Ingram, H. "institutions and policies for democracy." A Discussion Paper, Center for the Study of Democracy, UC Irvine, 1997.
Smouts, M. C. "the proper use of governance in international relations." *International Social Science Journal* 155, published by UNESCO, 1998.
Stoker, G., 1998a, "public-private partnerships and urban governance." In *Partnerships in Urban Governance*. Edited by J. Pierre. MacMillan Press, 1998.
_____. 1998b, "governance as theory: five propositions." *International Social Science Journal* 155, published by UNESCO, 1998.
UNDP, "participatory evaluation in programmes involving governance decentralization." Management Development and Governance Division, Revised 22, 1996.
_____. 1997a. "decentralized governance program: strengthening capacity for people-centred development." Management Development and Governance Division, Bureau for Development Policy, 1997.
_____. 1997b. "developing capacity for effective governance." A Workshop for UNDP Offices.
Warren, Karen J. "Feminism and Ecology: Making Connections." *Environmental Ethics* 9(1), 1987.
_____. "The Power and Promise of Ecological Feminism." *Environmental Ethics* 12(2), 1990.
_____(ed.) *Ecofeminism: Women, Culture, Nature*. Bloomington: Indiana University Press. 1997.
Wieringa, S. E. "rethinking gender planning: a critical discussion of the use of the concept

of gender." *Gender, Technology and Development* 2(3), 1998.

World Bank. *Governance: the World Bank's Experience,* Washington, DC., 1994.

Young, O. R. "rights, rules and resources in international society." In *Rights to Nature: Ecological, Economic, Cultural and Political Principles of Institutions for the Environment.* Edited by S. Hanna, C. Folke, and K-G, Mäler. Island Press, 1996.

Young, Iris Marion. *Justice and the Politics of Difference.* Princeton: Princeton University Press, 1990.

제8장
온생명과 정치사회 체제

21세기로 가는 지난 30여 년은 시대구분을 위한 논의들로 뒤범벅이 되었다. 일례로 패러다임 변동론이 인구에 회자하였고, 모던―포스트 모던―포스트 포스트 모던의 논쟁이 뜨거웠다. 토마스 쿤은 기존 과학이 설명할 수 없는 증후군들의 등장이 이 시대변동을 알린다[1]고 하였고, 라클라우는 새로운 담론을 동반한 정쟁들의 폭발이 그 역할을 한다[2]고 하였다. 이에서 알 수 있듯이, 이런 논의의 배경에는 한편으로 전례 없이 폭발한 생태재난과 경제재난―실업과 절대빈곤의 증가를 주내용으로 하는―이 있었고, 다른 한편으로 이에 대처한 민(民)들의 자기방어활동과 다양한 문화들의 자기주장(페미니즘·섹슈얼리티 이슈, 소수인종·민족 이슈 등등의 문화적 다원주의의 등장)이 있었다.[3]

---

[1] Thomas Kuhn, *The Structure of Scientific Revolution*(Chicago: Universtiy of Chicago Pr., 1962).
[2] Ernst Laclau, "discourse", in: R. E. Goodin & P. Pettit(ed.), *A Companion to Contemporary Political Philosophy*(Oxford: Blackwell, 1993).
[3] 이 다양한 문화의 자기주장화 과정을 안토니 기든스와 울리히 벡은 개성화 과정 혹은 개인주의의 2차 물결이라 불렀다. 이와 더불어 위에서 지적한 경제재난, 생태재난 그리고 이에 저항하는 녹색정치는 재귀적·성찰적 근대화를 구성하는 요소들이다. 이와 관련해선 안토니 기든스,

이러한 전반적인 현상은 최소한 현 사회의 기본틀이 광범위한 변동 상황에 노출되어 있음을 말해준다. 위에서 열거된 징후군들과 정쟁들은 궁극적으로 기존 사회체제에서의 주체와 '타자된 것', 중심과 '주변화된 것'의 관계성에 관련된 것이다. 과거 '타자'는 그것이 어떻게 불리든—(인간에 대해) 자연, (제1세계에 대해) 제3세계, (남성에 대해) 여성, (국가에 대한) 시민사회, (중앙에 대한) 지방, (이성혼에 대한) 동성혼 등등—현재와 같은 사회틀에서 배제되었다. 오늘날 우리 사회의 현상들/물음들은 그 동안 침묵해온 '타자들'의 저항이고, 이를 통한 존재의 알림이며, 자신의 존재를 부인·억압하는 관계틀을 재조종하기 위한 몸부림(자활 움직임)으로 보인다.

그 동안 정치체제에서 국가·중앙정부는 중심의 위치에 놓여 있었던 반면에 시민사회·지역·가정은 주변화된 자리에 있었다. 또한 정치적인 결정과정의 행위자에서 주체는 제1세계, 인간, 남성, 이성/(도구)합리성이었고, 제3세계, 자연, 여성, 감성/비합리성은 타자화되었다. 이 글의 목적은 온생명의 관점에서 중심과 주변, 주체와 타자의 관계를 재조망하고, 배제되었던 타자들을 내포해내는 정치체제와 관련된 논의와 실험들을 밝혀보는 것에 있다.

1. 왜 '(온)생명'인가?

오늘날 사회(학)적인 언어들, 즉 개념들은 "가리키고자 하는 바로서의 대상", 즉 자연 세계(사물의 세계)와 생활세계를 대변해 준다고 볼 수 없다. 물론 이와 관련하여 철학 내에 명목론 대 실재론이란 긴 논쟁의 역사가 있지만, 고도의 추상화 과정을 거친 개념들—전문 학술어와 표준어—은 이미 체계화되어 버렸다. 그래서 변화하는 일상적인 삶을 대변하거나 자연세계를 완벽히 재현하는 데 한계가 있다. 이 주제를 푸코는 16세기에서 19세기의

『제3의 길』, 박찬욱·한상진 옮김(생각의 나무, 1998); 울리히 벡, 『정치의 재발견』, 문순홍 옮김(거름, 1998)을 참조하라.

기간 동안 유사성의 인식지평이 단절의 인식지평으로 바뀌는 과정을 분석하면서4) 다루었고, 이반 일리치는 시기를 조금 앞당겨, 14세기 스페인의 제국주의적인 팽창과정에서 시작한 구어체의 문어체화 그리고 문어체의 표준어화 과정으로 그린 바 있다.5)

'세계화'·정보과학화 시대란 오늘의 인식지평은 위의 두 학자가 다루었던 시대와는 다른 것으로, 이들의 주요 물음이 국민국가를 단위로 한 산업사회 학자들에게 이차자연의 개념이 일차자연의 존재를 재현해낼 수 있을 것인가 였다면, 오늘 이 전환기의 조건들은 경제활동과 과학기술활동에 의해 만들어지고 있어 물음이 조금은 더 복잡해졌다. 의사소통의 장은 일차자연의 언어(토속어와 지방어), 이차자연의 언어(학문 및 사회체제활동, 특히 경제활동이 만들어내는 언어들) 그리고 과학기술에 의해 만들어진 가상자연의 언어(사이버 공간의 컴퓨터 언어)로 파열되어 있다.

이런 소통 상황에서 (온)생명이란 언어와 관점은 적실성을 갖는다. 왜냐하면 자연의 목소리와 생태적인 특성을 이해하는 데 토속어와 지방어의 사용이 새로이 형성·등장한 언어나 번역된 외래어보다는 더 적합하기 때문이다. 누군가 언어는 존재의 집이라 칭했듯이 이 언어들은 오랜 우리 생태계의 특성을 자신의 안에 반영하고 있기 때문이다. 또한 인간의 손이 닿지 않은 일차자연이 사라져가는 현 상황에서, 자연적인 조건과 문화에 친화적이었던 전통사회의 언어들이 상당부분 우리 의식의 그늘 밑에서 어린 시절에 들은 이야기들과 신화로 기록되어 있기 때문이다. 그래서 토속어와 지방어는 무의식에 깊이 숨어있는 친근한 언어들을 건드리고 이와 연관된 동화-신화들에 대한 기억을 불러내고 자연 친화적인 감수성을 촉발하고 이를 드러내줄

---

4) 미셸 푸코, 『말과 사물』, 이광래 옮김(민음사, 1980).
5) 서구의 표준어들이 제국주의적인 세력팽창과정에 어떻게 기여하였는가, 생활세계를 반영하는 구어체(방언, 생활어)가 문법체계와 단어사전을 통해 어떻게 문어체화 되는가, 이 과정을 통해 사용가치로서의 언어가 교환가치로서의 언어로 어떻게 변질되는가를 밝히고 있다. Ivan Illich, "Vernacular Values", Satish Kumar(ed.), *The Schumacher Lectures*(London: Blond & Briggs, 1980).

수 있다.6) 지방어나 토착어를 사용한 메시지는 소통의 폭, 질 그리고 깊이를 깊게 할 것이다.

이런 맥락에서 '(온)생명' 개념은 생태(계), 생물권, 녹색 등등의 개념보다 유의미하다고 할 수 있다. 왜냐하면 그 전달하고자 하는 바의 동일성을 전제로 한다7) 할지라도, 우리 언어로서의 '(온)생명'은 높은 전달 가능성을 지니고 있기 때문이다. 반면 서구 개념의 번역어인 '생태', '가이아', '생물권' 개념은 여전히 한국 사회에서는 생경한 편이다. 특히 '생태(계)' 개념과 비교해볼 때, 민(民)들의 자활활동, 즉 시민사회와 지역공동체를 터로 하는 새로운 정치의 태동인 민들의 자기조직화 현상은 역동적인 움직임을 반영해줄 개념을 필요로 하는데, (온)생명 개념이 생태란 개념보다 적절한 것으로 보인다. 왜냐하면 (온)생명은 그 강조점이 역동성(生生之理)에 있고, 생태 개념은 균형과 관계성에 두어져 있기 때문이다.

2. (온)생명으로 세계를 본다는 것

1) 조건부 단위로 보는 것: 관계-내-낱생명

살아있는 것으로 세계를 본다고 할 때, 이 세계를 구성하는 것의 단위성과 그 정체성은 어떠해야 하는가? 이에 대한 답은 (온)세계가 다층적·다원적인 단위들로 구성된 성층구조이며 단위는 원자처럼 개별화된 입자가 아니라 관계 속에 얽힌 개체란 점에서 찾아져야 할 것이다. 이 관계망-내-개체란 속성을 장회익은 "조건부 단위로서의 낱생명"이라고 불렀다. 자기충족적인

---

6) Jean-Francois Lyotard, "Oikos", Joshka Fischer(hrsg.), *Oekologie im Endspiel*(Muenchen: Wilhelm Fink Verlag, 1989), 39-54.
7) 물론 장회익은 온생명 개념이 생태계, 생물권, 가이아와 다름을 주장한 바 있다. 장회익, 『삶과 온생명』(솔: 1998), 182-87쪽.

단위로서의 (온)생명8)에 비교해볼 때, 낱생명(체)들은 "생명현상을 가능케 하는 최소한의 물리적인 조건"9)을 전제로 해야 하기 때문에 완벽한 자기충족성을 구가할 수 없다. 왜냐하면 "단위화가 단위화된 실체의 본질적인 한 부분을 필연적으로 단위 밖으로 배제하게 되는, 즉 이것의 정상적 기능을 유지하기 위해서는 단위 밖으로 밀려난 본질적 한 부분을 항상 전제해야"10) 하기 때문이다. 이 단위 밖으로 밀려난 본질적인 한 부분이 바로 낱생명에 대한 조건으로, 이를 장회익은 보생명이라 불렀다. 보생명은 (온)생명에서 낱생명을 뺀 나머지 부분이고, 그런 의미에서 낱생명의 특정 조건은 보생명이며, 낱생명은 정상단위로서의 온생명에 대해 조건부 단위로서의 특성을 갖는다.

보생명과 관계맺음은 낱생명에게 필연적인 조건임이 명백해졌는데, 이 관계에서 낱생명은 두 가지 속성을 보여준다. 이는 자기 통합성과 자기파열성11)으로, 낱생명은 이 두 속성의 긴장 위에서 자신의 삶과 정체성을 구성해낸다. 즉 한 단위체의 지속적인 존립(정체성, 개별성)을 드러내 특성화한 것으로서의 항상성과 상위 단위에 속함으로써 자신의 항상성을 넘어서는 창발성12)이 '개체의 정체성'이란 이름으로 공존하고 있는 것이다.

(온)생명론에서 이 낱생명과 보생명 관계는 낱생명과 낱생명이 어떻게 서로 관계 맺고 있는가에 의해 결정된다. 장회익은 전자의 관계를 종적인 관계로 후자를 횡적인 관계로 불렀는데,13) 여기서 종적인 관계란 "자유에너지

---

8) (온)생명이란 "우주 내에 형성되는 지속적 자유에너지의 흐름을 바탕으로, 기존 질서가 새로운 질서의 모태가 되어, 지속적인 성장을 가능케 해 나가는 그 어떤 '정보적 질서'의 총체"이다. 장회익, 윗책, 223-24쪽.
9) 장회익, "생명이해의 논리: 삶과 온생명에 대한 소흥렬 교수의 서평을 보고", 1999. 13쪽.
10) 장회익, 『과학과 메타과학』(지식산업사, 1990).
11) 프리초프 카프라, 『새로운 문명과 현대과학』(범양사, 1980); Frijof Capra, *Turning Point*(1980).
12) 이는 생태계의 계층구조가 보여주는 여러 특성들에 속하는 것으로 특히 후자의 속성을 장회익은 협동현상이라 불렀다. 이와 관련해서 유진 오덤, 『생태학』, 이동원 옮김(1994)과 이 절의 (3)을 참조하라.
13) 장회익, 윗책(1998), 229-30쪽.

및 기타 생존에 필요한 소재들을 수급하는 과정에서 나타나는" 관계이고, 후자인 횡적인 관계란 "유사한 여건 속에서 함께 생존해 나가는 동류개체들 사이에 맺어지는 관계"이다. 이 낱생명체들의 관계는 낱생명 자체의 정체성이 자기통합성과 자기해체성의 긴장 가운데 있기 때문에, 그 유형도 자기통합성이 강한 개체들의 관계에선 '개체중심적인 성향'으로 나타나고, 자기해체성이 강한 개체들의 관계에선 주변 개체와의 협동을 통해 전체의 화합을 추구하는 '일종의 생태중심적인 성향'으로 나타난다. 개체중심적인 성향에서 낱생명과 보생명의 관계는 보생명을 변형시키려는 경향성이 강하고, 생태중심적인 성향에서는 "보생명의 장기적인 보전에 힘쓰기"도 한다.

이 "횡적인 관계에 따라 종적인 관계유형이 결정(필자의 말, 조건화)된다"는 장회익의 주장은 함축적인 의미를 갖는다. 왜냐하면 이 진술은 (온)생명이 국가와 시민사회의 정치기능 중 시민사회의 자의식화에 초점을 두고 특히 생태론의 미개척 분야인 사적영역이 지닌 정치적 함의에 비중을 두고 있다고 보이기 때문이다.

2) 자기생성체(autopoiesis)로 보는 것

생명체는 통상적으로 '스스로 움직이는 것' 혹은 '자기작동의 인자'가 내재해 있는 실체라고 이야기되고 있다. 예로 생명체의 기본 단위인 세포에 국한해서 말하자면 "세포가 외부로부터 에너지를 흡수하여 자신이 필요로 하는 물질을 만들어내어 스스로를 유지하고(살아가고), 자신이 속한 생명체를 살게 하고, 자기 복제하며, 환경의 변화에서 진화하는 현상"이다. 이런 성질은 몇몇 학자들에 의해 자기생성성(자기생산, 자기제작)이라 불렸는데, "신진대사를 통해 자기유지를 하는 현상, 즉 일정한 경계를 지니는 체계가 적어도 일정 기간 내에 그 내적인 성격에 큰 변화를 가져오지 않으면서 외부와는 끊임없이 물질교환을 수행하는"[14] 성질로 정의된다. 이의 다른 일반화된 개념은 자기조직하는 성질(self-organizing)이다.

장회익은 이 자기생성성이란 개념을 받아들이고, 이 성질을 대사(소통전략), 증식(개체화전략),15) 그리고 진화(변이전략)로 나누어 구체화하고 있다. 생명체가 일단 출현되면 이 생명체는 외부세계와 일련의 관계를 갖는다. 대사는 바로 이런 성질로 낱생명체와 보생명 사이에서 물질·에너지·정보가 순환하는 흐름을 말한다. 그래서 생명체가 살아있기 위해 취하는 전략들 중 하나가 끊임없이 외부 세계와 소통하는 것이다. 이는 역으로 살아있는 것으로 세계를 본다는 것이 무엇인가 주고받는 연속적인 과정이 세계 내에 그리고 세계와 나 사이에 있는 것으로 봄을 의미한다. 이 대사와 소통은 자기생성성의 두 번째 성질인 변이의 근거가 된다. 변이란 "개체 내의 정보에서 이상이 발생한 것으로, 이 변이된 정보를 통해 새로운 동적체계(변이된 생명체)가 형성되는 것"16)이다. 이는 생명체가 진화하고 다양화되는 원동력으로, 살아 있는 것으로 세계를 본다고 했을 때 변화발전의 과정이 세계와 나에게 내재해 있는 것으로 봄을 의미한다. 증식이란 생명체가 스스로를 유지·발전시키기 어려운 상황에서 자신을 복제해내는 것으로, 이는 생명체가 물질적인 연속성은 포기하고 대신 정보의 연속성을 취하는 것으로, 생명체의 불가피한 노쇠현상을 극복해 나가는 전략이다.17) 생명의 관점에서 세계의 변화를 본다는 것은 물질의 증식·진화뿐만 아니라 정보의 증식·진화가 내재하는 것으로 봄을 의미한다.

이런 세 가지 삶의 조건상 나오는 전략은 시민사회의 자기조직화 현상들 중 특히 살림정치와 생활정치의 유형화를 설명할 때 설득력이 있다. 또한

---

14) Lynn Margulis·Dorian Sagan, 『생명이란 무엇인가』, 황현숙 옮김(지호, 1999), 38쪽; *What is Life?*(N.Y.: Simon & Schuster, 1995) p. 23; 프리초프 카프라, 『생명의 그물』, 김용정·김동광 옮김(범양출판부, 1998), 213쪽; Fritjof Capra, *The Web of Life*(Anchor Books, 1996); Huberto Maturana and Francisco Varela, "Autopoiesis: The Organization of Living", in *Autopoiesis and Cognition*, D. Reidel, Dordrecht, Holland(1980); 장회익, 윗글(1999), 7쪽에서 재인용.
15) 장회익, 윗책(1998) 6장, 특히 189, 193-94, 226쪽; 윗글(1999), 11쪽.
16) 장회익, 윗글(1999), 11쪽.
17) 장회익, 윗책(1998), 226쪽.

이 전략은 이 정치의 유형들이 현 체제의 복제 그 자체가 아니라 변화된 보생명 조건 속에서 새로운 체제의 축소판(대안사회)을 실험하는 것임을 설명하는 데에도 설득력을 부여해준다.

3) 협동의 관점에서 보는 것: 보완적 이원성

협동현상은 동종이든 이종이든 개체들이 상호작용하는 패턴이기도 하고, 동시에 상위개체의 창발성이 도출되는 패턴이기도 하다. 앞의 2. 1)에서는 전자의 패턴이 횡적인 관계와 종적인 관계의 두 유형으로 구성되어 있으며, 각각은 다시 자기중심적인 경쟁 위주의 관계와 생태중심적인 협동 위주의 관계로 나뉠 수 있음이 지적되었다. 협동 현상은 이 관계 유형들의 하나로 해석될 수도 있으나, 궁극적으로는 한 단위 내 구성원들이 만들어내는 관계들이 상위 단위에 부여하는 독특성(구성원들의 속성과는 다른 성질)을 '결정하는' 현상을 칭한다. 그래서 장회익은 "최초의 생명은 특수한 경계조건을 만족(시키고) 물질현상과는 다른 특이한 협동현상을 나타냄으로써 등장한다"고 기술하고, 물질법칙을 준수하면서 이루어지는 "다른 생명체들과 진화적으로 연결된 자기증식현상"이라고 말하고 있다.[18]

그러나 이 협동현상은 보완적 이원성으로 조금 과대해석해 볼 필요가 있다. 횡적관계가 종적인 관계를 결정이 아니라 '조건화'하는 것으로 이해한다면, 이 협동현상은 온생명론을 사회사상 내 방법론적 개체론이나 개인주의로 빠지지 않도록 하는 장치를 가지고 있는 것으로 이해될 수 있다. 왜냐하면 횡적인 관계에서 낱생명체가 자기중심적으로만 활동할 경우 상위 단위의 항상성을 교란시키고 역으로 낱생명체에 영향을 주게 되는데, 이는 항상성을 깬 창발성의 발현과 동시에 낱생명체의 관계들을 다시 조건지우는 측면도 고려한 현상으로 확대해석 될 수 있기 때문이다. 또한 음양, 남녀, 좌우,

---

18) 장회익, 윗책(1990), 154-56, 181쪽.

불연기연(不然其然, 수운 최제우), 보이는 질서와 보이지 않는 질서(보옴) 등의 적대적인 것들—그것이 관념이든 실재든—이 만들어내는 협동현상을 이해할 수 있게 된다.

이렇게 보완적 이원성의 관계로 과대해석 하자는 주장은 사실 기본적으로 상호대립적인 요소들(낱생명)이 경쟁위주로 상호작용한다 할지라도, (온)생명의 관점에서 볼 때 "자연의 본원적 질서는 협동현상으로 나타난다"[19])는 장회익의 진술에 터한다.

4) 객관적 성찰성과 주관적 경험의 결합으로 세계를 이해하는 것

그러면 어떻게 이 (온)생명을 이해할 수 있는가? 생명으로 세계를 보는 방식에서 그 특성은 생명인식에서 자연과학의 객관적인 방법론에 기초한 인식과 이른바 "초자연적"이고 주관적인 인식이 서로 분리·존재할 수 없다는 것이다. 이는 세계를 생명으로 이해하는 인식주체인 인간이 바로 생명체라는 사실에 기반하기 때문이다. (온)생명의 장회익도 생명인식의 특수성은 바로 "생명에 대한 이해는 사실에 토대한 객관적 관찰로 축적된 경험내용들을 통해서 이루어지기도 하지만 동시에 인식자인 인간도 생명체이기 때문에 동시적 경험을 통해 살아있다는 것이 어떤 것이라는 것에 대한 주체적 판단도 포함하고" 있는 것에서 찾고 있다. 왜냐하면 (온)생명으로 세계를 이해하는 것은 곧 "이해의 주체인 우리들 자신이 그 현상의 일부분임을 감안해야" 하기 때문이다.

이런 생명인식의 특수성은 곧 생명정치의 내실화와 활성화의 사회적 바탕이 생명적(혹은 생태적) 감수성 개발과 밀접한 관련성을 가져야 함을 의미한다. 여기에서 조금 더 생각을 확장해보자. 사실 인식주체인 우리 인간은 그 단위의 특성에서 (온)생명과는 다르다. 인간은 보생명을 전제로 하는 조건부

---

19) 장회익 윗책(1998), 192쪽.

단위인 반면, 온생명은 자기충족적이고 자기완결적인 정상단위이기 때문이다. 과연 조건부 단위로서의 인간이 정상단위인 온생명에 대한 완벽한 인식에 도달가능할 것인가는 여전히 물음으로 남을 수 있다. 그래서 인간은 자신들의 인식과정이 발견해낸 결과물과 이의 사회활용에 신중함을 기해야 한다. 이런 맥락에서 생명정치는 제도화된 측면과 동시에 사회윤리로서의 정치("비제도권 정치")란 두 측면을 가진다. 위 장회익의 주장이 김지하에게서는 최수운 21자 주문 중 '일세지인 각지불이자야(一世之人 各知不移者也)'에 대한 해석[20]으로 나타나고 있다. 그는 생명인식의 출발점은 다양하고, 생명 자체의 속성으로 인해 자연과학의 방법론으로 접근이 불가능하고, 그럼에도 불구하고 손쉬운 것이라고 말하고 있다. 이는 생명정치의 다양성을 뒷받침해 준다.

3. (온)생명에서 본 정치사회체제

1) 온생명정치의 단위: 생태지역과 공영역

(온)생명에서 낱생명체들은 생존의지로 충만된 단위이다. 정치에서도 생존의지—부국강병으로 내적인 의식주 해결과 외적인 주권독립—의 경계는 중요한 의미를 갖는다. 이 경계는 내부 구성원들의 흩어짐을 막기 위해 동질의 정체성을 요구하고, 이에 터해 차별들도 제거할 준비가 되어 있는 경계이다(정확히 이 차별의 제거는 그 이념에 차이의 제거와 획일화 과정을 동반한다). 이 경계가 있어야 통일성과 유사성 등이 의미를 갖는다. 왜냐하면 같음(likeness), 동질성 등의 의미는 경계를 전제로 해서 의미를 갖기 때문이다. 근대의 세계에서 정치의 경계는 국민국가를 단위로 그어졌다. 국민국가로 경계지어진 근대 정치 단위에서 개인적인 관심과 참여의 일차적인 장소는

---

20) 김지하, 『동학이야기』(솔출판사, 1994), 24-30쪽.

국가에 의해 통치/지배되는 경계선 내부로 제한되어 있다(지리적 경계선).[21] 제도화된 정치적 결정권의 경계선도 국가와 시민사회의 상층부 사이에 설정되어 있었다(정치참여의 법률적·행정적 경계조건).

정치적인 관점에서 경계내의 동질성·유사성은 공통성(commonality)으로 간주되어 왔으며, 이것이 정치적 결정의 근거가 되었다. 그런데 오늘날 이 경계조건 내에서 동질성보다는 이질성과 차이가 더욱 강하게 드러나고 있다. 이 이질성은 두 가지 근거에 의한다. 그 하나는 자연적 경계조건이 국민국가 단위 이하와 이상에서 더욱 분화·다층화될 수 있다는 것이고, 다른 하나는 시민사회란 추상화된 사회공간 내에서 문화적 이질성이 두드러지면서, 이들 나름의 소통구조인 결사체와 공론의 장이 형성되고 있다는 사실이다.

'내'가 정치의 주체로 결정에 관여할 수 있는 공동체, 그의 최소단위는 어느 정도이겠는가? 정치 단위와 관련하여 (온)생명론이 논의한 것은 '단위의 성격' 그리고 '단위의 경계조건'에 대한 것이다. 오늘날 (온)생명의 세계관에서 볼 때 생명세계 그 자체가 가지고 있는 특성[22]상 그리고 위에서 기술한 생명인식의 특성인 현장성과 현재성[23]—이는 생명인식의 출발점인데—으로 인해 완결적 실체로서의 정상 단위와 이의 상징인 국민국가에 큰 의미를 부여할 수는 없는 것으로 보인다. 이러한 이유로 해서, (온)생명론은 생명정치

---

21) Sheldon S. Wolin, "Fugitive Democracy", in Seyla Benhabib, *Democracy and Difference* (N.J.: Princeton Univrsity, 1996), pp. 31–3.
22) 이와 관련하여선 생태학적 공간구조 및 성층구조, 온생명이란 우주생명 단위 하에서 개체생명과 보생명간 관계를 참조하라. Capra, *Turning point*, 이성범 옮김, 『새로운 과학과 문명의 전환』(1985), 9장; 장회익, 앞의 책(1990); 장회익, 앞글(1992)(1993); Odum, 『생태학』, 이동원 옮김.
23) 현장성 및 현재성은 바로 현실세계가 세계화와 지방화 시대임을 지칭한다. 이러한 세계화는 새로운 세계질서로의 개편과 정치적 결정단위 및 세계정치의 장의 결정주체로서의 국민국가의 약화를 실질적 내용으로 한다. 이러한 상황에서 과연 국민국가라는 정치단위가 계속적으로 유용할 것인가는 한번쯤 다루어져야 하는 문제이다. 이와 관련하여선, Timothy Luke, "Placing Power/Siting Space: the Politics of the Global and Local in the New World Order", *Environment and Planning D*, vol.12; 문순홍, "세계화와 지방화간 함수관계 그리고 변형된 지방환경의제", 『환경과 생명』(1995, 6호)을 참조하라.

의 단위로 기존 국민국가와는 다른 성격의 단위를 추구해야 한다. 다른 정치 단위를 추구한다 함은 세 가지 의미를 가지고 있다. 그 하나는 경계선 조건을 정상 단위가 아닌 새로운 개념, 즉 조건부 단위로 상정한다는 것이고, 그 두 번째는 정치적인 결정이 단차원(국가중심의 결정과정) 혹은 두 차원(국제기구와 국가)이 아니라 다층의 얽힘 구조(예로 가족-공동체-시민사회-국가-초국가적 시민사회-국제기구 혹은 국제레짐-세계시민사회-유엔 등)가 된다는 것이며, 세 번째는 이런 다층의 얽힘 구성이라 할지라도 이 중 공식적인 기초 단위는 지역과 결사체(이들로 구성된 공영역)라는 것이다.

(1) 생물·생태지역

생물·생태지역은 단위의 자연적 경계조건을 특성으로 한다. 그 동안 지리적 공간을 구획하는 경계조건은 다양하게 존재하여 왔다: 행정적 편리성, 정치적 선거구 조정, 경제적 효율성, 자연생태계적 조건, 문화적 조건 등등. 이와 관련해서 (온)생명의 시각과 유사한 생물지역(주의)은 자연생태계적인 조건들에 강조점을 부여하여 왔다. 그러나 이 생물지역론(Bio-regionalism)[24]은 자기폐쇄성과 유사한 한계를 가진 것으로 보여, (온)생명론의 조건부 단위로 고려해볼 수 있으나 적합한 개념은 아니다. 따라서 (온)생명론은 자연·생태계적인 조건 못지않게 인간-사회의 생활리듬 및 생활권과 소통리듬 및 소통로를 고려한 지역 개념을 개발하여야 할 것이다. 잠정적으로 이를 생명지역이라고 본다면 이 지역을 단위로 해서 경계조건은 하나의 과정으로 실험해볼 수 있고 이에 터해 서구 생물지역주의의 장소의 정치도 실험해볼 수 있을 것이다. 이는 (온)생명정치의 과제로 남는다.[25]

---

24) 생물지역론은 경계조건으로 "지형, 분수령, 기후, 토착식물 및 동물" 그리고 이들 생물군계의 변동을 삼는다. 생물군계의 변동은 동식물종의 구성이 한 장소에서 다른 장소로 이전하면서 변동하는 것을 의미한다. 예로써 '갸'가 거주하는 곳의 종들 중 약 15~25%가 '나'가 거주하는 곳의 종과 다르다면, '갸'와 '나'는 상이한 생물지역에 거주하는 것이다. 이 조건들 중 가장 보편적으로 널리 쓰이는 조건이 분수령으로 일반적으로 강유역을 가리키기도 한다.

25) 이와 관련해서 이글의 3. 2)를 참조하라.

(2) 공론의 장

정치의 단위는 자기 정체성에 터한다. 장회익은 소흥렬과의 토론에서 인간을 비롯한 고등생물에게서 발현되는 '나'라는 자기정체성에 대한 의식으로부터 정체성 의식인 (온)정신의 가능성을 조심스럽게 받아들인다. 즉 "집합적 의미의 인간의식이 (내외적 정보를 처리하고 통제할 수 있는) 기능을 수행할 기구형성을 전제로 한다면 가능하지 않겠는가"란 것이다. 다시 말하면 "개체와 개체 사이의 지적 소통을 통해 이러한 의식을 초개체적으로 확장하는 기능"이 가능하다는 것인데,26) 여기에서의 관건은 바로 '소통기구'에 준하는 사회적 공간과 메커니즘의 창출로 보인다. 이 메커니즘이 정치영역에선 오늘날 활성화되고 증식하고 있는 공영역이다. 이 영역은 온정신까지는 아니지만 집단적 의식과 정체성을 창출해내고 있다. 이는 문화적 다양성이 사회에 표출하고 존재해야 함을 이해하는 근거가 된다.

개체(구성원)들의 '살아있음'을 정치권에 정치적 의사표현의 근거로 인정하고 이를 표현한 민주주의는 전통적으로 국민국가를 정치의 경계조건으로 하고, 그 논의의 초점을 국가의 민주화에 맞추어왔다.27) 그런데 오늘날 재부활된 대안민주주의 논의는 국가를 넘어서 시민사회의 공영역을 정치적 단위들의 소재지로 삼는다. 여기에서 시민사회란 개념은 학자마다 해석이 다양한 개념이지만, 서구에서 신사회운동의 등장 이후 시민사회 내 규범적·정치적 기능이 있음을 인정한 여러 입장들을 정리하여 요약하면 다음과 같이 정의할 수 있을 것이다. 시민사회란 "개인보다 상위, 국가보다는 하위의 사회적 공간"이고, 기능이란 측면에선 "국가와 경제에 의해 에워싸일 수 없는 모든 사회적 상호작용"이지만, 그 구성의 핵심은 "의식적·자발적 결사체들의 형성과 결사체적 삶 및 조직화된 커뮤니케이션 관계"에 있다.28)

---

26) 장회익, 윗책(1999), 15, 16쪽.
27) John Dryzek, "Political Inclusion and the Dynamics of Democratization", (American Political Science 90-1, 1996); David Held, *The Prospect of Democracy*(London: Polity, 1994).
28) Jean L. Cohen·Andrew Arato, *Civil Society and Political Theory*(Cambridge: MIT Press,

특히 여기에서 시민사회의 정치화된 측면이 공영역(public sphere)이다.[29] 공영역이란 "사회 구성원들이 다양한 매체, 예를 들면 인쇄물, 전자통신, 대면적 만남 등을 통해 만나고, 공동관심사를 토론하고, 그래서 이에 대한 공통된 마음을 형성할 수 있다고 생각되는 공동의 공간"[30]이다. 이 공영역의 소재지는 두 곳으로, 국가와 시민사회 그 사이에 제도적으로 보장되어 있는 영역이면서 동시에 시민사회 내 자율적인 영역으로 살아있다. 여기에선 보편적 관심의 주제가 공적으로 토론될 수 있다. 토론이란 의사소통 행위를 통해 사적인 개인들이 공중으로 드러나게 되고, 기본적으로는 상품교환과 사회노동과 같은 사사화(私事化)된 영역이지만 공론화하기 적합한 영역들에 공적 권위의 개입을 요구할 수 있다.[31]

이 공영역이 커뮤니케이션 관계망에서 특정 주제 혹은 관심을 중심으로 정보를 주고받고, 나름의 아젠다 설정과 그 해답을 만들어 낸다면 이는 정치결정을 조건화하는 단위가 되기 때문이다. 즉 정부와 공영역은 상호 보생명과 낱생명으로서의 관계를 갖는다. 이 공영역의 활성화는 유사종들을 다층적으로 그리고 다원적으로 복제해낸다. 더구나 거시사회의 조건이 변화되는 상황에서 이 공영역은 생명지역과 마찬가지로 새로운 정치를 실험해내는 변이전략의 산실이 되고 있다.

1994).

29) Adams B. Seligman, *The Idea of Civil Society*(N.J.:Princeton University Press, 1992), p. 42; John Dryzek, Ibid, p. 481.

30) Charles Taylor, "Liberal Politics and Public sphere, Amitai Etzioni(ed.), *New Communication Thinking*(Charlottesville: University Press of Virginia, 1995) pp. 104-5.

31) Juergen Habermas, *The Structural Transformation of Public Sphere*(N.J.: MIT Press, 1989) pp. xi, 18, 27.

2) 자기조직하는 사회의 정치, 그 정의와 유형들

(1) 정치/권력의 재발견

이런 (온)생명적 관점은 정치의 핵심 개념들을 재발견하게 한다. 카렌 웨렌[32]은 권력유형을 다섯 가지, 즉 지배형 권력(power over), 연대형 권력(power with), 내재형 권력(power within), 지향형 권력(power toward), 대항형 권력(power against)으로 나눈 바 있다. 정치학의 핵심개념인 권력개념은 "타인에게 무엇을 하지 못하도록 통제하는 힘"으로 해석되었다. 그러나 (온)생명의 관점에서 생명의지로서의 권력은 "자신의 존립과 생존을 위한 의지"와 '이를 보생명과 소통시키는 가운데 형성된 집단적 합의로서의 에너지'에 관한 것이다. 전자가 지배형, 대항형 권력에 가깝다면, (온)생명의 권력은 내재형, 연대형 권력에 더욱 가깝다.

이의 연장선상에서 정치개념도 기존의 부정적인 개념인 "나의 이익을 위해 타인에게 영향을 가하는 행위로서의 통치"가 아니라 "주민들에게 가까이 다가가 있는 의사결정 과정에 참여하는 것"[33]으로 정의된다. 이를 울린[34]은 정치의 원형에 해당되는 '정치적인 것'이라 부르고, "공동체의 다양한 구성원들이 집단적 복지를 촉진하거나 보호하기 위해 공적 협의과정을 통해서 집단적 권력을 사용할 때 이 순간 모두는 공동성의 순간을 즐길 수 있음"을 그 특성으로 말하고 있다. 그러나 그 동안 개체성이 강조되어온 근대 정치에서 정치는 정체란 외피로 굳어져 왔다. 즉 정치는 "집단성이 공적 권위를 위해 이용할 수 있는 자원에 접근하는 것을 둘러싸고 일차적으로 조직된 그러나 불균등한 권력들 간의 정당화되고 공적인 경합"[35]을 의미하였고, 이로 인해 정치현상은 공적인 권위체와 동치되고, 정치는 통치로, 정치적인

---

32) Karen Warren, *Ecological Feminism*(London: routledge, 1994) pp. 181-83.
33) Janet Biehl, *Rethinking Ecofeminist Politics*(Montreal: Black Rose Books, 1991), p. 150.
34) Sheldon Wolin, Ibid, p. 31.
35) Op. cit.

것은 직업 정치인의 것으로 비쳐져 왔다. 오늘날 생명정치 현상의 발흥은 '정치적인 것'의 발흥으로 보이고 오늘의 사회가 정치와 정치적인 것의 사이에 앉아 있음을 확인시켜 주고 있다.36)

이런 정치에 대한 물음제기, 즉 정치가 정치를 상실하였다는 것, 정치가 자신이 목적을 잃어 버렸다는 것에 대한 물음제기는 파괴된 (온)생명·보생명의 현장(생태론)을 통해 그리고 억압받은 몸(페미니즘)에서 시작하였다. 왜냐하면 국가·통치기구는 보생명의 신호에서 격리된 추상화된 공간인 반면 이 현장은 보생명과 직접 소통하는 장소이기 때문이다. 또한 육체는 자연을 만나고 세계를 만나는 일차적인 장소이고, 실질적이고 상징적인 세력들이 서로 만나는 구조물이기 때문이다.

(2) 생명정치의 유형: 살림정치, 생활정치

이렇게 정치 단위 그리고 정치 및 권력을 재정의하면, (온)생명의 정치는 살림의 정치와 생활의 정치로 유형화될 수 있다. 명확히 일치하는 것은 아니지만, 전자는 공영역과 친화성이 높은 유형이라면, 후자는 지역성과 친화성이 높은 유형이다. 우선 살림정치를 살펴보자.

살림의 정치는 기존 정치영역과 비정치영역에 자기생성성—대사, 복제, 진화—으로서의 생명현상을 회복시키는 것을 의미한다. 원래 정치적 현상이란 공동체적 결정이 이루어지는 현상이고, 이 공동체의 의견교환 및 결정과정은 다양한 순환적 흐름들로 구성되어 있다. 그런데 (온)생명론의 입장에서 볼 때, 근대의 세계에서 배제된 자들의 목소리는 소통의 장에서 '침묵하는 것', '죽은 것', '없는 것'으로 간주되었고, 동시에 국민국가의 행정권 비대화와 공권력 강화 그리고 경제와 정치의 유착 등으로 인해 다양한 소통·순환의 흐름들이 끊겼다. 때문에 정치는 죽었다고 해도 과장이 아니었다. 따라서 살림의 정치는 배제된 자, 타자화된 자, 주변화된 자의 목소리를 공론의

---

36) Charles Taylor, Ibid; Shedon Wolin, Ibid.

장에 살려내고, 여러 순환적 흐름들을 살려내는 것을 의미한다. 이 순환적 과정에는 입법부, 행정부, 사법부 간 순환과정, 중앙정부와 지방정부 간 순환, 지방의회와 지방행정부 간 순환, 개개 정당 내 정당관료와 정당원 간 의견순환, 정당과 지역민 간 의견교환 그리고 정치권과 시민(지역주민)사회 간 의견순환 과정, 시민사회 자체 내의 의견순환 과정이 포함된다.

또 다른 (온)생명의 정치는 정치의 기본단위인 지역을 중심으로 삶의 터전을 재건하고자 한다(이 생활정치의 부분에서 몸이 또 다른 정치의 단위가 된다는 페미니즘을 논구하여야 하지만 차후로 민다). 그래서 생명정치는 생활정치를 다른 유형으로 하고 있다. (온)생명론은 생활정치의 부활에 대한 필요성을 자기-결정성을 확보한 자, 즉 주체로 태어난 주민들이 관심을 가지고 스스로 결정성을 회복하는 영역은 구체적 삶이 영위되는 지역적 삶의 현장이라는 사실에서 찾고 있다.

지역적인 삶의 기반을 재건하려는 생활정치는 네 가지 하위주제를 자신의 특성으로 가져야 한다. 그 하나는 지역주민을 삶의 주체로 세우는 지역 생활정치의 회복, 두 번째는 중앙경제와 대기업의 경제활동 확장으로 피폐해진 지역경제의 회생과 지역 중소기업(지장산업)의 육성, 세 번째는 무분별한 개발 및 수탈로 파괴된 지역자연의 회복 및 보전,[37] 네 번째는 산업화 및 도시화로 인해 유동성과 이질성이 강화되고 이로부터 자치를 가능하지 못하게 할 정도로 손실된 정체성·공동체성·문화의 회복이다. 생활정치의 성패는 이 네 가지 주제의 회복에 달려 있다. 이미 앞에서 지적했듯이 이러한 생활정치는 서구 생태론에서는 정치의 최소 단위로서의 생물지역성 논의에서 등장한 장소정치[38]와 유관성을 가지고 있다.

---

[37] 이러한 지방개발과 지방자연의 보호를 공존시키는 최소한의 조건은 지방의 과학기술 확보 여부에 달려 있다.

[38] 더즈(J. Dodge)에 따르면 이 장소정치는 기존의 모든 상호의존적 형태들 그리고 모든 생명과정들을 포함하는 것이고, '생물학적 실재론'에 의거한 정치이다. 이 장소의 정치는 몇 가지 특성을 가진다. ① 영성공동체, ② 참여를 통한 생물지역의식 회복, ③ 자연의 내재적 안정성 보존을 전제로 하는 경제, ④ 분권화와 다양한 정치체계의 인정 등.

(3) 생명정치의 개체화 전략과 변이전략

여기에서는 개체화 전략과 변이전략을 대안민주주의 논의의 구체화된 흐름들과 대비해 (온)생명정치의 현실 사례들을 확인해볼 것이다.

(온)생명의 시각에서 생명현상들 중 개체화 전략은 "생명체가 노후화를 극복하기 위해 물리적 연속이 아니라 분열·복제를 동반한 정보의 연속으로 존속해 나가는 전략"이라고 정의되었다. 또한 변이전략은 "환경적 조건의 변화로 나타난 정보 흐름상의 이상이 새로운 동적체계를 만들어내는 것"이다. 이들의 전략은 시민사회 내 결사체들이 사회의 자기조절기제의 붕괴라는 위험 상황에서 그 수를 증가시키고, 활동의 폭을 확장하며, 대안적인 실험을 통해 자발적 방어체계를 구축하는 것과 유사하다.

그런데 흥미로운 것은 이들 논의가 기존 대의민주주의의 정치기능을 그대로 복제하지 않으며, 또한 활동 주체도 기존 결사체들과 어긋난다는 것이다. 이 결사체들은 낱생명에서 정보에 해당하는 실천적인 확신을 만들어내고, 이를 가치해석의 정당한 근거들로 추론화·확산하고, 가능한 해결방안(생존과 방어)을 찾는 것에 특화되어 있다. 이런 결사체들에 정치 결정권의 우선적 소재지로서의 자격을 부여한 대안민주주의 이론이 결사체민주주의(associative democracy)와 협의민주주의(deliberative democracy)이다.

결사체민주주의란, 정의해보면, 이차결사체[39]로 하여금 사회의 민주적인 관리(거버넌스)에 더욱 긍정적인 역할을 갖도록 하는 제도이다. 여기에서 이차결사체란 국가, 회사 그리고 가족을 제외한 모든 연합[40]을 말한다. 이 시민사회의 결사체를 중심으로 하는 민주주의 작업은 두 가지인데, 그 하나는 시민사회를 활성화하는 것, 즉 결사체들의 민주적 관리체제를 구성하

---

[39] 허르스트의 관점에서 이는 곧 일차결사체이다. 왜냐하면 기존의 일차결사체라고 불린 국가/정부는 현재 권력의 원천이 아니기 때문이다. 그래서 국가/정부는 이차결사체이고 시민사회의 결사체가 일차집단이다. Paul Hirst, *Associative Democracy*(Cambridge: Polity, 1994).

[40] Joshua L. Cohen·J. Roger, "Secondary Associations and Democratic Governance", *Polity and society* 20(4), 1992.

는 것이고, 다른 하나는 이를 통해 조직화된 사회 특히 독점시장을 조정하는 경제민주주의를 구현하는 것이다. 이 두 작업을 통해 결사체민주주의는 복지국가의 과제와 회사의 과제를 자기관리 결사체들로 구성된 복지사회의 과제로 이전하고자 한다. 예로 이 논의는 정부기능을 축소하고, 지역의 자발적 협력에 기반한 사회활동을 조직화하며, 협동조합형 경제를 장려한다. 특히 지속가능한 사회발전과 관련된 자발적인 결사체들의 활동에는 두 차원이 있는데, 그 하나는 재순환/재사용 운동과 환경모니터링 등처럼 정부의 파트너십으로 하는 활동이고, 다른 하나는 지역화폐,[41] 신용조합, 주택협동조합, 임대자 협동조합, 의료생협, 스포츠/레저 클럽,[42] 공동육아모임 등의 활동을 지적할 수 있는데, 이들의 특성은 정부의 발의와 독립되어 등장한 자기발생적인 활동이란 점이다.

다음으로 공정한 공적 결정과정의 창출과 자율적인 시민참여의 보장에 초점을 두고 있는 협의민주주의에 대한 논의가 있다. 협의민주주의란 "자율을 이념으로 하고 설득을 권력의 주요 유형으로 파악하는 시민이 지배하는 정치체제이다. 그러나 시민지배는 그 자체로 목적이 되지 못하고 시민들로 하여금 정치적인 결정을 숙고하도록 격려하는 수단이란 의미를 가진다. 그래서 이 논의의 핵심은 참여에 있는 것이 아니라 지속적인 책임성 확보에

---

[41] 이 지역화폐의 실험은 1983년 캐나다 밴쿠버에서 시작하였다. 그 한국적인 실험은 IMF 관리체제 하에서였지만, 그 발상의 맹아는 80년대 중후반 불교환경교육원과 그 곳에서 활동하던 좌계 김영래의 고대 한반도 신시체제(神市體制) 논의에 있었다.

[42] 특히 임대자조합과 스포츠 레저 조합과 관련, 논평자인 이승환은 이런 활동이 한국사회에 존재하지 않으며, 따라서 서구의 글쓰기를 하고 있다고 평하였다. 한국의 생명운동과 생명론에 몸담고 있는 사회과학자로 서구글쓰기에서 벗어남에 깊이 공감한다. 그런데 이 임대자 조합활동에 주목할 때 필자가 염두에 둔 것은 철거지에 살고 있던 임대자들이 자신의 재산권 보호를 위한 집단행위와 임대자들 중 일부가 도시주변에 공동주거지를 마련하여 이주한 사례를 염두에 두었다. 또한 스포츠 레저 조합과 관련해선 1995년 지자체 선거기에 활성화되었던 생태친화적 지역개발 논의에 주목하였는데, 당시 강원도에선 지역주민들에 의한 레저, 의료 단지 조성 시도(우리밀 살리기의 정성헌 의장)가 있었다. 또한 중요한 것은 생태적 사유 일반과 생명의 시각에선 서구에서 시도된 동일 활동이라 할지라도 다른 지역으로 그 발상이 이식될 때 나타나는 그 활동 모양새의 변형에 주목한다.

있다." 이 협의민주주의는 소통과정으로서의 정치의 새로운 패턴화를 실험해 본다는 것인데 이의 한국적인 유형에는 민회(民會)에 대한 실험들—교육민회, 생명민회 그리고 지역민회—이 지적될 수 있을 것이다.

3) 보완적 이원성: 비정치의 정치와 조각보 정치

위의 온생명의 정치들, 즉 생활정치 그리고 공영역을 중심으로 한 생명정치의 개체화전략과 변이전략은 (온)생명의 관점—인위적인 정치기구와 무위적인 온생명 그리고 낱생명과 보생명의 관점—에서 인위적 정치기구 내 활동을 표현한 정치와 온생명의 생명의지가 표출된 '정치적인 것'의 관계성을 어떻게 재정립할 것인가라는 물음과 관련하여, 유의미성을 갖는다. 그러나 개체화전략의 사례로 제시된 서구의 대안민주주의 논의들은, (온)생명의 시각에서 볼 때, 국가와 시민사회-내-공영역의 관계성 회복이란 가시적 정치현상에만 초점을 맞추고 있어, 여전히 또 다른 대립적 이분법을 전제로 하고, 또 다른 중심성에 갇혀 있다는 한계를 노정시키고 있다.

사실 공영역에 대한 논의는 이분법적인 발상들, 즉 자유주의 이론의 '공·사 이분법', 이성과 감성의 이분법(혹은 합리적 소통체계와 비합리적 소통체계, 남성적 소통체계와 여성적 소통체계의 이분법) 그리고 현재와 미래의 이분법을 전제로 한 것이다. 그래서 여전히 세계를 보는 눈이 형성되고 토론과 결정의 학습이 이루어지는 비가시적 정치권인 사적인 영역의 정치기능(비정치)이 논외로 되어 있고, 여전히 현재의 정치결정(정책)이 만들어낼 보이지 않는 미래의 의제는 충분히 수렴되지 않으며, 여전히 '비논리적인 진술들'은 보이지 않는 경계로 감추어진다.

(온)생명의 협동현상이 제시하는 보완적 이원성의 관점은 '보이는 세계'(보옴의 용어로 보이는 질서)가 '보이지 않는 세계'(보이지 않는 질서)를 그 뒷면으로 가지고 있다는 것이고, 앞-뒤, 우-좌, 상-하, 인간-자연, 남성-여성이 보완적 이원성의 관계라는 것이며, 그래서 보이지 않는 커튼 뒤로 숨겨진

것들(뒤, 좌, 하, 자연, 여성 등)이 또 다른 그물의 고리들을 형성하고 있으므로 보이지 않더라도 가시권의 잠재성으로 이들을 세계이해에서 고려하라는 것이다. 그리고 나아가 이 세계를 분할된 양면들—그 분할선의 복수성을 전제로 해서—이 지퍼처럼 얽힌 형상으로 보라는 것이다. 하나의 예로, 기존 정치논의 영역에서 배제된 사적인 영역은 국가와 공영역을 소재지로 하는 정치의 보이지 않는 고리이며, 현 정치현상에 영향을 주는 영역임이 드러난다(비정치의 정치). 이렇게 될 때, 개인적 삶의 차원인 사적이고 은밀한 영역은 건강한 살림정치와 생활정치의 실습의 장이 될 수 있다. 이곳에서 부모-자녀관계, 남편-부인 관계, 친인척 관계의 장은 자기 선택과 표출 그리고 이것들 간의 소통과 합의 도출을 실험해볼 수 있고(개체화전략과 소통전략), 동시에 새로운 정치 스타일이 탄생될 수도 있다(변이전략).

더구나 이 세계는 분할의 선들의 복수성으로 인해 다양한 분할영역들로 얽혀져 있다. 그리고 현상세계로 드러난 분할의 면들은 그 이면에 보이지 않는 자신의 뒷면을 가지고 있다. 한 면이 가지고 있는 중심으로 인해 가려진 또 다른 비가시화된 목소리들, 그들의 존재에 대한 울부짖음이 바로 (온)생명의 정치가 궁극적으로 분할된 세계의 구성원들이 다차원적으로 얽힌 연대의 정치를 그 한 부분으로 가짐을 말하는 것이다. 이 연대의 모양새는 마치 조각보 이불의 모양과 유사하다고 볼 수 있다.

4) 생명정치의 전제: (온)생명의 감성 개발과 재발견된 인간

(온)생명사회와 생명정치는 (온)생명체계에 대한 이해를 바탕으로 한다. 그러면 (온)생명 체계는 어떻게 이해될 것인가? 장회익 교수는 생명인식이 "생명이라 불러 온 현상들에 관련된 우리 경험내용의 총체를 좀더 기본적인 관념체계 안에서 더 보편적인 언어를 통해 적시해내는 지적 작업"이라고 말한다. 그의 지적에 따르면, 이 지적 작업에는 "현대과학의 방대한 지식들이 활용"되어야 하며(객관적 관찰의 내용), 동시에 "주관적 성찰의 내용이 함께

고려되어야 한다." 왜냐하면 "인식주체인 인간들이 내면적인 삶을 경험하고 있으며, 이러한 경험을 통해 살아있다는 것이 어떤 것이라고 하는 데에 대한 주체적 판단의 한 단면을 가지기" 때문이라는 것이다.43)

이러한 진술이 의미하는 바는 (온)생명세계의 인식 태도가 객관성을 목표로 한 관찰자적인 방법론만으론 충분치 않다는 것이다. 이는 생명인식에서 인간이 지닌 특수성으로 인해 참여자적인 방법론44)이 여기에 첨가되어야 함을 말한다. 이 참여자적인 방법으로 얻고자 하는 것은 감수성, 감성적 이성에 터한 세계이해이다. 이 참여자적 방법론으로 생태론자들의 생태철학(세계를 인식하는 방법론)과 여성론자들의 인식방법은 유의미하다. 이들은 모두 기존 문명의 진리체계가 객관적·절대적이지 않음에 대한 도전·비판을 행했던 집단들이다. 생태론의 인간중심적 세계진술이 어떻게 온생명계에서 자연을 배제, 주변화, 타자화하였는가에 물음을 제기하였고, 페미니즘은 남성(성) 중심적인 세계 그림을 통해 어떻게 여성(성)이 온생명계에서 배제되어 타자화, 주변화되어 왔는가에 물음을 제기하였다. 이 물음에 대한 나름의 대답으로 이들이 제시한 인식방법은 자기 내면으로의 여행,45) 자기이탈과 타자에의 감정이입 방법론(T형 생태학),46) 시각 중심의 지각을 벗어나 몸의 모든 지각 기능을 일깨우는 방법, (자연을 포함한 새로운) 공동체 활동을 통한 체득 그리고 페미니스트 경험론과 입장론47) 등이 있다. 이의 연장선상에서 동양의 인식방법들48)은 제한적 유의미성을 가지는 것으로 보인다. 여기에서 '제한적'이란 한정어를 사용한 것은 인식 체험이 명상활동과 몸 전체의 지각능력 깨우기에 국한된 것으로 보이기 때문이다.49)

---

43) 장회익, 앞글(1999), 4쪽.
44) 이 참여자적 방법을 취하지 않으면 생활세계는 드러나지 않는다. Juergen Habermas, *The Theory of Communicative Action*(Boston: Beacon Pr., 1984).
45) 이는 동양의 수행에서 많은 영향을 받았다.
46) Arne Naess, *Ecology, Community and Lifestyle*(1987).
47) 브라이토니 외, 『여성, 환경 그리고 지속가능한 개발』(나라사랑, 1995).
48) 박희병, 『한국의 생태사상』(돌베개, 1999).

이렇게 감성(emotion)과 감성적 이성을 인식의 또 다른 근거로 활용하고 생명의 감수성(sensibility)을 갖게 되면 인간의 자기 이해는 달라질 수 있다. 이 재발견된 인간은 서구 근대의 개인유형인 고립된 그리고 인생의 목표를 표준화된 근대 사회의 목표, 즉 양적·경제적인 소득 증대로 전치한 소유집착적인 개인이 아니다. 이들은 세계의 구성원들이 서로 연결되어 있음을 인식하고 동시에 자기 내면의 개성을 나름으로 표현하고자 하는 관계망-내-자기표출형 개인들이다. 이러한 개인들이 바로 온생명의 정치를 만들어가는 주인이다.

4. 보생명으로서의 사회문화

(온)생명의 관점에서 정치는 독자적으로 존재하고 작동하는 것이 아니다. 궁극적으로 (온)생명의 정치는 그 구성원들(시민들)이 어떻게 감성을 인식능력의 한 부분으로 개발하고, 어떻게 새로운 생명에 대한 감수성을 획득할 것인가와 밀접한 상관성을 가지고 있다. 그래서 (온)생명 정치의 가능성 여부는 생명감수성에 터한 문화의 가능성과 맞닿아 있는 물음이다.

생명친화적인 감성과 감수성 개발은 새로운 교육체제를 전제로 하고, 이를 수용하는 삶의 방식은 새로운 문화를 전제로 하고, 타문화에 대한 이해와 관용을 전제로 한다. 따라서 (온)생명의 정치체제에 대한 탐구는 최소한 대안교육과 대안문화를 그 짝으로 하고 있어, 이에 대한 연구가 향후의 과제로 남겨질 수 있다.

---

49) 논평자인 이승환은 사회참여에 기반을 둔 동양의 인식방법론이 있으며, 이를 고려하지 않고 "제한적"이란 용어를 사용하였다고 지적하였다. 이와 관련 암묵적으로 그 주장에 동조한다 할지라도, 그 논거를 밝히는 것이 필자에겐 또 다른 물음이어서 이 부분을 그대로 놔두었다.

참고문헌

김지하. 『동학이야기』. 솔출판사, 1994.
문순홍. "세계화와 지방화간 함수관계 그리고 변형된 지방환경의제." 『환경과 생명』 1995, 6호.
미셸 푸코. 『말과 사물』. 이광래 옮김. 민음사, 1980.
박희병. 『한국의 생태사상』. 돌베개, 1999.
브라이도티 외. 『여성과 환경 그리고 지속가능한 개발』. 이진아 외 옮김. 나라사랑, 1995.
안토니 기든스. 『제3의 길』. 박찬욱·한상진 옮김. 생각의 나무, 1998.
울리히 벡. 『정치의 재발견』. 문순홍 옮김. 거름, 1998.
유진 오덤. 『생태학』. 이동원 옮김. 1994.
장회익. 『삶과 온생명』. 솔, 1998.
_____. "생명이해의 논리: 삶과 온생명에 대한 소흥렬 교수의 서평을 보고." 1999.
_____. 『과학과 메타과학』. 지식산업사, 1990.
프리초프 카프라. Turning point. 『새로운 문명과 현대과학』. 범양사, 1980.
_____. 『생명의 그물』. 김용정·김동광 옮김. 범양출판부, 1998.

Kuhn, Thomas. *The Structure of Scientific Revolution*. Chicago: Universtiy of Chicago Pr., 1962.
Laclau, Ernst. "discourse." in *A Companion to Contemporary Political Philosophy*. Edited by R. E. Goodin & P. Pettit. Oxford: Blackwell, 1993.
Illich, Ivan. "Vernacular Values." in *The Schumacher Lectures*. Edited by Satish Kumar. London: Blond & Briggs, 1980.
Lyotard, Jean-Francois. "Oikos." in *Oekologie im Endspiel*. Joshka Fischer(hrsg.) Muenchen: Wilhelm Fink Verlag, 1989.
Margulis, Lynn·Sagan, Dorian. *What is Life?* N.Y.: Simon & Schuster. 1995. 『생명이란 무엇인가』. 황현숙 옮김. 지호, 1999.
Capra, Fritjof. *The Web of Life*. Anchor Books, 1996.
Maturana, Huberto·Varela, Francisco. "Autopoiesis: The Organization of Living." in *Autopoiesis and Cognition*, Edited by D. Reidel, Dordrecht, Holland, 1980.
Wolin, Sheldon S. "Fugitive Democracy." in *Democracy and Difference*. Edited by Seyla Benhabib. N.J.: Princeton University, 1996.
Luke, Timothy. "Placing Power/Siting Space: the Politics of the Global and Local in the New World Order." *Environment and Planning D* 12.
Dryzek, John. "Political Inclusion and the Dynamics of Democratization." *American Political Science* 90-1, 1996.
Held, David. *The Prospect of Democracy*. London: Polity, 1994.
Cohen, Jean L.·Arato, Andrew. *Civil Society and Political Theory*. Cambridge: MIT Press,

1994.
Seligman, Adams B. *The Idea of Civil Society*. N.J.:Princeton University Press, 1992.
Taylor, Charles. "Liberal Politics and Public sphere." in *New Communication Thinking*. Edited by Amitai Etzioni. Charlottesville: University Press of Virginia, 1995.
Habermas, Juergen. *The Structural Transformation of Public Sphere*. N.J.: MIT Press, 1989.
Warren, Karen. *Ecological Feminism*. London: routledge, 1994.
Biehl, Janet. *Rethinking Ecofeminist Politics*. Montreal: Black Rose Books, 1991.
Hirst, Paul. *Associative Democracy*. Cambridge: Polity, 1994.
Cohen, Joshua L. · Roger, J. "Secondary Associations and Democratic Governance." *Polity and society* 20(4), 1992.
Habermas, Jürgen. *The Theory of Communicative Action*. Boston: Beacon Pr., 1984.
Naess, Arne. *Ecology, Community and Lifestyle*. 1987.

찾아보기

(ㄱ)

가렛 하딘(G. Hardin)　35
감성적 이성　277
거버넌스(governance)　79, 188, 217-219, 221, 226, 230, 234
거버넌스형 국가　89
거버넌스형 녹색국가　87, 90
결사체민주주의　34, 36, 49, 51-53, 55, 272
고르　76, 83
공론의 장　205, 206, 267
공영역(public sphere)　34, 44, 48-50, 55, 264, 268
구딘　35, 37, 48, 73
국가　76
근대　42, 100
근대성　99, 100, 106
근대화　101, 147
근본생태론　38, 100
근본생태론자　103
기든스　56, 106

(ㄴ)

나이로비선언　162
낱생명　258
낱생명체　260
녹색　65, 67
녹색 공영역　34, 48, 49, 51, 55, 57, 75
녹색국가　49, 65, 66, 73, 75, 78, 82
녹색당　35, 44, 68
녹색민주국가　81
녹색민주주의　80
녹색복지사회국가　85, 86
녹색사회국가　85, 86
녹색정치　34, 68
녹색화　65, 66, 94

(ㄷ)

다자간 무역체제(Multilateral Trading System, 약칭 MTS)　178
담론분석　187, 192
담론블럭　197
담화민주주의　36, 39

대안민주주의 79, 245, 272
(도구)합리성 256
돕슨 37, 39, 46
드 제우스 78
드라이젝 38, 39, 43, 56, 81, 83, 89, 192

(ㄹ)

라일 76
런던협약 194
레드클리프트 169
로버트 하일브러너(R. Heilbroner) 35
로빈 에커슬리 37
루돌프 바로(Rudolf Bahro) 35
리우회의 79, 174
린다 니콜슨 224

(ㅁ)

마아틴 하이어(Maaten Hajer) 47, 109
마이클 짐머만 102
마틴 라일 52
마틴 예니케(Martin Jaenicke) 109, 112
머레이 북친(Murray Bookchin) 35, 40
미도우크라프트 82
미야모토 겐이치 111
Merchant 225

(ㅂ)

바젤협약 194, 210
발 플럼우드 37, 39
발전국가 95

벡 56, 68, 106, 192
보생명 259, 277
북친 40, 74
브란트보고서 162, 167
브룬트란트보고서 162, 167, 168, 170

(ㅅ)

사회생태론 35, 40, 76, 100
살림정치 270, 275
생명론 273
생명운동 273
생명정치 270, 271
생물지역론 266
생태관리주의 국가 90
생태권위주의 49, 82
생태권위형 국가 82-84, 86, 88, 90
생태근현대화론 99, 109-111, 113, 115-117
생태근대화 47, 48
생태근대화론 47, 79, 124, 142
생태무정부주의 74
생태민주 49
생태민주주의 33, 40, 42, 49, 54, 55, 57
생태민주화 34, 40, 49, 57, 85
생태민주화 전략 41
생태사회주의 76
생태사회주의자 75
생태위기 148
생태자치연방 85, 93
생태적 합리성 51
생태적 효율성 110, 111
생태절대주의 74
생태절대주의 국가 74, 87
생태정치 34, 107

생태정치론 33-37, 43
생태지역 264
생태합리성 39, 51, 68
생활의 정치 270
생활정치 68, 270, 271, 275
성주류화 241, 242
성찰적 재귀성 99, 106, 108
세계자연헌장 162
세계환경과발전위원회(WCED) 38, 167
스코트 224
스톡홀름 152
시민사회 34, 44, 49, 50, 52, 55, 72, 76, 197
시민사회 주도형 거버넌스 235
시민사회론 49
시장 주도형 거버넌스 233
신자유주의 66, 147

(ㅇ)

아이리스 영 56
아정치(subpolitics) 107
안 네스(Arne Naess) 73, 103
안느 필립 246
안토니 기든스 255
앙드레 고르 52
에커슬리 40, 43, 56, 81, 83, 84, 85
예니케 110, 115
오플즈 74
(온)생명 255, 256, 257, 258, 259
(온)생명의 정치 270
욥케 88, 89
우리 공동의 미래 65, 125, 167
울리히 벡 53, 68, 256
위험사회 106
위험사회론 106

윌리암 오플즈(W. Opuls) 35
의제 21 65, 79, 175, 176, 177
이필렬 185
Offe 190
Jessop 232
UNEP 153, 158

(ㅈ)

자기생성성 261
자기생성체 260
자유민주주의 41-47, 49, 57, 58, 79, 84, 86, 245
자유주의 41, 45, 76
장회익 258, 259, 261, 262
정당형 녹색국가 87, 89, 90
정부 주도형 거버넌스 233
정수복 190
정책과정 137, 139, 142
정치생태학 34
제3세계 147, 149
젠더 217, 218, 222
젠더 주류화 241
조각보 정치 274
조셉 후버(Josep Huber) 109
존 드라이젝 37
존 롤즈 54
존 베리 92
좋은 거버넌스(good governance) 220
지구적 거버넌스(global governance) 230
지방의제 21 100
지방적 거버넌스(local governance) 231
지속가능성 142
지탱가능성 100, 123, 125, 126, 128, 140
지탱가능한 발전 65, 73, 79, 80, 125, 168

지탱가능한 사회 124

(ㅊ)

초국가 시민사회 187, 189, 190, 192, 201
초국가 시민사회망 186, 207
초국가사회운동단체들(Transnational Society Movement Organizations, 약칭 TSMOs) 188
최수운 264

(ㅋ)

카프라 103

(ㅌ)

탈근·현대 103

(ㅍ)

페미니스트 69, 246

페미니즘 223
페미니즘의 정치 244
페이트슨 92
폴 허르스트 52
프리비츠 111
프리초프 카프라 259
플룸우드 40, 43
피터 크리스토퍼 47

(ㅎ)

하버마스 38, 49, 51, 54, 56, 106, 190, 191
하일브로너 74
허낱드 89
허르스트 272, 233
협의민주주의 34, 36, 39, 49, 54, 55, 246, 272, 274
협의의 거버넌스 219
환경거버넌스 95
환경정의 92
환경협약(Multilateral Environmental Agreement, 약칭 MEA) 178

저자소개: 故 **문순홍**(文順弘) **박사**

1957년 3월 19일 서울 출생
2005년 1월 28일 작고

■ 학력

1976-80   성균관대학교 정치외교학과(정치학사)
1981-83   성균관대학교 대학원 정치외교학과(정치학석사)
           학위논문: 『문화적 식민주의의 본질』(1983. 2)
1983-85   독일 루드비히-막시밀리안 대학 정치학과 DAAD 교환장학생
1987-92   성균관대학교 대학원 정치외교학과(정치학박사)
           학위논문: 『녹색적 사유의 정치철학적 과제』(1992. 2)
1996-98   호주 멜번대 정치학과 박사후 과정
1999-2000 이화여자대학교 여성학과 박사후 과정

■ 경력

1980-83   외교안보연구원 연구원
1987-96   성균관대학교 등에서 강의
1992-96   환경운동연합 지도위원, 여성민우회 환경센터 운영위원, 서울YMCA 환경
                위원회 위원, 크리스챤 아카데미 프로그램위원회 위원, 불교환경교육원
                이사
1993-2004   『환경과 생명』 편집위원
1993.12-1994.12 생태사회연구소 창립 및 초대 소장
1994.10   생명민회 공동 창립
1995. 1   한국여성NGO위원회 환경여성분과 공동창립
1996   녹색서울시민위원회 위원
1997-1999   솔출판사 생명총서 기획위원
1998(1-2월)   독일 뮌헨 루드비히-막시밀리안 대학교 사회학연구소 방문학자
1998. 9-2000. 2 가톨릭대학교 사회학과에서 강의
1999(3-10월)   가톨릭대학교 성평등연구소 전임연구원
1999. 6   한국여성환경연대 공동창립
1999-2000   이화여자대학교 대학원 여성학과 Post-Doctor 연구 및 강의
1999-2004   한국YMCA연맹 환경위원회 위원, 대한YMCA 대학위원회 위원, 환경운동
                연합 21세기위원회 위원, 생명민회 연구위원회 위원장,
                APWLD(Asia-Pacific Women Law and Development)의 WEN(Women
                Environment Network) 실무위원회 한국 대표
2000-2004   한국환경사회학회 부회장

■ 수상
1999 제2회 교보환경문화상 연구부문
2003 제8회 환경의 날 국민포장

■ 저술
　<단행본>
『인간과 권력』(헬뮤트 쉬미트 저). 대왕사. 1990(공역).
『생태위기와 녹색의 대안』. 나라사랑. 1992.
『교양 환경론』. 따님. 1994(공저).
『환경논의의 쟁점들』. 나라사랑. 1994(공저).
『현대위기와 새로운 사회운동』. 문원. 1994(공저)
『지속가능한 사회를 향한 생태전략』. 나라사랑. 1995(편역).
『여성과 환경 그리고 지속가능한 개발』(로지 브라이도티 외 저). 나라사랑. 1995(공역).
『김지하 인터뷰 집: 생명과 자치』. 솔. 1996.
『사회생태론의 철학』(머레이 북친 저). 솔. 1997(역저).
『삶의 정치』. 대화. 1998(공저).
『정치의 재발견』(울리히 벡 저). 거름. 1998(역저).
『생태학의 담론: 담론의 생태학』. 솔. 1999(편저).
『생태학: 그 열림과 닫힘의 역사』(도널드 워스터 저). 아카넷. 2002(공역).
『한국에서의 녹색정치, 녹색국가』. 당대. 2002(공저).

　<논문>
「서독정당체제의 변천과정 녹색당의 등장과정을 중심으로」, 윤근식 편, 『현대정당론』. 대왕사.
　　　　1991.
「서구 녹색정치의 역사와 환경정책의 제도화」, 『환경과 생명』, 1(1). 1994.
「대학 교양환경교육의 바람직한 방향」, 『환경교육』. 1994.(공저)
「생태윤리와 한국종교환경운동」, 『현상과 인식』, 18(4). 1995.
「지방화시대의 과학기술: 한국사례를 중심으로」, 크리스찬 아카데미, 『삶의 정치, 지방자치』,
　　　　대화출판사. 1995.
「세계화와 지방화, 그 함수 관계와 지방환경의제의 변형」, 『환경과 생명』, 2(2). 1995.
「생명운동의 논의구조와 전략」, 『환경과 생명』, 2(4). 1995.
「에코페미니즘의 이론적 분화와 한국사회에의 적용」, 『여성과 사회』, 7. 1996.
「생태민주주의 담론 내 생태여성적 정치논의의 지형 그리기」, 『성평등연구』, 3. 1999.
「온생명과 사회정치체제」, 『동아시아 문화와 사상』, 4. 2000.
「민주주의와 환경 결합 논의들의 재구성」, 『한국정치학회보』, 34(2). 2000.
「생태근대화론으로 분석한 우리나라 일회용품 관리 정책」, 『현상과 인식』, 24(3). 2000.

정치생태학과 녹색국가

1판 1쇄 펴냄 2006년 2월 15일

지은이 문순홍
펴낸이 이형진
펴낸곳 도서출판 아르케

출판등록 1999. 2. 25. 제2-2759호
주소 강원도 홍천군 내촌면 와야리 300-4
전화 02-336-4784~5 팩스 02-6442-5295
E-Mail arche21@gmail.com
Homepage www.arche.co.kr

정가 25,000원

ⓒ 문순홍, 2006

ISBN 978-89-5803-126-0 93330